MARIELUISE VON INGENHEIM

Sissy
Was bleibt, ist Erinnerung

BREITSCHOPF
WIEN - STUTTGART

CIP-Titelaufnahme der Deutschen Bibliothek

Ingenheim, Marieluise von:
Sissy — Was bleibt, ist Erinnerung/Marieluise von Ingenheim.
Wien; Breitschopf 1989
ISBN 3-7004-0221-X

Titelillustration: Atelier Moser-Brandsch

ISBN 3-7004-0221-X

1. Seltsames Petersburg

Es war ein Dezembermorgen des Jahres 1897 in Biarritz, als die Gräfin Sztaray mit einem Telegramm in der Hand Sissys Frühstückszimmer betrat. Sissy war wie jedes Jahr vor Weihnachten in dem selben Hotel am Golf von Biscaya mit ihrem Gefolge abgestiegen.

„Ein Telegramm aus Petersburg von Seiner Majestät", meldete die Gräfin.

Sissy sah bleich und übernächtig aus. Sie hat schlecht geschlafen und ist nicht bei bester Laune, stellte die Gräfin mit einem prüfenden Blick auf die Kaiserin fest, während diese stirnrunzelnd die wenigen Zeilen überflog.

„Mein Mann hat es bald überstanden und ist zu den Feiertagen in Gödöllö", bemerkte Sissy. „Was für ein Glück, daß ich nicht mit ihm nach Petersburg fahren mußte! Die Festessen, Ansprachen, Paraden und Ballettabende in der Oper — ich glaube, das hätte ich heuer nicht durchgestanden."

„So ein Staatsempfang ist wirklich anstrengend, Majestät", pflichtete die Sztaray bei. „Aber in Anbetracht der Situation — die Lage entspannt sich vielleicht etwas — ist die Mühe nicht vergebens gewesen, die Seine Majestät auf sich nahm."

„Zwischen Wien und Petersburg besteht ein eigenartiges Verhältnis", erklärte Sissy. „Nikolaus, der Zar, hat gar nichts gegen uns und die Zarin erst recht nicht. Aber es ist ja nicht wirklich Nikolaus, der am Hof in Petersburg das Sagen hat."

„Wer ist es denn?" erkundigte sich die Gräfin.

„Ich denke, sein Bruder!"

Sissy seufzte, und die Gräfin hatte das Gefühl, das Gespräch auf ein anderes Thema bringen zu müssen.

„Wie fühlen sich denn Majestät heute?" fragte die Sztaray teilnehmend.

„Ach, ich habe schon wieder meine Migräne. Dazu dieses Wetter! Ach ziehen Sie doch bitte die Vorhänge zu, es zieht hier im Zimmer!"

„Gewiß. Haben Majestät sonst noch einen Wunsch?"

„In einer Stunde werde ich wie gewöhnlich zum Spaziergang aufbrechen. Das wird mir gut tun, hoffe ich. Bis dahin brauche ich Sie nicht, Gräfin."

Sissy erhob sich seufzend. Ihr war wirklich elend zumute an diesem Morgen. Sie ging nun doch zum Fenster, schob ein wenig den Vorhang zur Seite und blickte hinaus aufs Meer. Eine seltsame Unruhe bemächtigte sich ihrer, die sie jedoch nur zu gut kannte. Denn noch immer war sie die ruhelose „Reiserin von Österreich", wie der Wiener Volksmund sie spöttisch nannte. Eine Frau, die kein Zuhause zu kennen schien und selbst an den Orten, die sie besuchte, keine Ruhe fand. Kein Schloß, kein Luxushotel, keine Villa vermochte sie zu halten. Kaum angekommen, brach sie auch schon zu endlosen Fußmärschen auf, die ihre Begleiter an den Rand der Erschöpfung und Verzweiflung brachten.

***

Fern von Biarritz stand Franzl am Fenster seines Schlafzimmers im Gästehaus von Zarskoje Selo und war in Gedanken bei ihr, seiner geliebten Frau. Es war bereits Mitternacht, aber vor dem hohen Bogenfenster seltsam hell.

„Das macht der Schnee, Majestät", meinte der getreue Ketterl auf eine Bemerkung Franzls.

In den vielen Zimmern des Zarenschlosses brannte noch Licht. Zarskoje Selo schien noch nicht zur Ruhe gekommen. Auch konnte man Personen mit Laternen sehen, die sich durch den Park ihren Weg zum Schloß leuchteten.

Wie gern hätte ich meine Sissy doch jetzt bei mir, sinnierte der Kaiser. Wir könnten miteinander reden wie Nikolaus mit seiner Alix. Wie sind die beiden doch noch immer ineinander verliebt!

Doch das familiäre Glück des Zaren war getrübt durch die Sorge um den kranken Sohn, den Zarewitsch.

„Weißt du", hatte Nikolaus heute vertraulich zu Franzl gesagt, „ich möchte nicht, daß er den Thron besteigt. Wenn ich irgendwie kann, möchte ich es ihm ersparen. Er ist zum Zaren ebensowenig geschaffen wie ich . . . und noch dazu krank! Er würde die Strapazen eines solchen Staatsempfangs gar nicht durchstehen. Mein Bub soll leben, irgendwo anders, in Frieden, nur nicht hier!"

„Aber du hast doch ein Gut auf der Krim, Nicky", hatte Franzl teilnehmend gemeint.

„Sicher . . . Aber noch besser wäre das Ausland. Bei euch in Wien gibt es gute Ärzte. Auch in Deutschland, Frankreich oder England wäre es besser für ihn als hier."

Das war der aufrichtige Wunsch eines Vaters, der sich nichts mehr wünschte als zurückzutreten, um sich ganz seinen eigenen Interessen widmen zu können. Und die Sorge um den Buben band Nikolaus und Alix noch fester aneinander, als es ihre Liebe tat.

Sissy würde sich wohl gut mit Alix verstehen, überlegte Franzl. Wie einst Sissy stand auch die Zarin auf Kriegsfuß mit ihrer Schwiegermutter, die vergeblich aber beharrlich einen Keil zwischen die beiden zu treiben versuchte. Für Maria Feodorowna war Alix eine verhaßte Ausländerin. Und dabei tat die Zarin doch wahrhaft alles, um sich mit dem Volk anzufreunden. Sie hatte sogar — eine evangelische deutsche Prinzessin — den orthodoxen Glauben angenommen.

„Majestät sollten zu Bett gehen", mahnte der brave Ketterl.

„Ja, das tue ich", brummte Franzl. „Ich habe lange genug in diese russische Nacht hinausgestarrt . . ."

Wobei nichts anderes herausgekommen ist als Sehnsucht nach Sissy, setzte er in Gedanken hinzu.

Das Schlafzimmer war trotz des prasselnden Feuers im Kachelofen nicht übermäßig warm. Dicke Fenstervorhänge sollten es vor der durch die Scheiben dringenden Kälte schützen. Ketterl war es unter einigen Schwierigkeiten gelungen, vom russischen Bedienungspersonal heißes Wasser für Franzls Wärmeflasche zu bekommen, die er vorsorglich mitgenommen hatte. Nun lag die Flasche in Franzls Bett am Fußende und wärmte Leintuch und Tuchent.

„Ich hab' das Wasser aus einem Samowar, Majestät", erklärte Ketterl schmunzelnd. „Die Russen dachten, ich wollte noch Tee machen. Aber hätten Majestät vielleicht wirklich noch Lust auf eine Schale dieses wärmenden Getränkes? Ich hätte Rum dazu!"

„Vielen Dank, Ketterl", sagte Franzl müde. „Aber wenn Sie etwa selbst noch einen Tee mit Rum trinken wollen?"

„Dann schon lieber Rum mit Tee, Majestät. — Ich lösche jetzt die Lichter aus."

„Dank' schön, Ketterl, und gute Nacht! Wecken S' mich

wie in Wien um vier Uhr früh. Damit ich nicht aus der Übung komm'."

„Dann gehen Majestät aber jetzt g'schwind ins Bett und schlafen recht schnell ein, denn bis dahin sind's kaum noch vier Stunden", mahnte Ketterl schulmeisterlich.

Er konnte es sich erlauben. Denn Ketterl war mehr als ein Kammerdiener. Die Orden, die er, wenn er in Gala ging, an seiner Brust trug, bezeugten dies.

Nun drehte er das Gaslicht ab. Und bemerkte im gleichen Moment, daß der Kaiser wiederum den Fenstervorhang beiseite schob und hinaus blickte.

„Was halten Sie davon?" fragte ihn der Kaiser. „Kommen Sie her, sehen Sie nur! Was geht da vor sich, wer mag das sein?"

Ketterl schüttelte mißbilligend seinen Kopf. Gehorsam gesellte er sich aber zu Franzl und blickte in das Schneegestöber hinaus, das jetzt eingesetzt hatte. Erst nach einer Weile gewöhnten sich seine Augen an die Lichtverhältnisse im Freien.

„Das ist ja richtig unheimlich", gestand er.

Eine Gruppe vermummter Gestalten war eben dabei, einen kräftig wirkenden Mann, der wie ein Bauer gekleidet war, zu dem Schloß zu eskortieren.

„Ein Gefangener?" fragte Franzl, dem diese Szene gar nicht gefallen wollte.

„Das glaube ich nicht, Majestät", antwortete Ketterl kopfschüttelnd. „Sehen Sie doch bloß, die Männer, die ihn begleiten, haben ihre Häupter entblößt. Und jetzt verbeugt sich sogar einer, während er ihn anredet."

„Ja, tatsächlich. Der Mann ist aber gar nicht wie ein Adeliger oder sonst eine hochstehende Person gekleidet."

„Das ist *Rasputin*, Majestät", kam Ketterl die Erleuchtung. „Ja, das muß er sein!"

„Der Wundermönch?" fragte Franzl interessiert. „Von dem hat man mir schon viel erzählt, aber gesehen habe ich ihn noch nie. Den Mann möchte ich kennenlernen!"

„Lieber nicht, Majestät", meinte Ketterl erschrocken. „Ich für meine Person hätte nicht die geringste Lust dazu. Man erzählt sich, daß er die Leute hypnotisiert, damit sie ihm Geld geben. Und auf die gleiche Weise verschafft er sich auch Frauen. Er soll ein Dasein wie ein Wüstling führen und gibt sich zugleich als Heiliger!"

„Der arme kleine Alexej", murmelte Franzl. „Jetzt verstehe ich: Man bringt den Wundermann zu ihm, damit er ihm hilft. Offenbar steht es wieder schlecht um den Zarewitsch, Ketterl!"

Ketterl bekreuzigte sich: „In diesem Land hier kann man noch abergläubisch werden, Majestät", meinte er. „Wären wir doch schon wieder daheim in Wien!"

„Wäre es nicht gegen das Protokoll, ginge ich jetzt hinüber", brummte jedoch Franzl. „Ich möchte gar zu gerne sehen, was jetzt geschieht!"

Die geheimnisvolle Gruppe verschwand eben an den Wachen vorbei im Zarenschloß.

„Wir können nichts für den kranken Sohn des Zaren tun, als bloß beten", meinte Ketterl. „Majestät müssen jetzt endgültig ins Bett!"

„Schon gut, Ketterl. Gute Nacht."

Franzl überlief es kalt. Er begann zu frieren. Ich könnte ja meinen Leibarzt hinüber schicken, dachte er noch, während er Ketterls Rat befolgte und zu Bett ging. Aber der wäre vielleicht gar nicht willkommen. Diese Russen halten sich lieber an ihren wundertätigen Wanderprediger, der, wie man sagt, zweimal zu Fuß nach Jerusalem und zurück gepilgert ist . . .

„Der muß sich dabei aber eine Menge Blasen an den Füßen geholt haben", brummte Franzl, bevor er die Decke über den Kopf zog und seufzte: „In diesem Bett werde ich kein Auge zutun können!"

Denn er war sein simples Eisenbett gewöhnt, in dem er in Wien zu schlafen pflegte. Hier aber versank er förmlich und fühlte sich gar nicht wohl.

„Ich kann mir überhaupt nicht vorstellen, wie Sissy es aushält, in stets anderen Hotelbetten zu schlafen", murmelte er noch und schlief trotz seiner Bedenken fast augenblicklich ein. Aber traumlos schlief er nicht . . .

„Ohne uns, Bruder, säße Franz Joseph jetzt nicht auf seinem Thron", hörte er in seinem Traum den Großfürsten Mihail, *den zweitältesten Sohn der Zarenmutter, wettern. „Er wäre jetzt wohl kaum in Wien Herrscher, geschweige denn in Budapest! Kossuths Truppen standen schon vor seiner Residenz!"*

Schwer seufzte Franz Joseph im Schlaf auf. Der Vorwurf der Undankbarkeit, den ihm die Mutter und der Bruder des Zaren machten, traf ihn hart. Und doch — hatte er nicht so handeln müssen?

„Damals hat Rußland Habsburgs Thron gerettet. Doch als Rußland seine Hilfe brauchte, ließ er es im Stich!"

Es stimmte, der Aufstand in Ungarn war mit Hilfe Rußlands niedergeschlagen worden. Doch das lag viele Jahre zurück, und die Logik des Großfürsten war trügerisch. Denn hinter Rußlands Kampf gegen Japan standen Habgier und Machtgelüste. Der Großfürst hatte seine Hände nicht nur in

13

der Politik, sondern auch in der internationalen Rüstungs-industrie. Franzl aber hielt sein Reich aus diesem Krieg her-aus. Er wollte nicht das Blut seiner Völker für fremde Pro-fitinteressen opfern. Die Folge war eine akute diplomatische Verstimmung zwischen Wien und Petersburg, die augen-blicklich verschwand, wenn Franzl und Nikolaus miteinan-der sprachen. Doch der Großfürst und die Zarenmutter haßten ihn. Und leider waren es diese beiden, die wirklich in Petersburg regierten, während Nikolaus, ob er wollte oder nicht, die Verantwortung für alles trug, was in seinem Namen geschah . . .

Franzl erwachte schweißgebadet.

„Eines Tages", murmelte er, „gibt das eine Katastro-phe . . . Für unsere Völker und vor allem für Nikolaus!"

Es war zehn Minuten vor vier. Ketterl würde bald kom-men. Es lohnte sich nicht mehr einzuschlafen.

Franzl starrte zur Decke. Seine Gedanken wanderten wieder weit fort, nach Biarritz. Sissy kümmerte sich nicht um Politik, es sei denn, es ginge um ihr geliebtes Ungarn. Doch seit Andrássys Tod geschah auch dies nur noch selten. Dann fiel ihm plötzlich Rasputin, der Wundermönch, wie-der ein.

„Ich werde Nicky diskret fragen, wie es dem armen Bu-ben geht und ob ihm dieser Rasputin tatsächlich geholfen hat", murmelte er vor sich hin. Und gleich darauf hörte er Ketterls altgewohntes, höflich mahnendes Klopfen an seiner Schlafzimmertür.

„Aufwachen, Majestät! Majestät haben befohlen zu wecken, und es ist Zeit."

„Kommen S' nur, Ketterl!"

Seufzend fuhr Franzl aus den Federn, und es wurde hell

14

im Schlafzimmer. Der Kammerdiener begann wie an jedem Morgen seit Jahrzehnten seines Amtes zu walten.

„Geliebter Engel!

Heute muß ich dir etwas sehr Merkwürdiges aus Petersburg berichten. Die Bluterkrankheit des kleinen Zarewitsch machte sich gestern abend neuerlich bemerkbar. Die Zarin, seine Mutter, sandte daraufhin noch in der Nacht nach Rasputin. Der Zar versicherte mir auf Ehrenwort, daß die Blutung zum Stillstand kam in dem Augenblick, als der Wanderprediger das Krankenzimmer betrat. Es ist kaum zu glauben, aber wahr. Wie Ketterl sagt: In diesem Land könnte man abergläubisch werden. Ich hoffe, du fühlst dich gut, mein Engel. Sobald hier alles vorüber ist, kehre ich nach Wien zurück.

Dein treuer Löwe"

* * *

Sissy las diesen Brief wenige Tage später. Sie selbst hatte keine Zeile nach Petersburg geschrieben.

„Bis ein Brief nach Petersburg gelangt, ist mein Mann schon wieder weg", erklärte sie der Sztaray. „Und dann kommt ohnedies die Weihnachtspost. Das Weihnachtsgeschenk für ihn ist schon unterwegs nach Gödöllö!"

2. Weihnacht da und dort

Pünktlich zwei Tage vor Weihnachten trafen in Biarritz viele Päckchen mit Geschenken für Sissy ein. Aber auch ihre Hofgesellschaft, die sie auf dieser Reise begleitete, bekam Briefe und Pakete von Angehörigen aus allen Teilen der Monarchie, denn Sissys Reisegruppe war fast so etwas wie eine Miniaturausgabe des Vielvölkerstaates Österreich-Ungarn. Nur ein Ausländer war dabei — der Vorleser Barker. Doch auch er ging nicht leer aus. Und dann sollte es ja außerdem noch eine Bescherung am Heiligen Abend geben. Für jeden einzelnen von ihnen hatte sich Sissy eine Überraschung ausgedacht.

Unter Sissys Post fand sich natürlich auch ein langer Brief von Franzl. Nun war er wieder zurück aus Petersburg. In den ersten freien Minuten in Wien hatte er sich zur Hermesvilla aufgemacht. Doch seinen Plan, dort zu übernachten, hatte er aufgegeben. Ohne Sissy, für die er das Haus hatte bauen lassen, freute ihn die schöne Villa nicht. Gisela, seine Tochter, war zur Zeit die einzige Frau, die sich um ihn kümmerte. Denn kurz vor Sissys Abreise hatte es auch Streit mit Kathi Schratt gegeben. Die schmollte nun und ließ sich nicht mehr blicken.

Aus Franzls Brief war unschwer herauszulesen, daß er sich einsam fühlte. Die Weihnachtsfeiertage erzeugten bei vielen Menschen depressive Zustände. Und auch Sissy spürte solche.

Der Heilige Abend im achtundachtziger Jahr war der letzte gewesen, den die kaiserliche Familie gemeinsam verbracht hatte — in Gödöllö bei Budapest, Sissys liebstem Aufenthalt. Doch dann — wenige Wochen später — verlo-

16

ren Franzl und sie den einzigen Sohn und das Reich seinen Thronfolger. Von da an war alles anders geworden . . .

Sissy trug nur noch Schwarz, auch hier, in Biarritz. Und sie begann sich abzukapseln. Schloß Gödöllö mied sie ebenso wie ihren Besitz auf Korfu, das Achilleion. Überhaupt hatte sie sich zu der Erkenntnis durchgerungen, daß Besitz im Grunde Last war. Ihr unbändiger Freiheitsdrang, der ihr von den unbeschwerten Tagen ihrer Kindheit lebendig geblieben war — sie spürte ihn jetzt fast noch stärker als je zuvor. Manchmal war ihr zumute, als müsse sie sich loslösen von jeder Form der Erdenschwere, um wie ein freier Vogel, ja mehr noch, wie ein Geist zu leben.

Sie hat skurrile Ideen, flüsterte man sich mitunter in ihrer Umgebung zu, wenn Sissy Andeutungen über ihre Sehnsüchte machte. Kamen ihr solche Reaktionen zu Ohren, mußte sie erkennen, daß sie niemand verstand. Auch mit Franzl erging es ihr da nicht besser. Das hatte ihr anfangs sehr weh getan. Und in solchen Augenblicken erschien es ihr, daß sie in verschiedenen Welten lebten, für die selbst ihre Liebe zueinander keine tragfähige Brücke war.

Unten, in der Hotelhalle, wurde ein mächtiger, fast fünf Meter hoher Christbaum geschmückt. Ein kleiner Pikkolo kletterte auf einer schwankenden Leiter ganz hinauf und befestigte gerade unter fröhlichem Lachen den Weihnachtsstern, als Marie-Valerie von einem Einkauf ins Hotel zurückkehrte und gleich zu Sissy eilte.

„Mama", begrüßte sie ihre Mutter mit einem zärtlichen Kuß, „du siehst blaß aus! Fühlst du dich nicht wohl?"

„Ach, es ist nur meine übliche Migräne", beruhigte Sissy sie. „Wie steht es? Hast du einen hübschen Baum für unsere Suite auftreiben können?"

„Aber gewiß, Mama. Er wird gleich gebracht werden, und dann können wir ihn aufstellen und schmücken. Ich habe auch Christbaumschmuck besorgt. Du wirst sehen, es wird ein prächtiger Baum!"

„In England", meinte Sissy, „ist die Sitte fast unbekannt. Und auch hier hat sich der Christbaum noch nicht überall durchgesetzt. Ich glaube fast, im Hotel macht man nur meinetwegen so viel Aufhebens."

„Aber das ist doch klar, Mama, daß man dir eine Freude machen will", rief Marie-Valerie fröhlich. „Das wollen doch alle!"

„Ja, es heißt: allen Menschen ein Wohlgefallen", nickte Sissy versonnen. „Aber es gibt Menschen, in deren Innerem es nicht danach aussieht."

„Ich hoffe, du gehörst nicht dazu, Mama."

„Keine Angst, Marie-Valerie. Ich werde mich zusammennehmen", lächelte Sissy ein wenig schmerzlich.

Was ist bloß aus meiner lieben Mama, der einst so lebenslustigen bayrischen Prinzessin, geworden, fragte sich Marie-Valerie. Mama, empfand sie, hätte sich am liebsten wohl am Heiligen Abend ganz allein auf ihr Zimmer verkrochen, um niemanden zu sehen. Und doch war ihr gerade erst vor kurzem hier in Biarritz ein Mensch begegnet, den sie wohl am allerwenigsten an diesem Ort erwartet hätte. Dieser Engländer John Collet . . .

Mama war offenbar tief betroffen gewesen.

„Ich habe erfahren, daß er sich an der Rezeption nach mir erkundigt hat", hatte sie sich an jenem Abend, als sie Collet am Kai sahen, zu Marie-Valerie geäußert.

Denn diese Begegnung mit jenem Mann aus der Vergangenheit hatte Sissy sehr nachdenklich gemacht, und Marie-

Valerie, die gar nicht so recht wußte, welche Rolle John Collet einst im Leben ihrer Mutter gespielt haben mochte, war schon gespannt auf die Geschichte.

„Du hast mir versprochen", erinnerte sie ihre Mama, während sie verschiedene Sachen auspackte, „von diesem Mister Collet zu erzählen."

„Ach, Marie-Valerie, liebes Kind", lächelte Sissy gedankenverloren, „das alles liegt schon so lange zurück — es sind nur noch Schatten einer fernen Vergangenheit."

Aber sie empfand es selbst als merkwürdig: Die Geister vergangener Zeiten schienen sich hier in Biarritz ein Stelldichein zu geben . . .Hatte sie sich nicht in letzter Zeit immer wieder mit Julius Andrássy beschäftigt? Wenn es je in ihrem Leben einen wahren, selbstlosen Freund gegeben hatte, dann Julius! Oder war es mehr als Freundschaft, was sie für ihn empfunden hatte? Nein, diesen Gedanken wollte sie lieber nicht zuende denken.

Aber gerade die Erinnerung an Julius Andrássy hatte in ihr einen Gedanken reifen lassen, den sie jetzt, am kommenden Weihnachtsabend, in die Tat umsetzen wollte.

„Ich möchte dich etwas wissen lassen, Marie-Valerie", sagte sie deshalb entschlossen. „Ich habe einen Zusatz zu meinem Testament veranlaßt. Und ich möchte es jetzt bekanntgeben."

„Was denn, Mama?" fragte Marie-Valerie gespannt.

„Es betrifft meine Gedichte", begann Sissy zögernd, als fiele es ihr schwer, ein Geständnis zu machen. Und tatsächlich war es ihr nicht leicht gefallen, sich dazu durchzuringen.

„Die Königin der Rumänen — du weißt, daß ich mit ihr befreundet bin —"

„Sie schreibt unter dem Namen ‚Carmen Sylva‘, ich weiß", nickte Marie-Valerie. „Was ist mit ihr?"

„Sie hat mich indirekt auf den Gedanken gebracht. Sie veröffentlicht ihre Gedichte und Erzählungen und hat damit großen Erfolg. Sie ist nicht nur als Königin, sondern auch als Dichterin bekannt und anerkannt."

„Hast du dich etwa endlich auch dazu entschlossen, deine Gedichte zu veröffentlichen?" jubelte Marie-Valerie vergnügt, denn ein solches Unternehmen konnte ihre Mutter von ihren grüblerischen Gedanken abbringen.

„Carmen Sylva hat mich geradezu gedrängt, auch andere Menschen, die Gedichte von mir gelesen haben, sind der Ansicht —"

„Daß sie gut sind? Aber doch sehr gut, soweit ich das selbst beurteilen kann, Mama. Und nun willst du sie gleichfalls erscheinen lassen? Etwa unter dem Pseudonym ‚Elisabeth von Hohenembs‘? Aber das wäre ganz wunderbar!"

Zu ihrer Verwunderung aber schüttelte Sissy den Kopf.

„Nein, mein Kind. Die Gedichte sollen erscheinen — aber erst fünfzig Jahre nach meinem Tod. Und eines Inkognitos bedarf es dann nicht mehr. Man kann ruhig wissen, wer sie geschrieben hat. Ich habe dann keine höfischen Rücksichten mehr zu nehmen."

„Und wer bekommt den Erlös?" fragte Marie-Valerie stirnrunzelnd.

„Eine Stiftung", erklärte Sissy. „Eine Stiftung, die Menschen zugute kommen soll, wie Andrássy einer war. Oder wie Rudolf. Denn auch er wollte die Welt verändern — oder zumindest unser Österreich-Ungarn."

„Eine Stiftung für —"

„ — für politisch Verfolgte, Verstoßene, Verkannte."

20

„Aber Mama!" rief Marie-Valerie entsetzt. „ Man wird sagen, daß du Umstürzler und Anarchisten unterstützt! Du, die Kaiserin und Königin! Und das willst du jetzt bekannt machen? Mama, ich beschwöre dich! Denke an Papa! Das kannst du unmöglich tun, das ist ganz und gar unmöglich!"

Sissy biß sich auf die Lippen und nickte. Marie-Valerie sah, daß ihre Mutter blässer wurde und ein feuchter Schimmer in ihre Augen trat, während sie ihre Lippen zusammenpreßte und sich ein harter Zug in ihrem Antlitz bemerkbar machte.

„Das habe ich mir gedacht", preßte sie traurig hervor. „Aus dir spricht dein Vater. Wenn Gisela dies gesagt hätte, könnte ich es verstehen, aber du?"

„Ach, Mama, du weißt doch, daß ich dich über alles liebe", umarmte Marie-Valerie ihre Mutter, doch Sissy wehrte die Liebkosung ab und sank in einen Fauteuil.

„Wenn du es in deinem Testament so verfügt hast, dann mag es geschehen. Denn wenn du und Papa nicht mehr am Leben seid, ist es nicht mehr euer Problem. Aber eine Veröffentlichung, womöglich in der Presse — Mama, ich bitte dich, darauf zu verzichten", blieb jedoch Marie-Valerie unbeugsam.

„Du meinst es gut", sagte Sissy nach einer Weile leise. „Und wahrscheinlich hast du recht. In fünfzig Jahren sieht die Welt wohl ganz anders aus. Wer weiß, ob es dann überhaupt noch Kaiser und Könige geben wird. Vielleicht wird man mich dann verstehen . . ."

Marie-Valerie schüttelte mißbilligend den Kopf, fand aber, daß es besser sei, ihrer Mutter jetzt beizupflichten.

„Vielleicht hast du recht, Mama", nickte sie deshalb lebhaft und strich zärtlich über das gebeugte Haupt der Mutter. „Wer kann sagen, was in fünfzig Jahren sein wird? Vielleicht fliegt man dann wirklich zum Mond, wie dieser Monsieur Jules Verne es beschreibt. Doch im Augenblick bleiben wir besser auf der Erde."

Eine Stiftung für alle, die um der Freiheit willen Kopf und Kragen riskierten, für alle, die um ihrer Heimat und ihrer Ideale willen entwurzelt waren — das wollte Sissy. Der Ertrag ihres dichterischen Vermächtnisses sollte in Form einer Stiftung politischen Flüchtlingen zugute kommen. Männern wie Julius Andrássy, den man in Abwesenheit zum Tode verurteilt hatte. Hätte Franzl sich nicht über Sissys Bitten zu einer Amnestie entschlossen, hätten er und viele andere wohl Ungarn nie wiedergesehen.

Aber Sissy erwähnte nichts hiervon in dem Brief, den sie Franzl nach Gödöllö schrieb, wo er die Weihnachtsfeiertage zu verbringen gedachte. Ohne sie zwar, aber doch wohl mit Gisela und deren Familie. Während sie ihre Zeilen zu Papier brachte, war es ihr, als suche sie Zuflucht bei ihrem fernen Franzl. Sie schrieb ihm, daß sie ihm alles Gute wünsche und daß er sie doch so bald wie möglich besuchen kommen möge.

Die schwankende Stimmung der Kaiserin blieb Sissys Hofstaat nicht verborgen und machte allen zu schaffen, die mit Sissy nach Biarritz gekommen waren. Die Gräfin Sztaray konnte nicht umhin, Marie-Valerie ihre Besorgnis auszudrücken.

„Kaiserliche Hoheit, was kann man nur tun, um Ihre Majestät ein wenig aufzuheitern?" fragte und klagte sie besorgt. „Ich weiß mir keinen Rat mehr. Majestät sieht richtig angegriffen aus — und das zur fröhlichen, heiligen Weihnachtszeit!"

22

„Das triste Wetter macht Mama zu schaffen", versuchte Marie-Valerie eine Erklärung, die die Gräfin beruhigen sollte. Doch es gelang ihr nicht, sie zu täuschen.

„O nein", wehrte die Sztaray ab, „das ist nicht das Wetter allein. Ihre Majestät hätte besser daran getan, das Fest in Gesellschaft von Seiner Majestät zu verbringen, anstatt hier in Biarritz einsam zu sein."

Ein flüchtiger Gedanke erhellte Marie-Valeries ausdrucksvolles Gesicht. Und dieser Gedanke galt John Collet, dem Mann im Rollstuhl, dem Mann aus Sissys ferner Vergangenheit . . .

„Vielleicht", sagte sie daher bedächtig, „erleben wir eine Überraschung, Gräfin. Vielleicht aber auch nicht. Aber eines ist sicher: Mama und ich werden in den nächsten Tagen viel beisammen sein, sie wird mir manches zu erzählen haben, das wird ihre Laune bessern."

Was sie aber sonst noch überlegte, behielt Marie-Valerie wohlweislich besser für sich: Wie, wenn sie etwa ein Wiedersehen zwischen ihrer Mutter und dem geheimnisvollen Fremden arrangieren könnte? Der Nebel auf der Kaipromenade hatte ihn verschluckt, wie die Zeit, die zwischen den vergangenen Ereignissen und dem Heute lag. Und doch — was war Zeit? Die Erinnerung war imstande, das Gestern wieder zum Heute werden zu lassen. Erinnerung war ein Schatz, den niemand rauben konnte.

Aber ob man Mama überhaupt mit einem solchen Vorschlag kommen konnte? Oder sollte man vielleicht einen „Zufall" arrangieren? Da müßte man zuvor mit dem fremden Mann Kontakt aufnehmen und mit ihm reden. Marie-Valerie verwarf schließlich den Einfall — er war keine sehr gute Idee. Der Fremde mochte vielleicht anders als erwartet reagieren. Man mußte es doch besser wirklich dem Zufall überlassen, was sich ereignen würde. Biarritz war schließlich nicht so groß, daß man hier aneinander vorbeilaufen konnte, und vielleicht führte das Schicksal selbst ein wenig Regie.

„Lassen wir es darauf ankommen, Gräfin", sagte deshalb Marie-Valerie, die damit deren stumme Frage mit diesem orakelhaften Ausspruch beantwortete.

„Wie Kaiserliche Hoheit meinen", nickte die Sztaray.

Sie ging und schüttelte nach Verlassen des Zimmers den Kopf. Denn sie hatte keine Ahnung, was in der Erzherzogin vorging und welche Gedanken diese hegte.

3. Die Mette

Sissy entschloß sich, zur Christmette zu gehen. Zwar fühlte sie sich nicht besonders gut, aber wenigstens diese Konzession wollte sie dem Fest machen.

Die Bescherung für ihr Reisepersonal und ihre Hofdamen verlief wie stets in den letzten Jahren betont schlicht. Die Geschenke waren zwar großzügig, aber die eisige Atmosphäre ließ keine rechte Stimmung aufkommen. Und auch Marie-Valerie wünschte sich insgeheim nach Hause, in ihr Schloß Wallsee, doch sie bemühte sich, dies niemanden merken zu lassen. Aber Sissy spürte es dennoch.

„Ich bin dir nur eine Last, mein Kind", seufzte sie. „Du gehörst zu deinem Mann, zu den Kindern. Fahr heim, mein Engel, damit du wenigstens zu Neujahr bei den Deinen bist! Ihr könnt ja zum Dreikönigsfest noch einmal den Christbaum anzünden."

„Wo denkst du hin, Mama, ich gehöre jetzt hierher!"
antwortete Marie-Valerie fest entschlossen. Sie war sich bewußt, daß sie ihre Mutter in dieser Stimmung nicht allein
lassen durfte.

„An diesen Depressionen ist nur das Rheuma schuld",
versicherte später die Sztaray der Erzherzogin. „Das feuchte
Klima hier in Biarritz macht es nur noch schlimmer. Seine
Majestät hat dringend davon abgeraten, hierher zu fahren
um diese Jahreszeit! Und die Herren Doktoren, die Ihre
Majestät behandeln, taten dies auch. Aber da ist ja nichts zu
machen. Ihre Majestät muß halt immer ihren Kopf durch-
setzen, und das haben wir dann alle davon . . ."

Sissy ließ sich „warm einpacken", wie sie es nannte, und
dann gingen die drei Frauen zur Weihnachtsmesse. Es war
sehr dunkel, das Meer rauschte, und das Gotteshaus wuch-
tete mit seinen alten Mauern fast unheimlich aus dem Nebel.

„Neulich las ich über die Kanarischen Inseln", meinte
Sissy unterwegs plötzlich unvorhergesehen. „Ich bin noch
nie dort gewesen. Man kann dort auf Eseln reiten. Das haben wir in Ägypten so lustig gefunden, Frau Festetics und
ich."

„Ihr tun heute noch alle Knochen davon weh", versicherte die Sztaray spitz.

„Es soll dort auch Strände geben mit unendlich viel Sand
— warmem Sand, daß man meinen könnte, man wäre in
der Sahara. Sandpackungen wären meinen Gliedern sicherlich sehr zuträglich."

„Aber Papa wird dir eine Seereise nicht mehr gestatten",
wandte Marie-Valerie ein.

„Oh", schüttelte Sissy überlegen den Kopf. „Er würde

mich schon fahren lassen, wenn ich es mir in den Kopf setze! So wie er auch früher immer den ‚Greif' für mich unter
Dampf setzen ließ, wenn ich aufs Meer hinaus wollte."

Sie kamen in das Gewoge vor der Kirche, in die sich viele
Menschen drängten.

„Vorsicht, Majestät", warnte die Sztaray.

Eine Krankenschwester bemühte sich, einen Rollwagen
durch die Menge zu schieben, in dem ein fest in Decken ge-
hüllter, älterer Mann saß, der seinen Hut so tief in die Stirn
gedrückt hatte, daß man ihn nicht erkennen konnte. Eine
dunkle Brille machte ihn zudem vollends unkenntlich.
Trotzdem erkannte ihn Sissy jedoch sofort. Es war der
Mann, dem sie neulich im Nebel auf der Kaipromenade begegnet war. Unwillkürlich verhielt die Kaiserin ihren
Schritt. Marie-Valerie und die Gräfin Sztaray blieben
gleichfalls stehen, um den Kranken vorbei zu lassen. Wenig
später war er im Kirchenportal verschwunden.

„Er ist es, er muß es sein", murmelte Sissy.

„Wer, Majestät?" fragte die Sztaray verwundert. „Kennen Sie ihn?"

„Das liegt Jahre zurück. Sie standen damals noch nicht in
meinem Dienst, Gräfin."

„Ach, erzählen Sie mir doch davon, Majestät", bat die
Sztaray erwartungsvoll.

„Ein andermal", wehrte Sissy ab. „Jetzt ist nicht die Zeit
dazu."

Und sie betraten die von warmem Kerzenschimmer und
Weihrauchduft erfüllte Kirche. Es war tatsächlich John
Collet. Er saß in seinem Krankenwagen in der Nähe der Kir-
chenbank, in der Sissy wenig später kniete. Nun im Licht
der Innenbeleuchtung war er für sie trotz seiner Brille unver-

kennbar, obwohl die Jahre auch ihm tiefe Furchen ins Gesicht gegraben hatten. Er war schmal geworden, sah leidend aus und wirkte müde, abgespannt, aber dennoch gefaßt. Er hat sich besser in Gewalt als ich mich, bewunderte ihn Sissy.

Die Worte des Pfarrers waren für sie Schall und Rauch. Immer wieder zog es Sissys Blicke hinüber zu John. Aufkeimendes Mitgefühl ließ sie ihr eigenes Ungemach vergessen. Am liebsten wäre sie aufgestanden, zu ihm hingegangen und hätte seine Hände umfaßt, die jetzt zum Gebet gefaltet auf seiner Decke lagen.

John, hätte sie gesagt, John — ich bin da, bin wieder bei dir, wie damals in Homburg und Kissingen. Wie geht es dir, lieber John? Wollen wir von alten Zeiten plaudern . . .?

In Gedanken sah sie sein entsetztes Jungengesicht vor sich, das er damals in Homburg zog, als er erfuhr, wer sie wirklich war. Er hatte sie doch in völliger Ahnungslosigkeit so lange nur für ein smartes „British Girl" gehalten.

British Girl . . . Ja, das waren seine Worte gewesen. „My sweet British Girl", hatte er sie in liebevoller Zuneigung genannt. Und sie hatte nichts dazu getan, um ihn über ihre Person aufzuklären. Bis das Schicksal selbst eingriff, damals in Homburg — und für den armen John eine Welt zusammenbrach . . .

Ach, sie hatte nicht grausam sein wollen. Sie hatte ihn in ihr Herz geschlossen. Doch es war wohl mehr ihr Mitleid und ihre Bewunderung für ihn, was er für Liebe gehalten hatte. Und dennoch — sie hätte es wissen müssen, daß kommen würde, was unter den gegebenen Umständen nicht zu vermeiden gewesen war: Der unglückliche John verlor sein Herz . . .

„Es begab sich aber zu der Zeit, daß ein Gebot von Kaiser

Augustus ausging, daß alle Welt geschätzt werde. Und diese Schätzung war die erste und geschah zu der Zeit, da Cyrenius Landpfleger in Syrien war. Und ein jeder ging, daß er sich schätzen ließe, ein jeglicher in seine Stadt. Da machte sich auf auch Joseph aus Galiläa, aus der Stadt Nazareth, in das jüdische Land zur Stadt Davids, die da heißt Bethlehem, weil er aus dem Haus und Geschlecht Davids war . . ."

Das Weihnachtsevangelium nach Lukas . . . Allmählich kehrte Sissy aus der Vergangenheit in die Gegenwart zurück. Die sonderbaren Tage von Homburg und Bad Kissingen versanken wie hinter Schleiern. Zurück blieben ein alter Mann und eine alternde Frau, die das Schicksal hier in Biarritz nach so vielen Jahren wieder zusammenführte.

Man hätte in dem Gotteshaus eine Stecknadel fallen hören können. Andächtig lauschte die Gemeinde der Verlesung des Evangeliums von der Geburt des Herrn und den Worten der Verheißung des Engels: *„Fürchtet euch nicht, siehe, ich verkündige euch große Freude, die allem Volk widerfahren wird. Denn heute ist euch der Heiland geboren, welcher ist Christus, der Herr!"*

Große Freude . . . Ehre sei Gott in der Höhe und Friede auf Erden und dem Menschen ein Wohlgefallen. Frieden, Freude? Wo waren sie? Sissy hatte sie vergebens gesucht in so vielen Winkeln der Erde. Sie sah zu John hinüber und bemerkte im Flackerlicht der Kerzen, daß er lächelte. Hatte er den Frieden gefunden? War er ihm — trotz allem — zuteil geworden? Dann hatte sie kein Recht, wieder in sein Leben zu treten. Dann durfte sie sich nicht zu erkennen geben, mußte so tun, als sähe sie ihn nicht! Oder hatte er etwa bereits bemerkt, daß ihre Blicke immer wieder zu ihm wanderten . . .?

Ein flüchtiges Rot stahl sich in ihre Wangen. Sie hätte, sagte sie sich, verschleiert gehen sollen. Der kleine lederne Fächer, mit dem sie gewöhnlich ihr Antlitz vor den Blicken Neugieriger zu schützen versuchte, war hier in der Kirche nicht zu verwenden. Sie war versucht, die Messe vorzeitig zu verlassen und fortzulaufen, so peinlich war ihr plötzlich der Gedanke der Möglichkeit, ihrerseits auch von ihm erkannt und beobachtet worden zu sein.

Ich bin töricht wie damals in Homburg, schalt sie sich. Wie lange ist das schon her? Fast fünfunddreißig Jahre! Ja, im kommenden Frühling werden es fünfunddreißig Jahre sein . . .

Es begann in den Blütentagen des Jahres 1863. Damals hatten sie einander kennengelernt. Und geschrieben hatten sie einander danach noch viele Jahre lang. Sissy hatte Johns Briefe daheim, in Wien, aufbewahrt. Freilich, eines Tages war das Interesse aneinander schwächer geworden. Vielleicht hat er, dachte Sissy sich, ein anderes „British Girl" gefunden, das ihn tröstet.

Sie wußte nicht, ob das jemals der Fall gewesen war. In seinen Briefen erwähnte er kein einziges Wort davon. Aber Sissy hätte es ihm von Herzen gegönnt. Denn seine Liebe zu ihr war ja doch völlig hoffnungslos gewesen. Obwohl er sich gegen die Tatsachen gesträubt hatte . . .

Hatte Franzl Grund zur Eifersucht gehabt? Sissys „Eroberung", wie er sich ausdrückte, hatte ihn bloß amüsiert. Er hatte die „Affäre" nicht ernst genommen. Aber ein wenig tiefer, als er annahm, ging sie bei Sissy doch.

Sie ging zum Tisch des Herrn, ließ sich die Hostie reichen in einer Reihe mit vielen anderen an der Altarbank. Sie war hier nichts anderes als eine „Gräfin Hohenembs", denn sie war inkognito in Biarritz. Marie-Valerie und die Sztaray, die neben ihr knieten und Sissy in die Mitte genommen hatten, wußten freilich, daß dieses Inkognito nicht viel wert war. Gar mancher hier im Kirchenraum schien zu wissen, wer die Wiener Gräfin war. Offenbar auch John Collet. Er hatte sich ja bereits an der Rezeption nach ihr erkundigt.

Aber wie Sissy schien auch er keinen neuerlichen Kontakt zu suchen. Tatsächlich wollte er sich nur vergewissern, ob seine Vermutung richtig war. Denn obwohl viele Jahre seit ihrer Begegnung verstrichen waren, hatte er Sissy auf der Kaipromenade erkannt. Wie hätte er sie auch jemals vergessen können. Die lange Zeit, die seit der „Homburger Affäre" verflossen war, hatte ihr Bild aus seinem Herzen nicht zu tilgen vermocht. Diese Begegnung — so schmerzlich sie auch für ihn endete — hätte er aus seinem Leben um nichts in der Welt verdrängen wollen. Er war dankbar für jede Stunde des Glücks an Sissys Seite. Es waren Sternstunden seines Daseins gewesen.

Und er hatte geglaubt, dieses Glück halten zu können, er hatte es zwingen wollen und darum gekämpft. Denn er, John Collet, hatte gemeint, einer Frau wie Sissy durchaus ein Leben bieten zu können, wie sie es sich wünschen konnte. Er hatte von einer Heirat geträumt! Daraus war freilich nichts geworden. John Collet war zwar ein wohlhabender, sehr gebildeter und intelligenter Mann aus guter Familie, jedoch halbseitig gelähmt. Doch er hatte sich Chancen ausgerechnet, daß es der Kunst der Ärzte eines Tages gelingen werde, ihm seine volle Gesundheit zu geben.

Verrückte Träume waren das gewesen! Verrückte Träume eines jungen Mannes, der hoffte, wie jeder andere seiner Jahre und seines Standes ein Leben führen zu können, mit dem er zufrieden sein konnte. Doch trotz aller aufgewendeten Geldmittel für kostspielige Ärzte war er immer noch nicht Herr seiner Glieder und blieb wohl bis an sein Lebensende an seinen Rollstuhl gefesselt. Frauen in seinem Leben gab es außer seinen Pflegerinnen keine. Die sorgten für Geld um sein Wohlergehen. Aber er war trotz aller Enttäuschungen nicht verbittert. Vielmehr hatte er begriffen, daß er Glück und Frieden, wie er heute verheißen worden war, nur in seinem eigenen Inneren finden konnte.

Er gab seiner Pflegeschwester leise die Weisung, ihn vorsichtig aus der Kirche zu fahren, während Sissy nach dem Empfang der Kommunion noch kniete. Als sie aufstand, war er schon fort und draußen, wo ihn ein kalter Nachtwind ernüchternd umwehte.

4. Erinnerungen

Die rauschenden Festlichkeiten in Petersburg konnten Franzl nicht darüber hinwegtäuschen, daß es im Reiche Nikkys gärte. Heimgekehrt nach Wien, fand er aber auch keine idealen Verhältnisse vor. Die Sprachenverordnung seines Ministerpräsidenten Badeni hatte in der Vielvölkermonarchie zu offenen Protesten seitens der sich benachteiligt fühlenden Minderheiten geführt. Die Deutschnationalen gossen noch Öl ins Feuer. Das führte zum Sturz der Regierung Badeni, und Gautsch, sein Nachfolger, griff nun mit harten Maßnahmen durch, um wenigstens den Weihnachtsfrieden zu sichern.

Die Sorgen verfolgten Franzl bis ins stille Gödöllö, wo er mit seiner Tochter Gisela und deren Familie zusammentraf

31

und in einer dementsprechenden Stimmung sein Weihnachtsfest beging. Er fand ein Päckchen von Sissy unter dem Weihnachtsbaum und einen Brief von ihr, in dem sie ihre Sehnsucht nach ihm ausdrückte. Er möge, so schrieb sie ihm, doch recht bald kommen. Er aber mußte ihr antworten, daß dies angesichts der angespannten Lage im Reich zur Zeit nicht möglich sei. Hier, im verschneiten Gödöllö, sei er immerhin in der Nähe der Budapester Burg und könne jederzeit dorthin eilen, wenn es nötig wäre.

Gisela kümmerte sich mit rührender Sorgfalt um ihren ergrauten Papa. Doch die Tochter, so sehr er sie auch liebte, war nun einmal nicht Sissy, nach der er sich sehnte.

* * *

Überraschenderweise war John Collet abgereist und hatte nicht hinterlassen, wohin. Falls das Hotel seine nächste Adresse kannte, dann mußte er die Rezeption beauftragt haben, diese nicht weiterzugeben. Es war nicht sehr schwierig gewesen herauszufinden, wo er gewohnt hatte. Auf Sissys Bitte hin hatte Marie-Valerie darüber diskret Erkundigungen eingezogen, und da der Mann im Rollstuhl aufgefallen war, wußte sie sehr bald, in welchem Haus er logiert hatte. Doch dann kam sie nicht weiter.

„Mister Collet? Ist mit dem Elf-Uhr-Zug abgereist, Madame. Aber er hat uns nicht mitgeteilt, wo er hin will. Da er jedoch ohnedies nie Post bekam, wird es wohl auch keine Probleme mit irgendwelchen Briefen geben."

„Oh", sagte Marie-Valerie betreten, „darauf war ich nicht gefaßt, daß er so schnell wieder abreisen wird."

„Madame können ja in ein paar Tagen wieder nachfragen. Vielleicht teilt uns Mister Collet seine neue Anschrift brieflich mit."

Marie-Valerie bedankte sich und eilte zu Sissy.

„Er ist nicht mehr in Biarritz", berichtete sie ihr. „Er ist ganz plötzlich, Hals über Kopf, davon. Als ob er flüchten wollte!"

„Das wollte er auch", nickte Sissy. „Er wollte flüchten vor der Vergangenheit. Er hat mich erkannt."

„Mama, was ist denn damals passiert? Ich weiß davon gar nichts", meinte Marie-Valerie betreten.

„Wie könntest du auch", lächelte Sissy. „Du warst ja damals noch gar nicht auf der Welt, mein Kind. Wir haben uns getroffen fünf Jahre, bevor du geboren wurdest."

„Und wo?"

„Nun, es begann eigentlich in Bad Kissingen, wo Collet zur selben Zeit wie ich zur Kur weilte."

„Du warst damals schon so viel wie jetzt unterwegs, Mama?"

„Noch mehr, mein Kind! Nun ja, ich war schon immer ein Zugvogel. Es hat mich nirgendwo lang gehalten. Vielleicht liegt mir das im Blut von meinem Vater her. Auch er war ein unruhiger Geist, mußt du wissen — und liebte wie ich Pferde über alles. Der gute Papa! Mama hat es mit ihm nicht leicht gehabt."

„So wie Papa mit dir, nicht wahr?" entfuhr es Marie-Valerie.

Sissy lachte leise auf und strich ihrer Tochter zärtlich übers Haar.

„So ungefähr. Aber mein Papa war kein Kaiser. Als Herzog Max in Bayern konnte er sich ein freies, ungebundenes Leben erlauben. Ich als Kaiserin und Königin dürfte das eigentlich nicht. Das bringt Konflikte mit Franzl, der ein Pflichtmensch durch und durch ist, wie du weißt. Mein Fernbleiben bereitet ihm Kummer, aber ich kann nun einmal nicht aus meiner Haut! Es wäre für mich unmöglich, längere Zeit hindurch am Wiener Hof zu bleiben."

„Mister Collet — vielleicht ist er einfach heim nach England gefahren? Er ist doch Engländer, oder?"

„Ja, er ist Engländer. Aber ich glaube nicht, daß er heim gefahren ist. Er ist ein großer Reiser wie ich."

„So versteht ihr euch also?"

„In vielen Dingen", nickte Sissy versonnen.

Sie überlegte einen Augenblick, wie wohl das Leben an der Seite dieses Mannes verlaufen wäre. Wenn sie damals in Homburg den Schritt getan hätte, den er von ihr verlangt hatte. Doch dann schüttelte sie den Kopf.

„Woran denkst du, Mama?" fragte Marie-Valerie und versuchte, in Sissys Miene die Antwort zu finden.

„Daß es ganz gut ist, daß wir uns nur flüchtig gesehen haben", antwortete sie nicht ganz wahrheitsgemäß. „Es ist viel schöner, wenn wir uns so in Erinnerung behalten, wie wir waren. Es hätte nichts gebracht, wenn wir unsere Bekanntschaft erneuert hätten."

„Nun, er ist schließlich auch nicht jünger geworden."

„Mein Kind, auf die Jugend allein kommt es nicht an. Das Leben selbst hat uns verändert. Und was mich betrifft, so fürchte ich, daß es mir nicht zum Vorteil gereicht. Wie es ihm ergangen ist, weiß ich nicht. Es ist zwanzig Jahre her, seit ich seinen letzten Brief bekam."

„Dann habt ihr ja lange korrespondiert!"

„O ja, sehr lange!"

„Und habt ihr euch auch später wiedergesehen?"

„Das hat er mehrmals versucht — auch er war immer wieder zur Kur in verschiedenen Heilbädern und zur Behandlung bei prominenten Ärzten, die ihm freilich nicht zu helfen vermochten. Und da ich, wie du weißt, ja auch immer wieder Kuren brauchte, versuchte er, es so einzurichten, daß wir einander begegnen konnten. Oft hat er durch Zeitungen erfahren, wo ich mich gerade aufhielt, und reiste dann schnell dorthin. Doch als er ankam, war es zu spät. Ich war der Neugierigen überdrüssig, die mich begafften, und war bereits wieder abgereist.“

„Hast du ihm denn nicht geschrieben, wo du anzutreffen sein würdest?“

„Darum hat er mich immer wieder brieflich ersucht. Doch ich habe es ihm abgeschlagen. Wie so vieles andere auch.“

„Was denn, Mama?“

„Oh, er bestürmte mich zum Beispiel um eine Locke von meinem Haar. Er wolle, so schrieb er mir, stets etwas von mir bei sich haben. Als eine Art Souvenir.“

„Und — hast du ihm seinen Wunsch erfüllt?“

„O nein“, schüttelte Sissy sacht den Kopf und fügte nachdenklich hinzu: „Ich glaube, das war auch besser für John.“

„Und Papa — wußte er davon?“

„Gewiß. Ich habe ihm anheim gestellt, Collets Briefe zu lesen. Das wollte er aber nicht. Franzl ist ein Mann von feinem Takt. Er hätte es als Indiskretion empfunden. Er hat Collets Gefühle zwar belächelt, aber respektiert.“

„Der arme Engländer muß viel gelitten haben“, fand Marie-Valerie mitleidig. „Dein Verhalten hat ihn wohl seinen bedauernswerten Zustand nur noch schmerzlicher empfinden lassen.“

„Das glaube ich nicht, und das war auch wirklich nicht der Grund. Ganz im Gegenteil. Dieser Zustand, wie du dich ausdrückst, war ja sogar die Ursache dafür, daß wir einander kennenlernten und daß unsere Bekanntschaft so lange währte und so herzlich wurde."

„Aus Mitleid, nicht wahr? Du empfandest Mitleid für ihn, Mama. Und einem Mann, der liebt, muß es doch doppelt weh tun, wenn die Frau, die er begehrt, nichts anderes als Mitleid für ihn empfindet."

„Oh, Kind, es war ja nicht nur Mitleid! John war mir wirklich sympathisch. Und ich empfand ehrliche Bewunderung für ihn. Weißt du, dieser Mann im Rollstuhl war eine echte Kämpfernatur. Wie er sein Schicksal meistern wollte, gegen sein Leiden ankämpfte, wie er selbst dann noch, als er einsehen mußte, daß sein Werben um mich hoffnungslos war, versuchte, sein Glück trotzdem zu erringen, das war bewundernswert, Marie-Valerie! John Collet wirkte niemals hilflos. Er war ein Mann, wie man ihn sich wünschen kann. Aber du weißt doch, daß ich deinen Vater über alles liebte und noch immer liebe. Da war daneben kein Platz für einen anderen."

„Und Andrássy?" entfuhr es Marie-Valerie unbedachterweise.

„Ach, Kind", lächelte Sissy, „eine hübsche junge Frau hat viele Anbeter, das läßt sich gar nicht vermeiden. Und es ist auch unvermeidlich, daß man selbst an diesem oder jenem Gefallen findet. Auch eine Kaiserin und Königin ist schließlich eine Frau aus Fleisch und Blut. Worauf es dabei ankommt, sind die Grenzen, die man sich selbst setzt. Das ist doch die wahre Freiheit: selbst zu entscheiden, was man tun darf oder nicht, und es sich nicht von anderen vorschrei-

36

ben lassen! Und meine Entscheidungen waren stets von meinem Gefühl für deinen Vater und von meiner Selbstachtung bestimmt. Ja, auch Graf Andrássy war in mich verliebt. Doch er sah auch ein Mittel zum Zweck in mir. Er dachte an seine nationalen Interessen. Das habe ich sehr wohl gewußt, es ihm aber nicht übelgenommen. Er wäre nicht Andrássy gewesen, wenn er nicht so gehandelt hätte."

„Collet war aber kein Politiker."

„John war nur Privatmann. Und er liebte mich um meiner selbst willen. Oder sagen wir: um seinet- und meinetwillen. Denn in allem, was er dachte und tat, steckte auch der unverhohlene Wunsch, sich selbst seine Vollwertigkeit zu beweisen. Er wollte sich und jedem beweisen, daß sein Handicap nichts zu bedeuten habe. Hätte er mich ganz für sich gewonnen, dann wäre das wohl für ihn der größte Sieg gewesen, den er jemals hätte erringen können."

„Dann muß ihn dein ‚Nein' doppelt getroffen haben."

„Ich weiß. Ich habe versucht, ihm so wenig Schmerz wie möglich zuzufügen. Oh, diese Tage in Homburg waren schrecklich, nicht nur für ihn. Ich spürte förmlich, wie jedes meiner Worte ihm wie ein glühendes Messer sein Herz zerschnitt! Aber er hat es tapfer getragen. Ja, John Collet war wirklich ein feiner Kerl. Er hätte auch dir imponiert, Marie-Valerie, wenn du an meiner Stelle gewesen wärest!"

Sie blickte versonnen vor sich hin, und das Feuer knisterte leise im Kamin. Bilder einer Vergangenheit formten sich aus dem flackernden Helldunkel des Raumes, die so gegenwärtig und deutlich für Sissy wurden, als wäre sie erst gestern gewesen. Marie-Valerie unterbrach Sissys Gedanken mit keinem Wort. Sie blieb still sitzen und ließ ihre Mutter träumen.

Und Sissy sah John Collet tatsächlich wieder so vor sich, wie sie einander damals in Bad Kissingen zum erstenmal begegnet waren. Sie sah sein scharfgeschnittenes, junges Gesicht, seine scharf blickenden, hellen Augen, deren lebendiger Blick in so seltsamem Kontrast zu seiner körperlichen Unbeweglichkeit stand, so, als wolle sein Geist diesem gefesselten Körper entfliehen. Wenn er sich aus seinem Wagen erhob und aufrecht stand, war er wirklich ein gut aussehender, junger Mann.

Poliomyelitis . . . Sissy seufzte tief. Armer John Collet! Wie hatte er gehofft, doch noch Heilung finden zu können!

„Eines Tages bin ich wie alle anderen", hatte er ihr versichert, aus Angst, daß sein grausames Leiden der Grund für ihr „Nein" sein könne.

Doch das Schicksal hatte keine Gnade walten lassen. Es hatte aber -- und das fühlte Sissy in ihrem Herzen — Johns Nacken dennoch nicht gebeugt.

5. Die unbeschriebenen Blätter

Sylvester 1897. Der letzte Tag eines Jahres wurde gefeiert — und ein neues sollte willkommen geheißen werden. In Wien wie auch in Budapest und anderswo waren die Restaurants, Nachtlokale und Theater erfüllt von einer übermütigen, fröhlichen Menge. Und auch in den Gaststätten der Vorstädte floß, wenn auch nicht Champagner, so doch der Wein in Strömen.

Das alte Jahr, so fand man allgemein, es hätte schlechter sein können. Und das neue? Nun, die Blätter seiner Tage waren noch unbeschrieben. Niemand konnte vorhersagen, was es im Schilde führte. Doch man hoffte allgemein auf Gesundheit, Frieden, Wohlstand und wünschte sich dies auch. Und auch in Biarritz machte man davon keine Ausnahme.

Als krachend die Raketen punkt zwölf Uhr in den nächtlichen Himmel emporschossen, bunte Feuergarben versprühend, stand Sissy mit den Ihren auf dem Balkon ihres Hotelzimmers und betrachtete die funkelnde Pracht.

„In Wien läutet jetzt wohl die Pummerin vom Stephansdom", meinte Marie-Valerie ein wenig wehmütig.

Doch auch hier läuteten die Glocken.

„Alles Gute zum neuen Jahr, Mama!"

„Viel Glück dir und deiner Familie, mein Kind!"

Sie fielen einander um den Hals, Tränen der Rührung in den Augen.

Wieder ein Jahr, dachte Sissy, ein weiteres Jahr meines Lebens.

„Wo werden wir heut' in einem Jahr wohl sein?" fragte sie leise.

„Vielleicht daheim, in Wien", antwortete Marie-Valerie hoffnungsvoll.

„Das weiß Gott allein", entgegnete Sissy.

Eine seltsame Bangigkeit vor diesem neuen Jahr erfüllte sie ahnungsvoll. Und doch war es eine Sylvesternacht wie so manche vergangene auch, die sie fern von daheim, von ihrem Mann, verbracht hatte. In dieser Nacht aber wünschte sie sich Franzl wirklich an ihre Seite. Sprunghaft, wie sie mitunter war, spielte sie mit dem Gedanken, schon am nächsten Morgen ihre Zelte abzubrechen und ihn in Gödöllö zu überraschen. Sie sehnte sich nach Franzls Fürsorge und Zärtlichkeit!

Doch als sie gleich darauf ihren Salon betrat, in dem die anderen warteten, um ihr ein glückliches Neujahr zu wünschen und mit ihr anzustoßen, da war die Bangigkeit jener Augenblicke bereits verflogen, und sie hatte sich wieder fest in der Gewalt.

„Ein glückliches Neujahr, Majestät!"

„Ein gesegnetes Jahr euch allen", wünschte Sissy.

Immer noch stiegen draußen krachend Raketen zum Himmel, erhellten mit ihren bunten Lichtreflexen die Vorhänge an den Fenstern. Dazu heulte von der See der kalte Nachtwind.

Die Gläser klangen aneinander. Kein Zweifel, jedermann blickte dem neuen Jahr erwartungsfroh entgegen. Und die Gräfin Sztaray stellte einen neuen, kleinen Kalender mit schmucken Blättern auf Sissys Mahagonikommode. Es war dies eine besondere Aufmerksamkeit. Und festlich enthüllte sie dies schicksalshafte Jahreszahl: *1898!*

„Was für ein Getue", brummte Berewicky. „Es ist ein Jahr wie alle anderen."

Er sehnte sich eigentlich nach seinem Bett. Noch viel lieber aber wäre er per Eilzug heim nach Wien gefahren — es hätte nicht einmal der Hofzug sein müssen, ein jeder andere hätte ihm auch genügt.

Barker, der trotz seiner Stimmung eine lächelnde Weltmannsmiene zur Schau trug, hatte heute morgen noch, ohne daß Sissy davon wußte, an seinen Brotherrn, den Kaiser, geschrieben und ihm seine Besorgnis über den Gesundheitszustand der Kaiserin mitgeteilt. Er schrieb von ihren Depressionen und ihrer besorgniserregenden Magersucht. Zwar sei erst kürzlich der kaiserliche Leibarzt hier gewesen, doch Ihre Majestät hielte sich schon wieder an keine ärztli-

40

chen Weisungen. Sie esse fast nichts als Orangensaft, und von der Kammerzofe habe er erfahren, daß sie jetzt nur noch 43 Kilo wiege.

Barker erfüllte damit einen ihm unter dem Siegel der Verschwiegenheit erteilten Befehl, von Zeit zu Zeit heimlich zu berichten. Er trug seine Briefe persönlich zur Post und warf sie ganz einfach in einen örtlichen Briefkasten. Diese Schreiben nahmen nicht den offiziellen Weg über das Sekretariat. Und Sissy, die natürlich ahnte, daß Franzl über jeden ihrer Schritte im Bilde sein wollte, verdächtigte in dieser Beziehung jeden, nur nicht ausgerechnet Barker.

Im Ballsaal des Hotels wurde getanzt. Die Walzerklänge der Kapelle drangen bis in Sissys Suite herauf.

„Nun, wer will, mag tanzen gehen", animierte sie ihre kleine Gesellschaft.

Doch niemand zeigte dazu Lust. Frau von Ferenczy hatte Punsch bringen lassen, und außerdem begannen einige gerade mit dem Bleigießen.

„Bleigießen, Mama, möchtest du nicht auch sehen, was dir die Zukunft bringt?"

Plötzlich war sie wieder da, diese Bangigkeit . . .

„Nein, ich möchte nicht", wehrte Sissy ab. „Ich tue das nicht gern."

„Aber das ist doch nicht wahr, Mama! Du läßt dir doch sogar aus der Hand lesen und wahrsagen von Zigeunerinnen!"

„Also gut", überwand sich Sissy, um Marie-Valerie und den anderen die Freude daran nicht zu verderben. Aber alles in ihr sträubte sich dagegen, das Stückchen Blei ins Wasser fallen zu lassen. Schließlich tat sie es doch. Es formte sich unter ihren weitenden Blicken zu einem schmalen, länglichen Ding, das auf dem Grund des Gefäßes liegenblieb und schließlich mit einem Löffel herausgefischt und allseitiger Beurteilung unterzogen wurde.

„Was mag das bloß sein?" fragte Marie-Valerie ratlos.

„Das ist gar nichts", meinte Barker. „Es ist mißglückt. Noch einmal, Majestät müssen es ein zweitesmal versuchen. Sowas kann vorkommen."

„Aber irgend etwas muß es doch sein", meinte die Sztaray neugierig und hielt den Löffel mit dem verformten Stückchen Blei noch näher an ihr Gesicht.

„Lassen wir es, wir müssen es ja nicht klären", wehrte Sissy ab.

„Aber warum machen wir es nicht wirklich ein zweites Mal, Mama?" drängte Marie-Valerie.

„Weil ich nicht will. Es ist genug", erklärte Sissy bestimmt. „Ich fühle mich auch nicht wohl. Es ist nicht mehr wie früher. Es ist wohl zu viel für mich!"

„Was hast du nur, Mama", fragte Marie-Valerie erschrocken.

„Nichts. Ich bin nur müde, ich sagte es ja schon."

Die Kaiserin blieb nicht länger. Sie wünschte noch allen eine fröhliche Neujahrsnacht und zog sich dann in ihr Schlafzimmer zurück, wo sie sich auskleiden ließ und zu Bett ging.

„Es sah aus wie ein Sarg", murmelte sie in die Dunkelheit. Und sie starrte in die Finsternis des dunklen Schlafzimmers, in das gedämpft von Ferne Tanzmusik drang.

Alles in allem wird Friede sein, wenn es vorbei ist. Und doch — ich erschauere bei dem Gedanken an das Unbekannte, das mich „drüben" erwartet. Aber Gott wird gnädig mit mir sein . . .

Die Augen fielen ihr endlich zu. Es war vielleicht schon die dritte Stunde des neuen Jahres, das überall mit so großer Freude willkommen geheißen wurde und von dem niemand wissen konnte, was es ihm bescheren würde.

* * *

Auch ein Mann namens Lucheni wußte dies nicht. Er hatte sich zu Fuß von Italien in die Schweiz aufgemacht, wo er bessere Arbeitsbedingungen zu finden hoffte. Aus dem Militärdienst entlassen, war er für kurze Zeit als Diener im Hause seines ehemaligen Regimentsinhabers, des Herzogs von Aragon, beschäftigt gewesen.

Doch dann hatte er sehr zur Verwunderung seines Brotgebers den Dienst aufgekündigt und sich mit einer höchst bescheidenen Barschaft auf den Weg gemacht. Der Herzog konnte sich nicht erklären, warum sein ehemaliger Bursche ihm gekündigt hatte, der in seinem Hause eine angenehme Beschäftigung und ein sicheres Auskommen hatte. Außerdem mochte er Luigi, der sich beim Militär sehr verläßlich gezeigt hatte.

Nun, der Herzog hielt ihn nicht. Seine Schwester gab Luigi nebst vielen guten Wünschen auch noch ein mächtiges Zehrpaket auf den Weg. Das war längst aufgebraucht, und dem Wanderer knurrte nun häufig genug der Magen. Wenn er irgendwo einkehrte und um Herberge bat, schüttelte manch einer verwundert den Kopf.

„Wie, Sie wollen jetzt, mitten im Winter, über die Berge? Wissen Sie überhaupt, was das heißt? Und mit diesem Schuhzeug und ihrem dünnen Gewand? In Italien mochte das ja ganz angenehm zu tragen gewesen sein, aber in den

Alpen bei Temperaturen von minus 20 Grad? Kehren Sie um, bevor man Sie erfroren auf einer Paßhöhe findet!"

Doch Luigi Lucheni ließ sich nicht abschrecken. Er setzte, wie von einem inneren Motor getrieben, seinen Weg fort. Trotz Hunger und Kälte, und mit einer immer mehr dahinschwindenden Barschaft. Und offenbar auch ohne ein bestimmtes Ziel vor Augen. Oder log er, wenn ihn jemand danach fragte?

Seine Antwort war immer die gleiche: Er sei Handlanger, ein ungelernter Hilfsarbeiter und suche irgendwelche Arbeit. Vielleicht bei einer Baustelle; ihm sei alles recht, wenn er nur Arbeit und Brot fände.

Er verdingte sich auch unterwegs manchmal für einige Tage, oft nur für Kost und Logis, denn er blieb nirgendwo lang. So, als wolle er bloß für kurze Zeit ein warmes Essen und ein Dach über dem Kopf, um neue Kräfte zu sammeln und sich danach wieder gestärkt auf den Weg machen zu können.

Niemand lernte ihn näher kennen, und nur wenige fragten ihn nach seinem Woher und Wohin. Bis auf den Umstand, daß er um diese ungewöhnliche Jahreszeit zu Fuß auf dem Weg über die Berge war, machte Luigi Lucheni durchaus einen unauffälligen Eindruck. Er ließ sich auch nirgendwo etwas zuschulden kommen, was etwa die Aufmerksamkeit der Gendarmen auf ihn hätte lenken können.

* * *

Marie-Valerie schickte am Neujahrsmorgen einen Eilbrief nach Schloß Wallsee. Sie werde wahrscheinlich in einer Woche nach Hause kommen. Sie hatte sich nun doch entschlossen, das Angebot ihrer Mutter, das Dreikönigsfest bei ihrer Familie zu verbringen, anzunehmen. Sissy nahm die Nachricht mit Verständnis auf.

„Du hast ganz recht, mein Kind", erklärte sie. „Du opferst ohnehin viel Zeit für mich. Dein Mann muß mich allmählich hassen."

„Wie kannst du so etwas sagen, Mama! Franz doch nicht! Ganz im Gegenteil, er verehrt dich. Wir wissen doch beide, Mama, was wir dir alles zu verdanken haben."

„Weißt du, an wen ich in den letzten Tagen öfters denken mußte?"

„Nun? Soll ich raten? Du meinst sicher Franz Ferdinand und seine arme, geduldige Sophie."

„So ist es. Diese beiden tun mir ja so leid, und ich frage mich immer wieder, wie ich ihnen helfen könnte. Doch es fällt mir nichts ein."

„Vielleicht bringt ihnen das neue Jahr das ersehnte Glück!"

„Das wollen wir ihnen von Herzen wünschen", meinte Sissy aufrichtig. „Eine glückliche Ehe und Kinder, wie Franz Ferdinand sie sich wünscht. Er hätte es sich verdient, wenn sein großer Wunsch in Erfüllung ginge, die Komtesse Chotek heiraten zu dürfen. Obwohl sie aus keiner ‚ebenbürtigen', wenn auch sehr achtbaren Familie stammt."

„Lauter unbeschriebene Blätter", meinte Marie-Valerie nachdenklich. „Ein Buch mit 365 Seiten — das neue Jahr wird seine Geschichte schreiben und jede Seite füllen!"

6. Regentage am Strand

„Einfach trübselig! Zum Aus-der-Haut-fahren!" schimpfte Frau von Ferenczy.

„Ja, dieses Wetter will offenbar kein Ende nehmen", pflichtete die Sztaray bei.

„Wie kann es Majestät nur hier aushalten!"

„Das Schlimme ist, daß auch wir es aushalten müssen", brummte Barker aus dem Hintergrund.

„Ach, Sie haben den geringsten Grund, sich zu beklagen", ereiferte sich die Ferenczy. „Majestät überhäuft Sie mit Orden. Sie sollten dankbar sein."

„Wer sagt, daß ich das nicht bin, meine Damen? Trotzdem wäre ich jetzt gern lieber anderswo."

„Ach, wie schön wäre es jetzt in den österreichischen Bergen. Nahe von Wien, am Semmering, müßte es jetzt paradiesisch verschneit sein! Hier aber — nichts als naßkalter Regen und Nebel. Schrecklich ist das!" schüttelte sich Frau von Ferenczy. „Und dabei wundert sich Majestät über andauernde Gliederschmerzen. Ich spüre es ja selbst bereits in allen Knochen. Wenn man Majestät nur dazu bewegen könnte abzureisen!"

„Nun, zumindest bis zur Abreise der Frau Erzherzogin wird sie nicht daran denken", meinte die Sztaray. „Ich bin auch sicher, daß wir bis über Dreikönig noch hier sind. Dann geht es möglicherweise nach Paris. Sie hat mir gegenüber erwähnt, daß sie eventuell doch noch einmal diesen gräßlichen Doktor Metzker konsultieren will."

„Nun, vielleicht überlegt sie es sich wieder. Man weiß ja nie, was sie wirklich vorhat", seufzte die Ferenczy.

Man saß in der Hotelhalle und plauderte. Die Halle bot

ein wenig Abwechslung, man sah fremde Gesichter, konnte in Illustrierten blättern und war dennoch unter sich. Aber die Kaiserin sah es nicht gerne, wenn sich Leute ihrer Begleitung dort aufhielten. Schließlich hatte man 14 Zimmer gemietet, darunter drei Salons, die genügend Platz zur Konversation boten.

Aber Sissy lag wieder einmal mit Migräne zu Bett. Sie hatte die Vorhänge zuziehen lassen und hing im Dunkeln allein ihren Gedanken nach. Marie-Valerie war im Ort unterwegs und besorgte noch ein paar Einkäufe, die sie als Geschenke für ihre Lieben nach Schloß Wallsee mitbringen wollte. Sissy dachte ursprünglich daran mitzugehen, doch sie fühlte sich nicht in Stimmung dazu. Die Migräne war allerdings nur vorgeschützt. Die Wärme der Daunendecken tat ihrem Körper wohl, und sie träumte in das Dunkel von einer vergangenen Zeit, in der alles um sie herum Licht und eitel Wonne war. Einer Zeit, die niemals wiederkehren würde. Wie viele schöne Erinnerungen bewahrte sie daran! Eine davon hieß John Collet . . . O ja, er hatte sich bei seinem unerwarteten Auftauchen in Biarritz mit Nachdruck zurückgemeldet.

Marie-Valerie hatte Sissy gebeten, ihr alles zu erzählen, was damals in Bad Kissingen und in Homburg geschehen war. Sissy hatte auch versprochen, dies zu tun. Und ein Tag wie der heutige, an dem der Nebel vor den Fenstern hing, schien gerade richtig dafür zu sein, das Gestern wieder heraufzubeschwören. So war sie auch froh darüber, allein zu sein, denn mitunter war sie der immer selben Gesichter schon überdrüssig.

Aber damals, als sie noch eine junge, schöne Kaiserin war, eine gekrönte Märchenfee, wie viele sie nannten, hatte es manchmal auch Spaß gemacht, mit Gefolge zu reisen. Freilich nicht immer. Im Grunde ihres Wesens war sie damals noch ein wenig das Prinzeßlein aus Possenhofen am Starnberger See, das sich am Leben freuen wollte und auch Freude rings um sich verstreute. Und wenn ihr letzteres gelang, hatte sie sich stets glücklich gefühlt.

Wäre Franzls Mutter, die Erzherzogin Sophie, nicht gewesen, dann wären auch ihre ersten Jahre am Wiener Hof anders verlaufen und voll ungetrübter Harmonie gewesen. So aber gab es damals schon Spannungen zwischen dem Kaiser und ihr. Denn Franzl liebte zwar seine junge Frau über alles, hing aber auch sehr an seiner Mutter.

„Ach, Franzl", murmelte Sissy gedankenverloren.

Ein Regentag in Biarritz hatte seine Vorzüge, die offenbar nur Sissy erkannte . . . Früher hatte sie ihrer Umgebung manchen übermütigen Streich gespielt, was ihr seitens der Schwiegermutter die Bezeichnung „Bayrischer Wildfang" eingebracht hatte. Im Grund war auch die heutige Migräne etwas derartiges, aber sie fühlte sich zunehmend wohler.

„Lieber, alter John, wo magst du jetzt wohl sein? Damals warst du noch nicht alt, und ich ebensowenig. Damals sind wir beide wohl ein wenig verrückt gewesen. Ja, wir waren verrückt. Was müssen sich die Leute bloß gedacht haben in Kissingen. Ich bin sicher, allzu viele haben gewußt, wer ich wirklich war. Allzu viele — bis auf dich!"

Sissys Lippen verzogen sich zu einem spitzbübischen Lächeln. Sicher hatte ihr damals der Schalk im Nacken gesessen, als sie John Collet ihre wahre Identität verschwieg. Später aber, ja, da war es ihr immer schwerer gefallen, ihm zu sagen, wer sie wirklich war. Sie schob und schob es hinaus von Tag zu Tag. Und wußte doch, daß es eines Tages geschehen mußte. Der Zufall hatte sie schließlich von dieser schweren Aufgabe enthoben und John Collet mit einem Schlag die Augen geöffnet.

„Was magst du damals gefühlt und gedacht haben?" fragte sie halblaut.

Die Antwort mußte sie sich freilich selbst geben. Nun, sie fiel schlimm genug aus. Es mußte ihm sehr weh getan haben. Ja, er hatte sich sogar eine Zeitlang von ihr verspottet geglaubt. Daß dies zumindest ein Irrtum war, hatte sie ihm jedoch klargemacht. Es war Balsam auf seine tiefe Wunde gewesen. Und so wie damals in Homburg empfand Sissy auch jetzt Scham über ihr Verhalten und Mitleid mit dem ohnehin vom Schicksal schwer geschlagenen Mann. Sie versuchte, sich in seine Lage zu versetzen und die Ereignisse aus seiner Warte aus zu betrachten. Doch es gelang ihr kaum. Aber die Tage von damals rückten näher und näher, es war, als drehe sich das Rad der Zeit zurück. Ein vergangener Sommer, dessen Blüten längst verweht und verwelkt waren, brannte und leuchtete wieder in prächtigen Farben auf.

Doch was hatte es für einen Sinn, sich das alles noch einmal ins Gedächtnis zu rufen? Mochte doch im Schoß der Vergangenheit ruhen, was einstmals gewesen und unwiderruflich dahingegangen war. Sie und John Collet — was verband sie denn heute noch? War er nicht in aller Stille eilig abgereist, um ihr nicht wieder zu begegnen?

Ja, er war abgereist. Und dennoch bei ihr zurückgeblieben. Hier in diesem Zimmer als ein unsichtbarer Geist, und Sissy war es, als höre sie seine angenehme, dunkle Stimme wieder wie damals in Homburg.

„Was um alles in der Welt kann er dir bieten, was ich dir nicht auch bieten könnte, Elisabeth?"

Wollte sie überhaupt etwas „geboten" haben von einem Mann — suchte sie sich nicht viel lieber die Unabhängigkeit zu erhalten, die sie sich schwer genug vom Wiener Hof erkämpft hatte?

Aber John Collet war eben wie die meisten anderen Männer auch: Er wollte sie für sich. Er war reich, unabhängig, fast stets auf Reisen, trotz — und zum Teil auch wegen — seiner Behinderung. Und er wäre für manch eine Frau ein begehrenswerter Mann gewesen, vorausgesetzt, daß sie mit seiner Behinderung leben konnte. Doch diese störte Sissy nicht.

Geheimnisse vor ihrem Mann kannte sie keine. Sie schrieb es ihm. Und so wie damals sah sie auch jetzt wieder förmlich sein Gesicht beim Lesen ihrer Zeilen vor sich. Er hatte wohl erstaunt den Kopf geschüttelt und lächelnd gemeint: „Solche Unsinnigkeiten zu sagen würde sich dieser Collet nur im Ausland trauen."

Hierin irrte er wohl. John Collet — und darin war Sissy überzeugt — fühlte sich als freier Engländer und hätte dies selbst auf dem Boden der Monarchie gewagt!

Später, als Sissy und Franzl einander wiedersahen, hatte er gemeint, dieser arme Teufel sei eben ein „spleeniger Brite", der womöglich eine Wette abgeschlossen hatte. Doch auch darin irrte Franzl. Es war John Collet bitter ernst, sie hatte es in seinen Augen gelesen. Und es hatte sie glücklich und zugleich traurig gemacht.

„Armer John", murmelte sie heute wie damals. Und sie schlief darüber ein.

Am folgenden Morgen war sie zur allgemeinen Überraschung in recht aufgeräumter Stimmung. Man schrieb dies ihren wechselnden Launen zu. Aber Sissy hatte fest und traumlos geschlafen, und ihre ersten Gedanken schlossen fast nahtlos an die Erinnerungen des gestrigen Abends an.

Eine Fülle von Gratulationspost zum neuen Jahr erwartete sie. Noch mehr davon aber türmte sich wohl auf den Schreibtischen ihres Sekretariats in der Wiener Hofburg, wo man die zahlreichen Glückwunschbillets aus allen Ecken und Enden der Monarchie und aus dem Ausland mit einem vorgedruckten Dankschreiben beantwortete, sofern die Schreiber nicht Persönlichkeiten von besonderem Rang waren. Hier war zumindest Sissys persönliche Unterschrift erforderlich.

Um elf Uhr besuchte Sissy die Messe, und es gelang ihr, sich zu konzentrieren. Darüber befriedigt, kehrte sie in ihre Suite zurück. Sie fühlte sich jetzt auch seelisch gestärkt. Das neue Jahr ließ sich gut an. Marie-Valerie war selig, ihre Mutter endlich wieder in besserer Verfassung anzutreffen.

„Im Kasino gibt es heute nachmittag ein schönes Konzert, Mama", versuchte sie ihre Mutter zum Ausgehen zu animieren.

„Wir können ja hingehen, wenn es dir Spaß macht", meinte Sissy nicht abgeneigt.

„Fein, Mama! Frau von Sztaray wird sogleich Plätze für uns reservieren lassen."

„Ja, das soll sie tun. Aber ich möchte nicht ‚im Schaufenster' sitzen. Nicht so, daß mich alle begaffen können."

„Das weiß sie ja, Mama. Aber ich werde sie noch daran erinnern."

„Gut, gehen wir ins Konzert, mein Kind. Wir wollen das neue Jahr vergnügt beginnen!"

Wie alle anderen wunderte sich Marie-Valerie über die sprunghafte Veränderung in Sissys Laune und Befinden.

Doch war dies in den letzten Jahren — für ihre Umgebung zwar immer wieder überraschend — keine große Seltenheit. Frau von Sztaray beeilte sich, den Auftrag auszuführen. Es war nicht schwierig, die Veranstalter konnten kaum mit einem vollen Haus rechnen, denn allzu viele Fremde waren derzeit nicht in Biarritz.

Man spielte — der Stimmung des Tages angepaßt — leicht dahinplätschernde Unterhaltungsmusik. Nach Ouverturen und „Charakterstücken" kam nach der Pause ein Programm von Walzern und Märschen. Sissy erkannte zu ihrem Erstaunen, daß es in verblüffender Weise dem Programm des Kurorchesters in Bad Kissingen ähnelte. Und mit einemmal war ihr so, als säße John Collet unsichtbar an ihrer Seite.

7. Ihre Majestät muß zur Kur

Im Frühjahr 1862 kehrte Sissy, von ihrem vermuteten Lungenleiden auf der Insel Korfu wieder hergestellt, in die Monarchie zurück und machte für mehrere Wochen Station in Venedig. Die Lagunenstadt schien ihr reizvoll und interessant. Hier wollte sie sich umsehen, bevor sie die Weiterreise nach Wien antreten würde.

Doktor Widerhofer war mit dem Befinden seiner Patientin zufrieden. Sissy telegrafierte Franzl und auch nach Possenhofen. Sie hatte Sehnsucht nach ihrem Mann, aber auch nach ihrer Mutter. Briefe gingen zwischen Venedig, Wien und Bayern hin und her. Und schließlich kamen zu Sissys großer Freude alle beide — der Kaiser und die Herzogin.

Franzl schloß seine geliebte Frau stürmisch in seine Arme. Zärtlich schmiegte sich Sissy an ihn. Die Wärme seiner Nähe, den Kuß seiner Lippen hatte sie lange genug entbehrt. Forschend überflogen Franzls Blicke ihre schmale Gestalt, dann tauchte sein Blick tief in den ihren und zauberte ein Lächeln auf die Lippen seiner schönen, jungen Frau.

„Gut schaust du aus, Sissy", stellte er befriedigt fest.

„Ich fühle mich auch gut", gestand sie fröhlich. „Besonders, seit du wieder bei mir bist. Ach, es ist so schön, Franzl, dich wieder bei mir zu haben!"

„Und daß ich mir um dich nicht länger Sorgen machen muß, mein Engel, da fällt mir wirklich ein Stein vom Herzen."

„Ich weiß, mein Lieber. Aber nun ist es ja durchgestanden", lächelte Sissy glücklich. „Da schau, da kommt Mappel!"

Sissys Bruder Max Emanuel war sofort nach Venedig geeilt, als er erfahren hatte, daß seine Schwester mit dem „Greif", der kaiserlichen Jacht, hier ankommen werde. Natürlich hatte sich die ganze Familie des Herzogs um Sissys Gesundheitszustand sehr gesorgt. Max Emanuel, den man daheim in Possenhofen mit dem Spitznamen „Mappel" rief, fand seine Schwester in nicht ganz so guter Verfassung, wie er es erwartet hatte, und das schrieb er auch sofort nach Possenhofen.

„Diese Ärzte am Wiener Hof", polterte Herzog Max beim Studium dieses Briefes, „sind doch alle kaiserliche Quacksalber, weiter nichts! Am besten ist es, du nimmst unseren guten alten Doktor Fischer mit nach Venedig. Es gibt keinen besseren Arzt für sie. Nur schade, daß ich nicht mit nach Venedig kann!"

So kam es denn, daß Mama Ludovica auch den herzoglichen Leibarzt mitgebracht hatte, der Sissy auf Herz und Nieren untersuchen sollte.

„Liebe Schwiegermama", begrüßte Franzl die resolute Herzogin, „ich freue mich riesig, dich wiederzusehen. Aber die Untersuchung ist wohl nicht nötig. Du siehst doch, wie blendend Sissy aussieht!"

Die Herzogin ließ sich aber auf keine Diskussionen ein. Sie umarmte ihre Tochter innig, und dann mußte Sissy noch einmal einen prüfenden Blick über sich ergehen lassen.

„Wirklich, Mama, ich bin wieder ganz gesund!" versicherte sie beruhigend. „Und es geht mir ausgezeichnet. Stellt euch vor, ich habe eine neue Sammelleidenschaft. Ich habe mir jetzt ein Album zugelegt, ein Album von Frauenschönheiten. Am liebsten hätte ich noch ein paar Fotos von Haremsdamen des Sultans — kannst du mir nicht solche verschaffen, Franzl?"

„Haremsdamen?" staunte Franzl. „Woher soll ich die denn nehmen?"

Sissy aber drohte ihm schelmisch mit dem Finger.

„Du sollst dir gar keine nehmen! Untersteh dich! Ich will bloß Fotos haben, für meine Sammlung ‚Frauenschönheiten aus aller Welt'!"

„Ich verstehe", lächelte Franzl. „Damit du vergleichen und dich mit ihnen messen kannst. Nach dem Motto ‚Spieglein, Spieglein an der Wand, wer ist die Schönste im ganzen Land?'"

„So ungefähr", lachte Sissy. „Ach bitte, kannst du nicht an unseren Botschafter in Konstantinopel schreiben, damit er mir Fotos von Haremsschönheiten schickt?"

„Aber Kind", rügte Mama Ludovica entsetzt. „Die Türken würden den armen Menschen glatt pfählen! Weißt du denn nicht, daß es dort ganz gegen die Sitte ist, wenn fremde Männer ihre Blicke auf muselmanische Frauen werfen?"

„Na, wenn unsere Sissy keine anderen Sorgen hat", meinte Franzl zufrieden schmunzelnd, „dann scheint sie ja nun wirklich wieder ganz gesund zu sein."

„Mein lieber Schwiegersohn, du hast wohl nichts dagegen, wenn ich Sissy dennoch von unserem Leibarzt untersuchen lasse. Ich habe Doktor Fischer eigens zu diesem Zweck aus Bayern mitgebracht. Schließlich ist Sissy nicht nur deine Frau, sondern auch meine Tochter."

„Aber selbstverständlich", nickte Franzl. „Laß nur den Doktor Fischer kommen, wenn es dich beruhigt. Dafür habe ich vollstes Verständnis."

„Gut. Dann soll Mappel also den Doktor holen. Wir wollen uns einstweilen zurückziehen, bis die Untersuchung vorbei ist", schlug die Herzogin vor.

Der gute Doktor Fischer hatte unter mißliebigem Kopfschütteln den alten, feuchten Palazzo betreten und sich danach in den kalten Hallen, Fluren und Treppenaufgängen umgesehen. Hier war manches noch so wie zu den Zeiten des Dogen. Der Palazzo hatte Stürme und Regenten überdauert und stand noch immer in verwitterter Pracht am Canale Grande, und von seinen Fenstern aus konnte man die Gondoliere ihre schmucken, romantischen Boote rudern sehen und ihre Lieder singen hören.

„Schön ist es schon, aber reichlich ungesund", bemerkte er dann auch mißbilligend zu Herzog Max Emanuel. „Ob das der richtige Aufenthalt für Ihre Majestät ist, möchte ich doch sehr bezweifeln."

„Allzu lange wird sie auch sicher nicht mehr hier bleiben", versicherte Mappel beruhigend.

„Das wäre sehr günstig. Denn wenn Ihre Majestät wirklich lungengefährdet ist, dann ist dieses nasse Venedig das pure Gift für sie. Sie würde nämlich ganz im Gegenteil gesunde, trockene Nadelluft benötigen. Eine ozonreiche Luft, die die Lunge stärkt und kräftigt. Die findet sie nicht hier, sondern in den Bergen."

„Sie können ihr ja so eine Kur verschreiben", meinte Mappel zustimmend. „Der Kaiser wird sicher nichts dagegen haben, wenn sie zur Kur fährt. Eine Nachkur gewissermaßen, die sie völlig wiederherstellt."

„Das werde ich wohl tun", brummte Doktor Fischer nachdenklich. „Aber zunächst möchte ich sehen, wie es wirklich um Ihre Majestät bestellt ist."

Er hatte Sissy von Kind an betreut. Ebenso Mappel und die übrigen Geschwister und natürlich auch die Herzogin während jeder Schwangerschaft und wann es sonst noch nötig war. Nur der Herzog selbst, Sissys Papa, war stets ein recht störrischer und widerborstiger Patient gewesen, der sich am liebsten mit alten Bauernmitteln zu kurieren pflegte, wenn ihm etwas fehlte — was selten genug vorkam.

„Laßt nur erst einmal einen Doktor an euch heran", pflegte er zu wettern, wenn ihm irgendwer eine Behandlung vorschlug, „dann quacksalbert der so lang an euch herum, bis ihr wirklich so weit seid, wie es für ihn gut ist: krank nämlich! Davon lebt er ja schließlich hierzulande. Richtig machen es nur die Chinesen. Die bezahlen ihre Ärzte immer nur, so lange sie gesund sind. Wird einer krank, gibt's für den Arzt kein Geld mehr! Deswegen sind die meisten Chinesen kerngesund und leben lange."

Den Doktor Fischer aber kümmerten solche Sprüche wenig. Er tat seine Pflicht nach bestem Wissen und Gewissen und hatte sich nichts vorzuwerfen. Und Sissy hatte er besonders ins Herz geschlossen. Da war es ihm ein inneres Bedürfnis, sie stets wohlauf und lachend anzutreffen, wenn er nach Schloß Possenhofen kam.

Dieser venezianische Palazzo aber wollte ihm ganz und gar nicht gefallen — jedenfalls nicht, soweit es Sissys Gesundheitszustand betraf.

Sissy empfing ihn wie einen lieben, alten Freund.

„Da sind Sie ja, lieber Doktor Fischer! Mama hat mir erzählt, daß Sie eigens nach Venedig gekommen sind, um mich zu untersuchen. Nun, bitte, tun Sie es!"

Durch die hohen Bogenfenster fiel die Vormittagssonne, und Sissy mußte nun zum drittenmal an diesem Tag prüfende Blicke über sich ergehen lassen. Amüsiert drehte sie sich um sich selbst und fragte lächelnd: „Nun Doktor Fischer, sind Sie beruhigt und zufrieden?"

„Dazu kann ich erst etwas sagen, wenn ich Sie abgehorcht habe, Majestät", entgegnete der Arzt schmunzelnd. „Das Aussehen täuscht. Darauf allein kann man nichts geben. Wenn also Majestät den Rücken frei machen wollen?"

Gehorsam knöpfte Sissy ihr Kleid auf.

„Hier, gestrenger Herr Doktor. Nun setzen Sie schon Ihr Hörrohr an. Ich will auch recht brav husten."

Sissy scherzte. Aber es war ihr doch ein wenig bang zumute. Sie konnte nur hoffen, daß auch Doktor Fischer den Befund des kaiserlichen Leibarztes Doktor Widerhofer, sie sei von ihrer „Lungenaffektion" völlig genesen, bestätigen werde. Mit geübten Fingern klopfte Doktor Fischer seine Patientin ab und gebrauchte sein Stethoskop. Als er es schließlich wieder absetzte, war seine Miene nicht so entspannt, wie Sissy gehofft hatte.

„Hm", brummte er nachdenklich. „Die Lungen scheinen in Ordnung zu sein. Trotzdem erscheint mir der Gesamteindruck nicht zufriedenstellend. Ich muß Majestät noch gründlicher untersuchen."

„Aber was ist es denn, Doktor?" fragte Sissy betroffen. „Ist es etwa das Herz?"

„Oh, das Herz Eurer Majestät ist völlig gesund", winkte Doktor Fischer ab. „Da können wir ganz unbesorgt sein! Nein, es ist etwas anderes."

Und er begann Sissy systematisch nach allen möglichen Symptomen zu befragen. Er machte sich seine Diagnose nicht leicht. Eine halbe Stunde später deutete er der Mutter gegenüber vorsichtig an: „Es handelt sich möglicherweise um ein anämisches Leiden. Blutarmut, um es volkstümlich auszudrücken. Majestät leiden häufig an Kopfschmerzen und nervösen Zuständen. Ich weiß gar nicht, ob tatsächlich die Lungen angegriffen waren und ob Korfu für sie das Richtige war. Jedenfalls würde ich einen längeren Aufenthalt und eine Behandlung in einem bayrischen Kurort empfehlen."

„Was Sie mir da sagen, freut mich für Sissy gar nicht, Doktor", bekannte die Herzogin mit ernster Miene.

„Nun, es ist nichts wirklich Schlimmes. Nichts, was irgendwie gefährlich wäre! Darunter leiden heutzutage viele Frauen — es ist beinahe eine Modekrankheit. Das Schnüren, wenig essen, um schlank zu bleiben . . ."

„Aber wozu würden Sie denn raten?" fragte die Herzogin. „Und was wollen wir Seiner Majestät, dem Kaiser, sagen?"

„Die Wahrheit", erklärte Doktor Fischer spontan. „Der Kaiser liebt doch seine Frau! Ich weiß, er würde sie am liebsten gleich nach Wien mitnehmen, aber ich würde das nicht empfehlen. Oder zumindest nur für kurze Zeit. Denn in Schönbrunn wird sie nicht finden, was sie braucht."

„An welchen Kurort denken Sie denn?"

„Darüber habe ich bereits nachgedacht. Ich möchte Bad Kissingen vorschlagen. Die dortigen Heilquellen enthalten so ziemlich alles, was das Blut und das Nervensystem Ihrer Majestät an nützlichen Stoffen benötigen. Außerdem ist es ein vornehmer Kurort mit jedem Komfort. Es gibt wundervolle Waldspaziergänge in der Umgebung, Kurkonzerte und sogar ein Theater zur Unterhaltung. Und die Luft ist sicher auch für die Lunge besser als hier in Venedig. Wenn es nach mir ginge, dann reist Ihre Majestät so schnell wie möglich von hier wieder ab."

„Steht es denn so schlimm?" fragte Mama Ludovica entsetzt.

„Es steht gar nicht schlimm", beruhigte der Arzt sofort. „Aber ich möchte verhindern, daß durch Unvorsichtigkeit ein Zustand eintreten könnte, der dann zu Besorgnis Anlaß gibt."

Doktor Fischer meinte schließlich, er habe nun seine Pflicht getan und wolle sich in sein Quartier zurückziehen. Im übrigen lege er auch keinen gesteigerten Wert auf einen längeren Venedig-Aufenthalt, obwohl die Stadt an Kunstschätzen sicherlich manches zu bieten habe.

Ein wenig verwirrt und besorgt suchte die Herzogin zunächst ihre Tochter und dann ihren Schwiegersohn auf. Beide nahmen das Ergebnis der Untersuchung mit gemischten Gefühlen zur Kenntnis.

„Dann ist also Sissy doch nicht so gesund, wie wir glaubten", meinte Franzl kummervoll. „Und ich nahm schon an, sie wäre gänzlich wiederhergestellt. Aber wer weiß, ob euer Doktor Fischer tatsächlich recht hat. Widerhofer ist schließlich auch ein sehr guter Arzt."

„Doktor Fischer kennt Sissy von klein auf und will sicher nur das Beste", meinte die Herzogin überzeugt. „Und wenn er den Aufenthalt in Kissingen vorschlägt, wird er sicher seine Gründe haben."

„Nun ja, dann muß sie eben hinfahren", meinte der junge Kaiser.

„Das finde ich auch", erklärte seine Schwiegermutter resolut.

„Und ich werde gar nicht gefragt?" ärgerte sich Sissy und zog ein Schmollmündchen. „Erst möchte ich mit Franzl zusammen nach Wien. Danach könnt ihr mit mir machen, was ihr wollt!"

Mama Ludovica und Franzl lachten herzlich. Und besänftigten damit auch Sissy.

„Also gut", erklärte Sissy, „dann fahre ich eben anschließend in dieses Bad und werde dieses Wasser in mich ‚hineinschütten'. Zuerst aber geht's nach Schönbrunn!"

Noch im gleichen Sommer fuhr sie zur Nachkur nach Bad Kissingen. Doktor Fischer hatte recht. Der Aufenthalt dort tat ihr wirklich gut. Und so fuhr sie ein Jahr später wieder dorthin. Und lernte John Collet kennen.

8. Eine seltsame Begegnung

„Sissy ist eine erwachsene Frau. Doch ihre Mutter behandelt sie immer noch wie ein Kind", beklagte sich Franzl bei seiner Mutter, der Erzherzogin Sophie.

„Nun", lächelte diese, „bist du nicht auch noch immer mein Kind? Obwohl du mindestens ebenso erwachsen und Kaiser eines großen Reiches bist? Das ist nun einmal so: Kinder bleiben für ihre Mütter stets Kinder. Das Alter spielt dabei gar keine Rolle, mein Sohn."

„Offensichtlich", seufzte Franzl. „Nun, hoffentlich erholt sich Sissy bei dieser Kur und wird wieder ganz gesund, damit ihre Mutter beruhigt ist — und ich es auch bin", setzte er rasch hinzu. „Am liebsten wäre ich ja mit den beiden mitgefahren. Aber ich habe mir vorgenommen, Sissy in Bad Kissingen zu besuchen, sobald ich es nur einrichten kann."

„Das ist gut, mein Sohn. Das solltest du wirklich tun. Deine Frau ist jung und hübsch, und ein Kurort wie Bad Kissingen birgt mitunter Gefahren — auch für eine Kaiserin."

„O Mama, in diesem Punkt bin ich mir ganz sicher. Sissy und ich lieben uns viel zu sehr, als daß sie in Versuchung käme . . . Im übrigen würde ich jeden glatt fordern, der es wagen sollte, ihr zu nahe zu treten!"

„Fordern? Das kannst du gar nicht. Du bist Kaiser. Nur ein Fürst von gleichem Rang wäre satisfaktionsfähig."

„Da hast du recht, Mama. Nun, ich fahre ganz bestimmt nach Bad Kissingen und werde meine Augen offen halten", erklärte Franzl lächelnd, „obwohl ich, wie gesagt, ganz und gar nicht beunruhigt bin."

Am Morgen war Sissy mit dem Hofzug abgereist. Auch diesmal war die besorgte Mutter in Wien gewesen, wenn auch ohne Doktor Fischer. Denn immer wieder stellten sich bei Sissy trotz ihrer Jugend nervöse Beschwerden ein. Deshalb ging es auch heuer wieder nach Bad Kissingen, dessen Heilquellen ihr im Vorjahr so gut geholfen hatten.

Vor ihrer Abreise hatte es in Schönbrunn noch ein Fest

gegeben. Zweihundert Personen aus dem hohen Adel tanzten unter dem Schimmer der schweren Kronluster über das Parkett des Spiegelsaales und ließen die Sektgläser klingen. Es sollte ein Fest für Sissy sein. Doch der Tratsch des Hofes beschäftigte sich mit einer unglückseligen Angelegenheit, die ausgerechnet Sissys Schwester, die Königin von Neapel, betraf und die großes Aufsehen verursachte.

Die Ehe von Marie Sophie mit dem König von Neapel, Franz II., verlief so unglücklich, daß Sissys Schwester eines Tages Hals über Kopf aus der Residenz geflohen und eine Zeitlang unauffindbar geblieben war. Dann war sie wieder aufgetaucht — in einem Kloster der Ursulinen, wo sie, wie sie erklärte, bis an ihr Lebensende zu bleiben gedachte. Der offenkundig werdende Skandal warf seine Schatten auch auf das Wiener Kaiserhaus.

„Von diesen Wittelsbachern", redete man hinter vorgehaltener Hand, „ist doch tatsächlich keiner ganz normal! Und die Kaiserin stammt auch aus dieser Unglücksfamilie. Wer weiß, am Ende erlebt man auch mit ihr noch Überraschungen!"

Die Ereignisse in Neapel führten dazu, daß Mama Ludovica zu baldiger Abreise drängte. Sie wollte ihre Tochter im Kloster aufsuchen und mit ihr reden.

„Ich muß ihr den Kopf zurecht setzen. Und meinem Schwiegersohn, dem König Franz, nicht minder! Ich kenne meine Tochter. Sie muß viel mitgemacht haben an der Seite dieses Grobians, sonst hätte sie sich nicht dazu hinreißen lassen — aber sie ist nun einmal eine Königin! Und eine Königin kann sich nicht erlauben zu tun, was jede andere Frau an ihrer Stelle tun würde. Das hätte sie bedenken müssen!"

Das Ursulinenkloster, in dem sich Sissys Schwester versteckt hielt, war in Augsburg. Aufgrund dessen beschloß Mama Ludovica, mit Sissy mitzufahren, der der kleine Umweg auf der Reise nach Bad Kissingen über Augsburg nichts ausmachte. Als sie in Augsburg ankamen, wollte Sissy ihre Schwester ebenfalls besuchen, doch Mama Ludovica war dagegen.

„Es ist besser, wenn ich allein mit ihr spreche und ihr den Kopf zurecht setze. Dein Besuch würde sie nur aufregen. Sie braucht jetzt vor allem ihre Mutter."

„Aber warum würde sie denn mein Besuch aufregen, Mama?" wunderte sich Sissy.

„Weil deine Ehe glücklich ist, im Gegensatz zu der ihren. Sie würde sich vor dir genieren, verstehst du? Keiner Frau fällt es leicht einzugestehen, daß ihre Ehe scheitert. Bei einer solchen Katastrophe gibt es nämlich meist zwei Schuldige, ohne daß ich Franz in Schutz nehmen will. Also fahre du nur nach Kissingen, mein Kind. Ich will allein Feuerwehr spielen, bevor sich noch ganz Europa über uns den Mund zerreißt!"

So kam es zu einem von Nervosität gekennzeichneten Abschied. Auch Sissy fühlte sich durch das Schicksal ihrer Schwester und die üblen Tuscheleien über das Haus Wittelsbach beunruhigt. Und sie verstand ihre Mutter nur zu gut, die die leidige Angelegenheit so rasch wie möglich aus der Welt schaffen wollte.

„Leb wohl, mein Kind, und laß es dir in Kissingen gut gehen! Immer muß ich alles allein machen. Obwohl es doch eine Sache deines Vaters wäre, mit deiner Schwester ein Machtwort zu reden! Aber mein Göttergatte ist natürlich wieder einmal auf einer Vergnügungsreise!"

Mit diesen Worten des Vorwurfs, die Sissys Vater galten,

verließ die Herzogin samt Diener und Gepäck den Hofzug, und Sissy setzte ihre Reise nach Bad Kissingen fort. Ab München fuhr sie zum Entsetzen ihrer Begleitung in einem gewöhnlichen Zug weiter. Denn sie wollte unter strengstem Inkognito, als einfache Gräfin Hohenembs, in Bad Kissingen ankommen und sich so all die Unannehmlichkeiten ersparen, die ihr als Kaiserin von Österreich dort widerfahren wären.

„Es ist doch viel schöner, so inkognito zu reisen", sagte sie zu Helene Taxis, die in diesen Tagen auch zu Sissys kleinem Gefolge gehörte und ihr volles Vertrauen genoß. „Und es ist auch recht gut, daß nur fünf Personen mit mir reisen. So bleiben wir ganz unauffällig. Manche reiche Fabrikantenfrau reist mit ebensovielen Leuten. Von einer Kaiserin erwartet man sich viel mehr."

„Das ist richtig, Majestät", zeigte sich die Komtesse amüsiert. „Ich habe so etwas noch nie mitgemacht. Ich finde es richtig spannend!"

„Nun, wenn Sie länger in meinem Dienst sind, wird das noch öfter passieren. Aber sagen Sie doch um Himmels willen niemals ,Majestät' zu mir, das könnte ja alles verraten!"

Erschrocken legte Helene ihre Hand auf die Lippen.

„Es wird nie wieder vorkommen, Maj-", unterbrach sie sich mit ganz großen, schreckgeweiteten Augen.

„Sagen Sie einfach ,Gräfin' zu mir", lachte Sissy. „Als solche reise ich ja. Sollte die Presse davon Wind bekommen, wer sich hinter meinem Pseudonym verbirgt, dann ist es um unsere Ruhe in Bad Kissingen geschehen!"

„Aber Majestät — pardon, Gräfin waren doch schon voriges Jahr in Bad Kissingen."

„Ja, aber auch nur als einfacher Kurgast! Natürlich kennt

mich der Kurdirektor, und es wissen einige Leute, wer ich
bin. Aber wir haben ja ein Telegramm vorausgeschickt, daß
ich ganz inkognito bleiben will, und das werden die betref-
fenden Herrschaften wohl akzeptieren. Schon in ihrem eigenen Interesse, denn sie werden sicher wollen, daß ich wie-
derkomme!"

„Da haben Sie natürlich recht, Gräfin!"

„Es wird Ihnen übrigens in Kissingen gefallen", fuhr Sissy
fort. „Dort hat man jede Bequemlichkeit, Sie werden sehen.
Und im Theater treten ausgezeichnete Schauspieler auf, die
über die Sommersaison dort spielen, während sie im Winter
in den Hauptstädten engagiert sind."

„O ja, ich gehe gerne ins Theater, Gräfin. Was wird man
denn spielen?"

„So ziemlich alles, Klassiker, moderne Stücke, vor allem
aber Lustspiele zur Unterhaltung. Schließlich ist Kissingen
ein Ort, der von Leidenden besucht wird, denen man in er-
ster Linie Entspannung verschaffen will."

„Und außer den Kurgästen? Ist Kissingen groß, leben viele Leute dort?" wollte Helene Taxis wissen.

„Sie meinen, wieviele Einwohner es hat? Nun, nicht viel
mehr als viertausend. Der Ort lebt hauptsächlich vom Kur-
betrieb und hat in den letzten Jahren stark an Ansehen gewonnen."

„Nun ja, es muß ja ein ganz gutes Geschäft sein, so ein
Kurbad."

„Oh, Bad Kissingen verschickt jährlich an die 600.000
Flaschen und Krüge seines Heilwassers in alle Welt. Die An-
lagen sind eigentlich Königlich Bayrischer Besitz, aber der
König hat sie an einen Hofrat namens Streit verpachtet, der
in Würzburg lebt und steinreich ist!"

„Wenn ich der König wäre, würde ich das Geschäft lieber selbst in die Hand nehmen. Er hat doch ohnehin nie Geld in seiner Kasse!"

„Der König ist kein Unternehmer", meinte Sissy.

„Nun, ich würde mich da nicht genieren", fand Helene. „Er könnte es ja inkognito betreiben, so wie wir inkognito nach Kissingen fahren!"

„Der König ist nicht der Mann dazu", schüttelte Sissy den Kopf.

„Wissen Sie vielleicht, wieviel dieser Hofrat dem König zahlt?"

„O ja, ich weiß es zufällig. Es heißt, es seien pauschal 50.000 Mark pro Jahr."

„Nicht mehr?" staunte Helene. „Na, dann ist es kein Wunder, daß der König von Bayern stets pleite ist! Wahrscheinlich läßt er sich auch in anderen Dingen übers Ohr hauen. Oh, Verzeihung, ich dachte nicht daran, daß Sie mit ihm verwandt sind!"

„Das macht gar nichts", wehrte Sissy schmunzelnd ab. „Aber Sie haben recht, Helene, und wenn ich Ludwig wieder begegne, werde ich ihm vorschlagen, die Pacht für die Quellen künftig zu erhöhen!"

Unter solchen Gesprächen gelangten die Reisenden ins Tal der fränkischen Saale, einer anmutigen Gegend, die wenige Jahre später zum Schauplatz blutiger Kämpfe zwischen bayrischen und preußischen Heeren werden sollte. Aber noch war hier alles friedlich, und die Wälder lagen im Glanz der Sommersonne.

„Wie schön", fand Helene begeistert.

„Es hat mir schon voriges Jahr gut gefallen", meinte Sissy, „und ich bin dem Doktor Fischer von Herzen dankbar, daß er mich auf diesen schönen Kurort aufmerksam gemacht hat."

„Hier werden sich Gräfin richtig erholen und wieder rote Wangen bekommen . . . Und all die unangenehmen Dinge vergessen, die Sie daheim in Wien immer bedrücken!"

„Das hoffe ich, Helene. Und jetzt sind wir auch schon bald da. Die drei Kirchtürme sind unverkennbar!"

Sissy beugte sich aus dem Fenster. Man näherte sich Bad Kissingen. Dampfend schnaubte die Lok auf den Bahnhof des Kurortes zu.

„Hoffentlich ist niemand auf den Einfall gekommen, uns mit einer Blasmusikkapelle zu empfangen", meinte Sissy bedenklich, als sie den Bahnsteig voller Leute sah.

„Ja", stimmte Helene von Taxis zu. „Das wäre sehr unangenehm."

Mit einem Ruck hielt der Zug. Der Dampf der Lok verdeckte für kurze Augenblicke die Sicht durch die Wagenfenster. Und das Abenteuer begann.

9. Im Grand Hotel

Auch Bad Kissingen hatte sein „Grand Hotel". Es nannte sich „Zur Bayrischen Krone", und für Sissy und ihre Begleitung waren dort die besten Zimmer reserviert. Aber sie waren nicht die einzigen bedeutenden Gäste, die das Hotel in diesen Tagen beherbergte.

Da war der alte, fast blinde Herzog Georg von Mecklenburg, der sich mit seinem Schicksal abgefunden hatte und versuchte, aus seiner Lage das Beste zu machen. Er war verwitwet und reiste mit seinem Kammerdiener Ferdinand.

Überraschenderweise nahm der Sechzigjährige an allem Anteil, was in seiner Umgebung vorging. Er liebte Konzerte, Opern und gute Bücher, aus denen ihm Ferdinand vorlesen mußte. Auch genoß er den würzigen Duft der Wälder in der Umgebung von Kissingen. Man konnte ihn fast täglich in Begleitung seines treuen Dieners über die gepflegten Waldpromenaden auf seinen Stock gestützt gemächlich dahinwandern sehen.

Der lange Ferdinand war, um seinen Herrn bei guter Laune zu halten, so etwas wie ein wandelndes Fremdenblatt. Täglich erkundigte er sich an der Rezeption nach Neuankömmlingen und Abreisenden und erstattete dem Herzog darüber ausführlich Bericht. Zudem las er seinem Herrn auch aus Zeitungen und Zeitschriften vor, sodaß dem alten Herrn tatsächlich nie langweilig wurde. Herzog Georg wußte denn auch Ferdinand, seine Perle, zu schätzen. In der Tat waren die beiden fast schon mehr Freunde als Diener und Herr. Und wenn der Herzog einmal einen „schlechten Tag" hatte, so nahm ihm Ferdinand ein paar Grobheiten nicht weiter übel.

Der Herzog von Mecklenburg zählte seit längerem zu den Stammgästen des Grand Hotel. Da Sissy bereits im Vorjahr hier gewesen war, konnte es nicht ausbleiben, daß Ferdinand bei der Durchsicht der Fremdenliste auf die soeben eingetroffene „Gräfin von Hohenembs" samt Begleitung stieß. Überrascht und angetan zog er seine Augenbrauen hoch und stelzte dann sofort über die teppichbelegten Stufen und Korridore zu den Zimmern des Herzogs, die im zweiten Stock des Gebäudes lagen.

Der alte Herzog saß in einem Lehnstuhl mit dem Gesicht zum offenen Fenster gewandt. Er sah zwar nicht viel, spürte

aber die wohlige Wärme der durch die Fensteröffnung ein-
fallenden Sonnenstrahlen auf seiner Haut und fühlte sich
den Umständen entsprechend ganz zufrieden. Als er Ferdinand anklopfen und eintreten hörte, wandte er sich um.

„Was gibt es, Ferdinand?"

„Wenn Hoheit gestatten, so erlaube ich mir die Mitteilung, daß heute morgen wieder die Gräfin Hohenembs aus
Wien samt Begleitung hier abgestiegen ist. Hoheit erinnern
sich an die junge Dame?"

„Und ob ich mich an sie erinnere", schmunzelte der Herzog entzückt. „Das ist eine gute Nachricht, Ferdinand! Endlich tut sich wieder etwas in dem Nest. Und daß du mir dicht
hältst, alter Bursche, verstanden? Sie will, daß niemand erfährt, wer sie wirklich ist. Wehe, du verrätst ihr Inkognito!"

„Ich werde mich hüten, Hoheit", erklärte Ferdinand
ernsthaft. „Ich gestatte mir zu bemerken: ich werde schweigen wie eine Eiche."

„Eine Eiche? Wieso eine Eiche?" staunte der Herzog.

„Haben denn Hoheit schon eine Eiche plaudern hören?"

„Natürlich nicht, Mann!"

„Nun gut. Zeit zum Morgenspaziergang, Hoheit, wenn
Hoheit zu promenieren belieben. Die Gräfin von Hohenembs werden wir vielleicht zu Mittag im Speisesaal anzutreffen Gelegenheit haben."

„Wann endlich wirst du dir deine gespreizte Redeweise
abgewöhnen, Ferdinand!" ärgerte sich der Herzog und erhob sich ächzend.

„Schon mein Vater und mein Großvater dienten der herzoglichen Familie. Es ist mir in Fleisch und Blut übergegan-
gen, wenn Hoheit gestatten!"

„Nein, ich gestatte nicht!" seufzte der Herzog und reichte

Ferdinand den Arm. „Aber es ist wahrscheinlich für die Katz'! Du wirst dich nie ändern."

„Ganz sicherlich nicht, darauf können sich Hoheit verlassen", strahlte der Getreue und drückte rasch dem Herzog den Spazierstock in die Hand. „Das Wetter ist bestens. Es weiß, was sich gehört!"

„Na, wenn die Gräfin hier ankommt, kann es ja gar nicht anders sein", schmunzelte der Herzog von Mecklenburg und ließ sich von Ferdinand aus dem Zimmer geleiten.

In den Kreisen der europäischen Fürstenhöfe konnte Sissys Inkognito nicht aufrecht erhalten werden. Doch der Herzog, der schon im Vorjahr manch angenehme Plauderstunde in Sissys Gesellschaft verbracht hatte und sich nun darauf freute, ihr wieder zu begegnen, achtete ihren Wunsch, unauffällig zu bleiben, und wahrte ihr Geheimnis.

* * *

Zur selben Stunde, als Herzog Georg an Ferdinands Arm das Hotel verließ und seinen Spaziergang antrat, befand sich ein anderer Hotelgast im Hallenbad des Kurhauses und unterzog sich unter ärztlicher Anleitung einer Bewegungstherapie. Es war seltsam, im Wasser konnte der an Kinderlähmung erkrankte junge Engländer John Collet sich leichter bewegen, und er machte eifrig seine Übungen. Denn er hoffte auf seine Gesundung, obwohl seine Ärzte insgeheim diese Hoffnung nicht teilten, sondern im Gegenteil eher eine Verschlimmerung seines Leidens befürchteten.

John Collet wurde nur von seiner Pflegerin Miß Hamey begleitet, einer etwas säuerlichen und resoluten Dame, die ihren Patienten absolut „im Griff" hatte, wie sie sich ausdrückte. John hingegen sah Miß Hamey als einen Teil seines Leidens an.

Kräftig zupackend zog sie ihn nach Beendigung der Übungen aus dem Wasser und rubbelte ihn ab, bevor sie ihn in den Rollstuhl setzte und in Tücher verpackte.

„So, und jetzt geht's hinaus in die warme Sonne", bestimmte sie.

„Ich bin müde und möchte lieber zu Bett!"

„Kommt nicht in Frage! Der Arzt hat gesagt, Sie brauchen frische Luft. Und außerdem, was heißt ‚müde'? Sie sitzen doch ohnehin. Was soll ich sagen, ich muß Sie die ganze Zeit schieben!"

Nicht gerade sanft rumpelte sie den Rollwagen des Gelähmten über die Treppe des Portals der Badeanstalt ins Freie, wo eben der Herzog von Mecklenburg an der Hand seines Ferdinands spazieren ging.

„Wie ich diesen Ort hasse!" stieß Collet hervor.

„Warum denn?" fragte die Pflegerin verwundert.

„Ich glaube, selbst ein kerngesunder Mensch müßte beim Anblick all dieser Gebrechen krank werden", seufzte Collet verzweifelt. „Ringsum Kranke, Lahme, Blinde!"

„Ach", widersprach die Pflegerin wegwerfend, „hier kommen auch viele her, die zu den ‚eingebildeten Kranken' gehören. Bloß um damit zu prahlen, daß sie sich einen so teuren Kurort leisten können. Die spielen krank aus lauter Langeweile und sind nichts anderes als Snobs. Nur Snobismus wird hier leider nicht kuriert, im Gegenteil."

„Nun, ich für meine Person gäbe mein ganzes Vermögen dafür, wenn ich als gesunder Mann von hier fort könnte."

„Andere sind auch schlimm dran. Sehen Sie doch diesen Herrn da an! Er ist fast blind und dennoch zufrieden."

71

„Ihm hilft die Weisheit des Alters. Aber ich bin jung und will noch leben. Ich möchte eines Tages Frau und Kinder haben und wie als Junge im Sattel sitzen!"

„Ihr Rollstuhl hier ist bequemer als ein Pferd", bemerkte Miß Hamey spitz. „Und außerdem ist er sicherer! Da drin können Sie sich wenigstens nicht die Knochen brechen."

„Um die wäre es nicht schade. So, wie sie jetzt sind, nützen sie mir ja doch nichts."

„Was Sie für einen Unsinn schwätzen", rief die Hamey kopfschüttelnd. „Können Sie sich einen Menschen ohne Knochen vorstellen? Ich nicht!"

Aus dem Musikpavillon war das Trompetengeschmetter einer Militärkapelle zu hören, die hier täglich um punkt elf Uhr vormittags ihr Konzert veranstaltete. Die schattigen Wege des Kurparks entlang promenierte eine elegante Gesellschaft, von der der größte Teil wohl tatsächlich zum Kreis der „eingebildeten Kranken" gehörte und bloß hierher gekommen war, um zu sehen und gesehen zu werden. Junge Damen in eleganten Kleidern und mit Kopfbedeckungen oft riesigen Ausmaßes saßen plaudernd auf den Bänken und pflegten mit flinken Zungen den lokalen Gesellschaftsklatsch. Die Herrenwelt hingegen konnte man in der Trinkhalle über die Aussichten des Deutschen Fürstentages diskutieren hören.

„Sie werden sehen, Preußen wird nicht kommen! Darauf kann der Kaiser in Wien Gift nehmen, Exzellenz!"

„Nun, vielleicht kommt es doch noch zu einer Einigung. Nur nicht wieder Krieg. Das fehlte uns noch gerade."

„Lieber Baron, was reden Sie da! Krieg ist ein vorzügliches Geschäft. Ein paar Wochen oder gar Monate Krieg, und man kann dabei ein Vermögen machen!"

„Sie vielleicht. Sie sind Fabrikant und Krämer", äußerte sich der angesprochene Baron geringschätzig.

* * *

Sissys kleine Reisegesellschaft war in den Zimmern des Hotels noch beim Auspacken. Die Menge des Gepäcks war enorm. Kisten, Koffer und Körbe hatte man mitgeschleppt, um ja mit allem Nötigen versehen zu sein. Die Garderobe der Kaiserin beanspruchte dabei den meisten Platz, denn selbst als Gräfin Hohenembs wollte sie stets gut angezogen sein.

Sissys Damen, allen voran Helene, waren in bester Stimmung. Denn es fehlte ja nichts, sie sahen bloß einem mehrwöchigen amüsanten Aufenthalt in einem luxuriösen Kurort entgegen. Wer weiß, vielleicht ließ sich hier eine Bekanntschaft machen, die das Leben verändern konnte? An vermögenden jungen Herren aus besten Häusern fehlte es hier ebensowenig wie an heiratslustigen Damen und deren Müttern, die angestrengt nach „guten Partien" Ausschau hielten.

Sissy dachte freilich an den armen Franzl und den Deutschen Fürstentag, bei dem er sich abmühen mußte, die vielen einzelnen kleinen deutschen Fürstentümer und Staaten unter einen Hut zu bringen. Wobei vor allem mit dem Widerstand des Fürsten Bismarck zu rechnen war, der die Deutsche Kaiserkrone seinem preußischen Souverän zukommen lassen wollte. Noch war Franz Joseph Kaiser des Heiligen Römischen Reiches Deutscher Nation. Doch Bismarck war ein schlauer Politiker, der nichts anderes als Preußens Vorherrschaft im Auge hatte.

Beim Auspacken kamen auch Sissys Turnringe zum Vorschein.

„Ich weiß nicht, ob die Hoteldirektion daran Freude haben wird, daß wir die Turnseile so wie daheim in Wien zwischen den Türrahmen aufspannen, weil dann Haken eingebohrt werden müßten", meinte Helene zweifelnd.

„Ach, das spielt keine Rolle", fand Sissy. „Man kann ja, wenn wir ausziehen, neue Rahmen machen lassen. Das kommt eben auf unsere Rechnung. Aber turnen muß ich! Ich will wieder reiten können wie früher, und dazu muß ich eben gelenkig sein."

Sissy war nicht nur eine leidenschaftliche Reiterin, sie turnte und stählte ihren schlanken Körper auch mit Begeisterung. Schwiegermama Erzherzogin Sophie staunte nicht schlecht, als Sissys Turngeräte in die Hofburg gebracht wurden. Die Erzherzogin habe, so erklärte sie, derlei nie nötig gehabt. Aber mit Sissy änderte sich freilich gar manches am Wiener Hof, und wenn sie eigenhändig die Fensterflügel ihrer Zimmer weit aufriß, wurde viel Staub vom frischen Wind fortgeblasen.

* * *

Unterdessen hatten sich der Herzog von Mecklenburg und sein Diener Ferdinand bei der Musikkapelle niedergelassen.

„Ob sie wohl zum Mittagessen in den Speisesaal kommt?" fragte er hoffnungsvoll.

„Die Frau Gräfin pflegte sich häufig auf ihrem Zimmer servieren zu lassen", bemerkte der Diener zweifelnd.

„Ich weiß, sie haßt es, angestarrt zu werden. Und das wird sie, selbst wenn niemand weiß, wer sie wirklich ist."

„Deshalb schätzt sie vielleicht unsere Gesellschaft", meinte Ferdinand vielsagend. „Weder Hoheit noch ich pflegen zu starren!"

„Na, ich zumindest bestimmt nicht", meckerte der Herzog. „Du bist taktlos, Ferdinand!"

„Ich habe mir lediglich zu bemerken erlaubt —"

„Tölpel", unterbrach ihn der Herzog. „Wenn sie nicht zu Tisch erscheint, mußt du ihr meine Karte bringen!"

„Ich werde mir submissest erlauben, hochdero —"

„Nun hör schon endlich auf, Ferdinand! Das ist ja nicht mehr anzuhören!" schimpfte der Herzog.

Ferdinands Entgegnung — denn er pflegte meist das letzte Wort zu haben — ging in dem schneidigen Marsch unter, den die Militärkapelle eben intonierte.

10. Ein Wiedersehen

Tatsächlich zog es Sissy vor, sich ihre Mahlzeit aufs Zimmer kommen zu lassen. Der Herzog, der in angespannter Erwartung im Speisesaal saß, war enttäuscht.

„Dann machen wir es so, wie ich gesagt habe", erklärte er daher Ferdinand. „Sie bringen der Dame meine Karte. Ich schreibe noch auf der Rückseite, daß ich mich sehr freuen würde, ihr wieder zu begegnen."

Und das tat er dann auch, kaum daß er von Ferdinand in sein Hotelzimmer zurückgebracht worden war. Daran konnte ihn auch seine bereits schwache Sehkraft nicht hindern: Mit ein wenig ungelenken, aber doch klaren Schriftzügen schrieb er seine kurze Botschaft auf die Rückseite seiner Visitenkarte.

„Hier nehmen Sie Geld und besorgen Sie Rosen, die Sie mit der Karte abgeben."

Der alte Charmeur hatte seinerzeit vielen Frauen das Herz gebrochen, doch mit dem Nachlassen seiner Sehkraft und dem fortschreitenden Alter konnte er die Schönheit und Grazie nicht mehr so recht wahrnehmen. Dafür empfand er nun die weibliche Nähe auf andere Art. Er spürte die Wärme, Sympathie und Charme wie mit einer feingespannten Antenne. Und als er dahinterkam, daß ihm die Natur als Ersatz für das schwache Augenlicht diese neue Gabe geschenkt hatte, lernte er sie hoch zu schätzen. So gesehen war der Rosenstrauß, den der Herzog von Mecklenburg der Kaiserin von Österreich überreichen ließ, weder eine politische Geste noch die Werbung eines Galans, sondern vielmehr der Ausdruck des Wissens um eine wertvolle und schätzenswerte Persönlichkeit, deren Gesellschaft das Dasein zu bereichern vermag.

Ferdinand wurde von Fräulein Taxis empfangen. Entzückt über ihren Anblick flitzten seine Augenbrauen bis an den Rand seiner sich unweigerlich ausbreitenden Glatze.

„Gestatten Allergnädigste, daß ich submissest im Auftrag Seiner Hoheit, des Herzogs von Mecklenburg, für Höchstdieselbe, Frau Gräfin von Hohenembs, mit dem Ausdruck der unbeschreiblichen Freude über hochdero Ankunft allhier und dem heißen Wunsche nach einem baldigen Wiedersehen —"

Die arme Helene griff sich an die Stirn.

„Ach, Ferdinand", unterbrach sie seinen Redeschwall, „Sie reden doch tatsächlich noch immer so, wie man mir erzählt hat. Ich weiß, was Sie wollen, auch ohne daß Sie viele gespreizte Worte machen. Geben Sie schon her."

„Mhm", räusperte sich Ferdinand verlegen. „Darf ich vielleicht auf eine Antwort warten?"

„Der Herzog wünscht also ein Rendezvous?" schmunzelte Helene von Taxis. „Nun, ich weiß wirklich nicht, was die Gräfin vorhat. Aber warten Sie einen Moment."

„Ja", nickte Ferdinand, ließ seine Brauen wieder sinken und trat von einem Fuß auf den anderen.

Kopfschüttelnd eilte Helene in das Zimmer von Sissy und überreichte ihr die Karte des Herzogs und den Strauß. Sissy studierte eben einen Prospekt einer Nürnberger Spielwarenfabrik, denn sie wollte Gisela und dem kleinen Rudi einige hübsche Geschenke schicken.

„Ach, Helene", blickte Sissy auf und bemerkte den duftenden Rosenstrauß. „Schon ein Geschenk? Von wem kommt es denn?"

„Vom Herzog von Mecklenburg. Draußen wartet sein Diener, der lange Ferdinand. Er ist tatsächlich das Original, als den ihn mir Majestät beschrieben haben. Der Herzog kann es offenbar kaum erwarten, mit Majestät wieder zusammen zu kommen. Was soll ich ihm also bestellen lassen?"

Sissy läutete nach einer Zofe und ließ die Rosen in eine Vase stellen, während sie überlegte.

„Er hat es ziemlich eilig, der gute Herzog. Heute bin ich noch ein wenig müde. Aber sagen wir morgen vormittag, um neun, auf dem Waldweg zum Solensprudel."

„Ich werde es ausrichten lassen, Majestät", nickte Helene von Taxis und eilte nach draußen, damit der arme Ferdinand nicht allzu lange von einem Bein aufs andere treten mußte.

Die Klänge der Kurkapelle drangen durch die geöffneten

Fenster. Auf dem teppichbelegten Boden zeichnete die Sonne stets wandelnde Ornamente aus Licht und Schatten der Blätter hoher Bäume.

Sissy legte den Prospekt zur Seite, lehnte sich an eines der Fenster und atmete tief die satte Luft des Vormittags in ihre Lungen ein.

„Wie schön", murmelte sie. „Und wie schade, daß Franzl nicht auch hier ist!"

Schon wollte sie sich wieder vom Fenster abwenden und nach einem Zeitungsblatt greifen, als ihr Blick von zwei Personen gefesselt wurde, die eben auf dem Platz vor dem Hotel auftauchten. Es war John Collet in seinem Rollwagen, der ziemlich unsanft von Mildred Hamey geschoben wurde. John protestierte mit lebhaften Bewegungen. Die Hamey aber kümmerte sich nicht darum und schob den Kranken verbissen vor sich her. Irgend etwas schien die beiden entzweit zu haben.

„Armer Teufel", murmelte Sissy mitleidig. „Hoffentlich können die Ärzte ihm helfen."

Die beiden entschwanden wieder ihrem Blickfeld, und Sissy zog sich nun endgültig vom Fenster zurück.

Unterdessen hatte Ferdinand dem Herzog bereits freudig die Zusage Sissys zu einem Treffen überbracht.

„Morgen vormittag, um neun, auf dem Weg zum Solesprudel", berichtete er, „da werden wir ihr begegnen, Hoheit. Die Frau Gräfin wird leutseligst geruhen, eine Waldpromenade zu unternehmen."

„Warum sagst du nicht einfach: Sie wird spazieren gehen?" brummte der Herzog erfreut.

„Weil eine Gräfin, die noch dazu eine Kaiserin ist, nicht einfach spazieren geht, sondern zu promenieren geruht", ta-

78

delte Ferdinand und zog seine Augenbrauen wieder in die Höhe. „Haben Hoheit noch irgendwelche Wünsche, die ich untertänigst auszuführen hätte?"

Fräulein von Taxis meldete unterdessen den Hoteldirektor, der mit einem gewaltigen Blumenkorb im Auftrag der Kurdirektion aufgekreuzt war, bei Sissy an, die sofort erschien.

„Ich danke Ihnen schön für den Willkomm", lächelte Sissy freundlich.

„Ich hoffe, Frau Gräfin werden sich bei uns so wohl wie im Vorjahr fühlen. Wir haben das selbe Appartement zur Verfügung gestellt und werden dies wieder tun, sooft Frau Gräfin uns gütigst beehren wollen. Frau Gräfin sollen sich in der Bayrischen Krone wie zu Hause fühlen."

„Danke, lieber Direktor. Vor allem aber freut mich, daß Sie die ‚Frau Gräfin' nicht außer acht lassen. Ich bitte um strengste Diskretion in bezug auf mein Inkognito."

„Frau Gräfin können sich auf uns verlassen. Wir haben es dem gesamten Personal eingeschärft. Die Leute laufen Gefahr, ihren Posten zu verlieren, wenn sie nicht schweigen. Die Bayrische Krone weiß sehr wohl, was sie einem solchen Gast schuldig ist, und hofft, ihn sich für die Zukunft zu erhalten."

„Schön, aber die Presse? Journalisten fühlen sich da wohl nicht gebunden. Und ein Blick in Ihre Gästeliste wird das hiesige Fremdenblatt stutzig machen."

Der Direktor lächelte beschwichtigend.

„Der Redakteur erhielt diesmal ein entsprechendes Präsent", äußerte er sich vielsagend, „und er wird noch eins erhalten, wenn Frau Gräfin unerkannt wieder abreisen konnten."

„Ausgezeichnet", lobte Sissy die Umsicht der Kurverwaltung. „Sie machen Ihre Sache gut, Direktor."

„Ich darf mich nun mit dem Wunsch, daß Frau Gräfin einen erholsamen Aufenthalt verbringen mögen, zurückziehen."

Sissy entließ ihn huldvoll, und der Direktor verschwand in Hochstimmung in seinem Büro. Er hatte tatsächlich den Redakteur des hiesigen Fremdenblattes bestochen.

Dieser dachte jedoch daran, ein doppeltes Geschäft zu machen und sich nicht so ganz an die getroffene Abmachung zu halten. Eben saß er in seiner Redaktionsstube, und seine Feder flog kritzelnd über den Papierbogen, der nachher sofort in die Setzerei der kleinen Ortsdruckerei wandern sollte.

Otto Sirnbauer war nicht gerade ein Großverdiener, denn seine Fähigkeiten als Journalist waren eher bescheiden. Er schlug sich mehr schlecht als recht durchs Leben, was man schon an seinem Äußeren erkennen konnte. Dringend benötigte er einen neuen Anzug, um sich in den „besseren Kreisen" der Kurgesellschaft bewegen zu können, ohne schief angeschaut zu werden. Und sein Schneider hatte ihm klar gemacht, daß ein neuerliches Wenden seines Anzuges schon kostspieliger wäre als die Anschaffung eines neuen. Doch woher das viele Geld nehmen bei dem mageren Honorar, das man ihm für seine Schreiberei bezahlte?

Aus diesem Grund hatte er in den letzten Nächten darüber nachgedacht, wie er sich aus seiner prekären Lage heraus helfen könne, und schließlich einen — zumindest seiner Meinung nach — genialen Einfall gehabt. Den setzte er soeben in die Tat um, indem er folgenden Text für das Fremdenblatt zu Papier brachte:

Heute sind in der Kurstadt eingetroffen:

Herr Oswald Steiner, Fabriksbesitzer aus Dresden
Frau Henriette Edle von Falkenhausen samt Tochter
Frau Gräfin Elisabeth von Hohenembs samt Gefolge

P.S.: Wer ist diese Gräfin, die aus Österreich-Ungarn kommt, wo eine Kaiserin und Königin mit dem gleichen Vornamen lebt? Der Neuankömmling sieht ihr auffallend ähnlich!

Otto Sirnbauer nickte wohlgefällig über sein gelungenes Werk und brachte es sogleich zum Setzer.

„An auffälliger Stelle und mit Fettdruck. Ist beim Umbruch besonders zu berücksichtigen!" verlangte er.

„Warum?" fragte der Setzer verständnislos und hüstelte, denn der Umgang mit den Bleitypen hatte sich für seine Lunge nicht gerade vorteilhaft ausgewirkt.

„Sie werden es erleben", orakelte Sirnbauer vielsagend.

„Wieso?"

„Mensch, fragen Sie nicht, sondern setzen Sie", antwortete Sirnbauer grinsend und trollte sich, einen verständnislos glotzenden Setzer zurücklassend.

Dann suchte er Herrn Edelbaum, den Druckereibesitzer, der auch gleichzeitig Herausgeber des Fremdenblattes war, auf. Vorsichtig klopfte er an die Spritzglasscheiben der Tür.

„Sie wagen es, Sirnbauer?" knurrte Edelbaum, nachdem der Redakteur auf das „Herein" die Glastür behutsam geöffnet hatte und eingetreten war. „Sie Unglücksmensch, Sie sind mein Ruin, mein Untergang! Eben berechne ich mit meinem Buchhalter das Defizit, das Sie durch Ihr Geschreibe verursachen!"

„Hochgeschätzter Herr Edelbaum", eröffnete jedoch Sirnbauer strahlend, „auf Ehre — das Blatt wird sich wenden!"

„Welches Blatt? Das Fremdenblatt? Da wird sich nichts mehr wenden, denn das werd' ich einstellen müssen nach der nächsten Nummer. Ich bin doch schließlich kein Wohltäter für meschuggene Leute wie Sie!"

„Herr Edelbaum!" rief Sirnbauer entsetzt und beschwörend, „dann bringen Sie sich um das Geschäft Ihres Lebens!"

„Wie meinen Sie das?" fragte Edelbaum stirnrunzelnd.

„Das kann ich Ihnen nur unter vier Augen sagen, verehrter Herr Edelbaum!" flüsterte Sirnbauer geheimnisvoll.

Der Druckereibesitzer und Zeitungsherausgeber dachte seufzend an die roten Zahlen seines Fremdenblattes, schickte sodann kurz entschlossen seinen Buchhalter hinaus und winkte Sirnbauer näher zu treten.

„Also reden Sie, Sie Unglücksmensch!"

Darauf steckten die beiden die Köpfe zusammen und begannen eine Unterhaltung im Flüsterton. Der Buchhalter, der kaum nach Verlassen des Zimmers auch schon respektlos sein Ohr gegen das Schlüsselloch drückte, tat dies allerdings vergebens. Er konnte kein Wort von dem, was da drinnen ausgebrütet wurde, verstehen . . .

11. Der Waldspaziergang

„Nächsten Vormittag, um neun, auf dem Waldweg zum Solesprudel", memorierte der Herzog von Mecklenburg, als er am frühen Morgen des folgenden Tages erwachte. Er freute sich auf die Wiederbegegnung mit Sissy wie auf ein Geschenk des Himmels. Keine verstand so angeregt zu plaudern und seine Grillen zu verscheuchen wie sie. Und was den besonderen Reiz seiner Stunden in ihrer Gesellschaft ausmachte, war, daß ihre Unterhaltungen nie zu dem inhaltlosen Geplapper geworden waren, das er des öfteren in diesem Kurort hörte. Den Widerwillen gegen solch geistloses Geschwätz verdankte er vor allem seinem guten Ferdinand, dessen Tiraden ihn ärgerten, obwohl er die sonstigen Vorzüge des langen Kahlkopfs durchaus zu schätzen wußte.

Der war eben unterwegs, das Fremdenblatt in dem Zeitungskiosk vor dem Hotel zu besorgen. Die Zeitung war eben erst ausgeliefert worden, und Ferdinand war fast stets der erste Kunde, und zwar aus zwei Gründen: Da war einmal seine persönliche Neugierde auf Neuigkeiten, und zweitens strich er sich auch die Artikel an, die er später dem Herzog vorlesen wollte.

Vor Entsetzen rutschten seine Augenbrauen in ungeahnte Höhen hinauf, als er jene Meldung über soeben angekommene Persönlichkeiten las, die der Redakteur Sirnbauer in das Blatt aufnehmen hatte lassen.

„Zum Teufel, was ist denn das?" entfuhr es dem Ferdinand erregt, und als die Verkäuferin des Kiosks den Diener fragte, was ihm denn in die Quere gekommen sei, warf er schnell einen Geldschein auf das Verkaufspult und bedrohte die Entsetzte mit Hölle, Tod und Teufel, wenn sie auch nur ein einziges Exemplar von dem Fremdenblatt verkaufe, bevor er zurückgekommen sei.

„Ja, aber — Herr Ferdinand!"

„Nichts, da! Tun Sie, was ich Ihnen sage!" rief er heiser vor Erregung und eilte wie von Furien gehetzt in das Hotel, wo er gleich darauf in das Zimmer des in freudiger Erwartung harrenden Herzogs platzte.

„Ja, Ferdinand? Gibt's schon das Frühstück? Ich bin ja noch nicht einmal angezogen."

„Hoheit", stieß Ferdinand hervor, ohne die ihm entgegengestreckte Hand des Herzogs zu ergreifen und seinem Herrn aus dem Bett zu helfen.

„Nanu", staunte dieser, „ist etwas los?"

„Und ob! Hoheit, es ist einfach entsetzlich! Sie wird abreisen, sofort, sobald sie es erfährt!"

„Abreisen — wer?"

„Die Kai-, die Gräfin von Hohenembs!"

„Aber die ist doch erst gestern angekommen!"

„Gewiß! Aber geruhen doch Hoheit anzuhören, was das hiesige Fremdenblatt sich in verräterischer Weise zu schreiben unterfängt . . ."

Und Ferdinand deklamierte mit erhobener Stimme: „Heute sind in der Kurstadt eingetroffen . . . Es folgen eine Reihe von Namen, und zum Schluß steht: Frau Gräfin Elisabeth von Hohenembs samt Gefolge. P.S.: Wer ist diese Gräfin, die aus Österreich-Ungarn kommt, wo eine Kaiserin und Königin mit dem gleichen Vornamen lebt. Der Neuankömmling sieht ihr auffallend ähnlich!"

„Das ist allerdings ein starkes Stück", rief der Herzog erschrocken und fuhr aufs Geratewohl aus dem Bett. „Ferdinand, man muß dieses Schmierblatt auf der Stelle beschlagnahmen!"

„Ich habe mir erlaubt in der Annahme, ich handle in hochdero Sinn Eurer Hoheit, die Exemplare, die an den Kiosk vor dem Hotel geliefert wurden, sicherzustellen. Ich muß sie nur noch bezahlen."

„Verlieren Sie keine Zeit, Ferdinand, mit Ihrem gespreizten Gerede! Nehmen Sie, was Sie brauchen, aus meiner Brieftasche. Und dann holen Sie mir sofort den Hoteldirektor hierher!"

„Sehr wohl, Hoheit!"

Ferdinand versah sich ohne zu zögern mit den erforderlichen Geldmitteln, rief draußen auf dem Korridor einem Hotelboy zu, der Herzog von Mecklenburg wünsche unverzüglich den Direktor zu sprechen, und stürzte dann hinunter zu dem Kiosk, wo schon einige Leute nach dem Fremdenblatt fragten.

„Ausverkauft, bereits ausverkauft", enttäuschte Ferdinand die Frühaufsteher. „Geben Sie her, gute Frau! Was ist zu bezahlen?"

Während die Zeitungsverkäuferin ihre kleine Auflage Ferdinand reichte, beruhigte sie ihre Kundschaft.

„Ausverkauft schon, aber nur hier natürlich. Der Herr hier will alle Zeitungen haben. Aber es gibt ja noch 24 Kioske und Geschäfte, Kaffeehäuser und Gaststätten. Und die Lesezimmer in den Hotels, die Zeitungsjungen . . . Sie werden das Fremdenblatt schon noch bekommen!"

„Vierundzwanzig, sagten Sie?" fragte Ferdinand erschrocken. „Ja, da muß ich doch —"

Ferdinand, dem der helle Schweiß in der Morgensonne auf seinem Schädel glänzte, eilte, so schnell ihn seine Beine trugen, ins Hotel zurück. Atemlos keuchte er mit seinem Zeitungspaket die teppichbelegten Stufen nach oben. Er achtete nicht auf die verwunderten Blicke, die er auf sich zog, und betrat ganz außer Atem das herzogliche Hotelzimmer.

„Hoheit, es gibt 24 und noch mehr Plätze, wo man dieses

Schmierblatt kaufen oder auch lesen kann! Ich bin entsetzt, ganz und gar entsetzt. Was können wir bloß tun?"

„Helfen Sie mir erst einmal in meine Hosen! Wo bleibt denn der Hoteldirektor?"

„Ja, war er denn noch nicht da?"

„Nein, sonst würde ich ja nicht nach ihm fragen!"

„Ja, dann muß ich doch gleich —"

„Ferdinand! Ferdinand!!!"

Doch dieser achtete nicht auf die Rufe seines Herrn, der nur noch hörte, wie die Zimmertür hinter dem Diener zuschlug und sich dieser draußen im Laufschritt in Richtung Hoteldirektion entfernte.

* * *

Nach einem geruhsam genossenen Frühstück wanderten Sissy und Helene von Taxis um die neunte Morgenstunde, wie mit dem Herzog verabredet, auf dem schattigen Waldweg in Richtung Solesprudel dahin. Sissy war ahnungslos in bezug auf das Unheil, das sich über ihrem Haupt zusammenbraute. Das Laubdach der Bäume überschattete den Weg, sodaß man manchmal das Empfinden hatte, durch einen duftend-grünen Tunnel zu wandeln. Der Sonnenschirm wurde zusammengefaltet und dem Fräulein Taxis zur Verwahrung übergeben. Entzückt lauschte Sissy dem vielstimmigen Vogelgezwitscher, das sie an so manchen Morgen an den Ufern des Starnberger Sees erinnerte, wo sie in Possenhofen ihre unbeschwerte Kindheit verbracht hatte.

Noch bevölkerten nur wenige Spaziergänger diese Waldpromenade. Der Herzog und sein Begleiter Ferdinand waren jedoch nicht darunter.

„Ein flotter Morgenritt müßte hier herrlich sein", meinte Sissy sehnsüchtig. „Wenn ich doch wieder so weit wäre, mich in den Sattel wagen zu dürfen!"

„Nur Geduld", tröstete Helene, „das kommt schon wieder." Man konnte ihr anmerken, daß es auch ihr hier ausnehmend gut gefiel.

„Hier kann man sich richtig wohlfühlen", sagte sie denn auch fröhlich. „Diese Ruhe, diese schöne Natur und dazu noch die heilsamen Quellen!"

„In ein, zwei Stunden ist es mit der Ruhe leider vorbei, Helene", bedauerte Sissy. „Dann spielt im Kurpark schon unentwegt die Militärmusik, und Sie werden noch erleben, wie sich hier alt und jung auf den Promenaden tummelt."

„Das finde ich aber schade!"

„Nun, der Kurort lebt davon", bedauerte auch Sissy. „Zudem breitet der Ort sich nach allen Seiten hin aus . . . In ein paar Jahren, fürchte ich, wird die Natur dem mondänen Luxus weichen."

Nun hatte man das letzte Drittel der Wegstrecke erreicht, ohne dem Herzog begegnet zu sein.

„Das ist sonderbar", fand Sissy. „Noch gestern schien mir, als könne es der Herzog kaum erwarten, mich wiederzusehen. Und auch ich freute mich auf unser Treffen. Und nun ist er nirgendwo zu sehen! Wo bleibt er bloß?"

Ein Blick auf die kleine, goldene Damenuhr, die an einem zierlichen Kettchen von ihrer Brosche baumelte, zeigte ihr, daß die vereinbarte Stunde bereits gekommen war. Und wie zur Bestätigung dessen übertönten ferne Glockenschläge von den Türmen der drei Kissinger Gotteshäuser die Stille.

„Der Herzog ist sonst immer die Pünktlichkeit selbst", fand Sissy stirnrunzelnd.

„Vielleicht ist etwas dazwischen gekommen, und wir treffen ihn auf dem Rückweg vom Sprudel", meinte Helene.

Doch es stand ihnen eine andere Begegnung bevor.

Miß Hamey und ihr Pflegling John Collet befanden sich bereits auf dem Rückweg. Kurz vor dem Sprudel stieg der Waldweg steil an. Mildred hatte Mühe gehabt, den Rollwagen samt ihrem Patienten da hinaufzuschieben. Brummend und verärgert tat sie ihre Pflicht in der Hoffnung, daß ihr die Plage bei der Abwärtsfahrt erspart bleiben würde. Doch die kurvige Strecke erwies sich als tückisch. Zu ihrem Entsetzen geriet ihr der Rollwagen des Gelähmten mehr und mehr außer Kontrolle.

„Vorsicht! Halten Sie mich fest!" warnte John besorgt.

„Ich kann nicht! Ich kann den Wagen nicht mehr bremsen!" rief jedoch Miß Hamey verzweifelt, als ein quer über den Waldweg wachsender, ein wenig aus dem Erdreich ragender Wurzelknoten den Ausschlag gab. Der Wagen schnellte sekundenlang hoch und glitt über das Hindernis weg. Gleichzeitig damit aber auch aus Miß Hameys Händen. Zu beiden Seiten des Promenadenweges war ein flacher Graben angelegt, der das Regenwasser abführen sollte. Und wie von der Faust eines Unsichtbaren in diese Richtung gelenkt, schlingerte der Rollwagen nach rechts, auf den Graben und die dahinter aufragenden dicken Baumstämme zu. Schemenhaft sah er noch zwei Frauengestalten auf sich zukommen. Dann schloß er die Katastrophe erwartend instinktiv die Augen. Gleich darauf erfolgte zwar ein Ruck, weiter jedoch passierte nichts, was einem Unheil auch nur im entferntesten ähnelte. Denn als John vorsichtig wieder zu blinzeln wagte, schaute er in ein besorgt blickendes, wunderschönes, nußbraunes Augenpaar . . .

88

Zweiter Teil

1. Zwei braune Augen

Ungläubig blickte John in diese beiden Augen. Er hatte doch damit gerechnet, nach dem Aufprall an einem Baumstamm mit kaputten Knochen im Krankenhaus zu landen — und nun dies? Er sah vor sich das hübscheste Gesicht, das er sich nur vorstellen konnte, mit feinen Zügen wie aus Meißner Porzellan. Einen jungen Frauenkopf mit goldbraunem Haar, das in reicher Fülle unter dem Hut hervorquoll und im Nacken geknotet war.

Er sah sonst nicht viel mehr als dies, doch es nahm ihn vollständig gefangen. Er hatte einen Schutzengel gehabt, und dieser stand nun leibhaftig vor ihm, hielt noch mit schmalen, aber offenbar kräftigen Fingern die Armlehnen seines Rollstuhls umfaßt, und als sie sich den Wagen loslassend aus ihrer ihm zugeneigten Haltung aufrichtete, sah er auch, wie schlank und schmal sie in der Taille war.

„Oh", entfuhr es ihm teils erleichtert, teils voll Bewunderung. „Sie haben mich gerettet, Miß!"

Er sprach englisch, und sie antwortete ihm perfekt in seiner Muttersprache.

„Sie haben Glück gehabt", stellte sie sachlich fest. „Das hätte schlimm ausgehen können."

„Das hätte es — doch das ist es ganz und gar nicht", fand er. „Ohne dieses Mißgeschick hätte ich vielleicht nie das bezauberndste Wesen auf Erden kennengelernt!"

Sissy lächelte geschmeichelt. Collet sah jetzt erst, daß sie nicht allein war. Endlich kam auch Miß Hamey angehumpelt. Sie war bei dem Versuch, den Wagen einzuholen, über eine Wurzel gestolpert und hatte sich den Fuß verknackst.

„Vielen, vielen Dank, meine Damen", stieß sie hervor.

„Oh, mein Knöchel — das auch noch! Ich fürchte, er wird anschwellen, und Sie werden auf Ihre nachmittägige Spazierfahrt verzichten müssen, Mister Collet."

„Das ist mein Name", stellte er sich vor, „ich heiße John Collet. Und Sie sind Engländerin?"

„Nicht direkt, ich habe Verwandte in England", verhielt sich Sissy zurückhaltend. „Nun, das Malheur konnte ja vermieden werden."

„Der Anprall muß sehr hart gewesen sein", sorgte sich Miß Hamey. „Ist Ihnen auch nichts passiert, Miß?"

„O nein. Wissen Sie, ich bin gewohnt, mit Reitpferden umzugehen und fest zuzupacken, wenn es sein muß. Ich bin nicht zimperlich."

„Ja, das merkt man", sagte Miß Hamey wenig respektvoll.

„Nun denn — auf Wiedersehen!"

Sissy hatte ihre Pflicht getan und fand es für angezeigt, sich zu verabschieden.

„Das hoffe ich sehr", versicherte John Collet eifrig. „Daß wir einander wieder begegnen!"

„Das wird sich in so einem Kurort wohl kaum vermeiden lassen", zeigte sich Miß Hamey mißgestimmt.

Der Fuß schmerzte sie, und daß ihr Patient seiner Erretterin so schöne Augen machte, gefiel ihr gar nicht. Entschlossen überwand sie ihre Behinderung durch den verknacksten Knöchel und packte den Wagen mit kräftigen Händen an, schob ihn wieder auf die Promenade und steuerte ihn, so rasch sie konnte, mit John Collet dem Zentrum des Kurortes zu.

Helene von Taxis hatte die ganze Zeit über kein Wort gesprochen. Jetzt meinte sie lächelnd: „Ich glaube fast, die ist eingeschnappt. Der Arme wird mit ihr nichts zu lachen haben."

„Das ist sein Problem", fand Sissy, „er kann ja jemand anderen engagieren, wenn er mit seiner Pflegerin nicht zufrieden ist."

Tatsächlich mußte sie erst zu sich selber finden. Sie blieb schweigsam und versonnen, während sie in Helenes Begleitung den Weg zum Sprudel fortsetzte. Sie hatten beide gesehen, wie Collets Rollstuhl über die Wurzel sprang und dabei den Händen der Pflegerin entglitten war.

„Da geschieht ein Unglück!" hatte Helene gerufen.

Auch Sissy hatte das erkannt. Und als der Wagen immer schneller werdend dem Graben zugerollt war, hatte sie blitzschnell gehandelt. Ohne sich zu besinnen, hatte sie ihren Fächer fallen gelassen und den Rollwagen, der eben dabei war, an ihr vorbei zu holpern, an der linken Armlehne erfaßt. Der mächtige Ruck, der nun folgte, riß sie fast um. Doch der Wagen stand — knapp vor dem Graben. Sissy drehte ihn herum, so daß er nicht weiter rollen konnte, und beugte sich besorgt über den jungen Mann, der die Augen geschlossen hielt und sie erst jetzt langsam öffnete. Lächelnd bemerkte sie seinen ungläubigen Blick.

„Es ist nichts passiert", sagte sie beruhigend, während Helene ihr den Fächer wiedergab.

Aber sie war nicht sicher, ob er es hörte. Sein auf sie gerichteter Blick wurde so intensiv, daß sie errötete. Sie empfand Mitleid mit dem hübschen, jungen Mann, dessen sorgfältige Kleidung und kostbare Ringe an seinen Fingern darauf schließen ließen, daß er aus gutem und wohlhabendem Hause kam. Er war ein wenig blaß, was vielleicht von dem eben ausgestandenen Schrecken herrühren mochte.

Sissy wußte nicht, daß sein Leiden unheilbar war. Sein Zustand konnte ebensogut die Folge einer Erkrankung oder eines Unfalls sein. Auf jeden Fall war es ein beklagenswerter Anblick, einen kräftigen jungen Mann in einem Rollstuhl zu sehen, hilflos den Launen seiner Pflegerin ausgeliefert. Irgendwie ging ihr sein Anblick nahe, und auch auf dem Weg zum Sprudel ließ er sie nicht los. Diese unerwartete Begegnung beschäftigte sie, obwohl es in Bad Kissingen an ähnlich Leidenden nicht mangelte.

„Es ist noch immer nichts von dem Herzog zu sehen", lenkte Helene von Taxis sie ab, als sie vor dem über dem Sprudel errichteten Pavillon angelangt waren.

„Er ist nicht gekommen. Vielleicht sehen wir ihn noch auf dem Rückweg. Wenn nicht, empfiehlt es sich, daß wir uns erkundigen. Ich hoffe", meinte Sissy besorgt, „daß es nichts Ernstliches ist, was ihn daran hindert, unsere Verabredung einzuhalten."

Es war in der Tat etwas Ernstliches, freilich etwas, was nicht den Herzog, sondern Sissy selbst betraf: der ominöse Hinweis im Fremdenblatt . . .

* * *

Der im Ort angesehene Schneidermeister Thomas Lamm sperrte gerade seinen Laden auf, als auch schon der erste Kunde Einlaß begehrte.

„Nanu, Herr Redakteur!" begrüßte ihn der Schneidermeister erstaunt. „Schon so früh am Morgen? Was führt Sie zu mir? Wenden kann ich Ihren Anzug nicht mehr, da hilft nichts. Das habe ich Ihnen ja schon gesagt!"

„Wer spricht denn von ‚Wenden', Meister Lamm?" trat

Otto Sirnbauer selbstbewußt in das Lokal des Schneidermeisters, das aus einem einzigen Raum bestand, der gleichzeitig als Büro, Kundenempfang und Werkstatt diente. Es hatte aber auch ein Schaufenster, in dem das Meisterstück — ein Smoking, den er vor etwa dreißig Jahren angefertigt hatte — vom Licht der Sonne leicht angegriffen und ebenso leicht verstaubt quasi als Offerte prangte.

„Nun, was soll's denn sein?" fragte der spitzbärtige Schneider stirnrunzelnd. „Für Inserate im Fremdenblatt habe ich leider kein Geld."

Herr Sirnbauer pflegte nämlich sein mageres Honorar durch Auftreiben von Inseraten ein wenig aufzubessern.

„Sie werden aber bald welches haben, Meister Lamm", strahlte Otto. „Ich komme nämlich, um mir einen neuen, modischen Anzug von Ihnen anmessen zu lassen!"

„Einen neuen Anzug? Haben Sie geerbt, Herr Redakteur? Oder etwa gar einen Lotterietreffer gemacht? Es wird doch Herrn Edelbaum nicht etwa eingefallen sein, Ihr Salär aufzubessern?"

„Nein, das nicht. Aber ich bin dennoch im Begriff, mit dem Fremdenblatt eine ganz große Sache zu betreiben. Ich bin an einem gewissen Auflagen-Umsatz beteiligt."

„Na, da kann man ja gratulieren!" staunte der Meister.

„Ja, das können Sie! Vor allem aber messen Sie mir schleunigst einen neuen Anzug an. Ich bezahle prompt, sobald ich meine Einnahmen habe."

„Ja, ja, schon gut", nickte der Schneider ehrfürchtig und bestaunte den unternehmungslustigen Sirnbauer wie ein Wundertier. „Kommen Sie. Wir wollen gleich anfangen. Zuerst aber wollen wir sehen, welches Design dem Redakteur zusagt. Wenn Sie bitte näher treten wollen?"

Und ob er das wollte! Sirnbauer traf eine Auswahl unter den ihm gezeigten Stoffen, die nach Lamms offen ausgesprochener Meinung gewiß davon zeugte, daß der Herr Redakteur nicht nur seinem Geschmack nach zu Höherem berufen sei. Und dann begann das Maßnehmen, das Sirnbauer im Vorgefühl eitler Freude über sich ergehen ließ.

* * *

Freude war allerdings beim langen Ferdinand nicht die Spur zu bemerken. Im Gegenteil, er glaubte, der schwärzeste Tag seines Dienstes bei Seiner Gnaden wäre angebrochen. Denn es hatte sich herausgestellt, daß ausgerechnet an diesem Vormittag der Direktor des Hotels erst etwa zwei Stunden später als zur gewohnten Zeit erwartet wurde. Als Ursache wurde eine Sitzung im Rathaus angegeben, der der Herr Direktor in seiner Eigenschaft als Gemeinderat nicht fernbleiben konnte.

Wie es der Herzog an jenem Morgen fertig gebracht hatte, sich ohne die Hilfe seines Dieners anzuziehen, wußte er später selbst nicht zu sagen. Rasiert war er freilich nicht, und in diesem Zustand konnte er sich unmöglich mit der jungen Kaiserin treffen. Außerdem hätte er dabei auch die Hilfe des Ferdinands benötigt. Der Kaiserin galt jedoch seine aufrichtige Sorge, und deshalb verzichtete er heroisch auf Frühstück und Rasur.

„Ferdinand, unternehmen Sie alles! Sie müssen das Schmierblatt aufkaufen, in jeder Menge, wo immer es aufliegt, und zwar schleunigst, verstanden?"

„Ja, aber wie denn, Euer Gnaden? 24 Verkaufsstellen, und dann noch —"

„Reden Sie nicht, eilen Sie!" befahl der Herzog. „Wäre ich imstande, es zu tun, würde ich keinen Augenblick zögern!"

„Sehr wohl, Hoheit! Ich eile pflichtschuldigst, obwohl ich nicht weiß, wohin zuerst."

Einen Seufzer hörte der Herzog noch, dann lief der Geplagte davon. Erleichtert stöhnte der Herzog auf. Er machte sich Sorgen um Sissy. Er hatte schon anderswo erlebt, daß sie abrupt den Befehl zur Abreise gegeben hatte, als ihr das neugierige Getue um ihre Person zu viel geworden war.

Der lange Ferdinand hatte unterdessen einen Hotelboy, der eben Gepäck auf ein Zimmer gebracht hatte, beim Schlafittchen gepackt.

„He, Junge, willst du dir ein anständiges Trinkgeld verdienen?"

„Warum nicht", grinste der Junge zurück. „Und wer spendiert das denn? Sie etwa?"

„Nein, aber mein Herr, Seine Hoheit, der Herzog von Mecklenburg", erklärte der lange Ferdinand und ließ bedeutungsvoll seine dünnen Augenbrauen bis zum Haaransatz hochrutschen. „Hast du vier, fünf Freunde zur Verfügung? Es müßte aber sofort sein!"

„Wofür denn, Herr?" fragte der Boy interessiert. „Was sollen die denn anstellen?"

„Wir müssen das Fremdenblatt von heute haben!"

„Na, wenn's weiter nichts ist, das kann ich Ihnen doch selbst bringen. Das kriegt man unten beim Kiosk. Wozu brauchen Sie da fünf Jungs?"

„Weil ich nicht nur ein Exemplar haben muß, sondern alle, jedes Stück davon, das es in ganz Bad Kissingen zu kaufen gibt!"

Der Hotelboy riß den Mund auf, als wäre Ferdinand nicht ganz bei Sinnen.

„Und die will der Herzog alle lesen?!" staunte er.

„Schafskopf!" fauchte Ferdinand. „*Kaufen* will er sie!"

„Doch nicht etwa bloß wegen des Papiers? Wirken denn auf ihn unsere Mineralquellen so stark?!"

„Kerl! Der Herzog will die ganze Auflage, und zwar sofort! Wozu, geht dich nichts an! Hast du nun ein paar Jungs, die beim Einsammeln helfen können, oder nicht?"

„Ich selbst kann erst ab Mittag, denn ich bin im Dienst. Aber wenn Sie mit mir kommen wollen und dem Herzog so sehr daran gelegen ist — vor dem Hotel gibt's immer welche, die sich ein paar Pfennige verdienen wollen."

„Her mit ihnen", rief Ferdinand begeistert. „Es wird ihr Schaden nicht sein!"

2. Ferdinand in Nöten

Der Hotelboy hatte recht. Gemeinsam mit Ferdinand trat er eilig vor das Hotelportal und blickte sich um. Einige Burschen lümmelten an einer Reklamesäule, denen er heftig winkte herbeizukommen.

„Sind das alle?" fragte Ferdinand besorgt. „Wir müssen 24 Kioske aufsuchen!"

„So viele?" staunte der Boy. „Daß wir in Kissingen so viele haben, wußte ich gar nicht. Aber keine Sorge, die Jungs machen das schon. Und Sie sind ja schließlich auch noch da."

Inzwischen kamen die vier bereits angetrabt, und sofort begann Ferdinand mit seinen Instruktionen.

„Ihr sucht alle in der Nähe gelegenen Zeitungsstände auf und kauft sämtliche Fremdenblätter. Die entfernteren besuche ich mit einer Kutsche. Aber auch die Kaffeehäuser und Gaststätten müßt ihr aufsuchen."

„Und wenn man uns dort die Zeitungen nicht gibt?"

„Ihr müßt schlau sein. Laßt sie einfach verschwinden. Hier habt ihr Geld. Und beeilt euch!"

„Wohin sollen die Zeitungen dann kommen?"

„Zu seiner Hoheit, dem Herzog von Mecklenburg!" trompetete Ferdinand und nahm dabei Haltung an. „Von ihm habt ihr auch eure Belohnung zu erwarten!"

Die Burschen faßten das ganze als Spaß auf. Wahrscheinlich war dieser Herzog ein schrulliger Kauz, der jemandem einen Streich spielen wollte. Solche Typen traf man mitunter in einem Kurort wie Bad Kissingen. Nun, ihnen konnte es recht sein.

Ferdinand dankte dem Hotelboy für seine Hilfe und winkte sich eine Droschke herbei. Der Kutscher war nicht wenig erstaunt, als ihn Ferdinand zur Eile antrieb und bei jedem Zeitungskiosk halten ließ, wobei er dort sämtliche Exemplare des soeben erschienenen Fremdenblattes kaufte. Allmählich stapelten sich die Zeitungen rund um Ferdinand zu einer ansehnlicher Menge an.

* * *

Sissy und Helene von Taxis machten unterdessen eine kleine Rast auf einer Bank inmitten der blühenden Wiese neben dem Sprudel. Die Sorge um den Herzog hielt Sissy noch immer gefangen.

„Da wir dem Herzog nicht begegnet sind, bedeutet dies

wahrscheinlich, daß er heute morgen das Hotel noch gar nicht verlassen hat. Hoffentlich ist er nicht krank!"

„Vergessen wird er das Rendezvous ja nicht haben?"

„Wie ich den Herzog kenne, ist das ganz ausgeschlossen. Er ist zwar nicht mehr der Jüngste, aber sein Gedächtnis ist ausgezeichnet, und mancher junge Mann könnte sich glücklich schätzen, geistig so rege zu sein wie er. Im Ernst, ich habe mich selbst schon auf das Wiedersehen gefreut. Kehren wir um, um uns nach seinem Befinden zu erkundigen."

Helene nickte. Gemächlich wanderten sie wieder zu den Häusern des Kurortes durch die schattige, hohe Allee und plauderten. Nun kamen ihnen auch schon die ersten Kurgäste entgegen.

„Skandalös", hörten sie einen älteren Herrn zu seiner Begleiterin sagen, „einfach unerhört! Nirgendwo ist das heutige Fremdenblatt zu bekommen. Man weiß überhaupt nicht, was los ist!"

„Nun, sie sind eben mit dem Drucken noch nicht fertig, Fabian. Wir müssen uns noch ein Weilchen gedulden, das ist alles. Sobald wir vom Sprudel zurück sind, kriegen wir sicher dein Fremdenblatt, ohne das du anscheinend nicht existieren kannst. Findest du nicht, daß du ein wenig übertreibst?"

„Ach, Unsinn! Ich will eben meine Ordnung haben, das ist alles. Und dazu gehört, daß ich beim Frühstück meine Zeitung vorfinde. Ist sie nicht da, dann fehlt mir etwas. Ich finde das ärgerlich!"

Sissy und Helene hörten im Vorübergehen diese Diskussion, ohne sich etwas dabei zu denken.

„Glückliche Leute", meinte Sissy bloß, als sie außer Hörweite waren, „daß sie keine anderen Sorgen haben!"

100

Daß sie selbst die Ursache dieser Kalamität war, konnte sie natürlich nicht ahnen.

* * *

Unterdessen hetzte der lange Ferdinand von Kiosk zu Kiosk, und seine jungen Helfershelfer klapperten außerdem noch alle Lokale ab und sammelten das Fremdenblatt ein, wo immer sie es nur auftreiben konnten. Eines allerdings war ihnen entwischt: das Exemplar, das für den Direktor der Bayrischen Krone bestimmt war. Es lag bereits auf dessen Schreibtisch, denn es wurde ihm direkt zugestellt.

Der Direktor kam eben ein wenig strapaziert, aber sonst wohlauf von der frühen Sitzung im Rathaus, ließ sich nichtsahnend hinter seinem Schreibtisch nieder, klingelte nach seinem Kaffee und griff eher gelangweilt nach dem Fremdenblatt. Wie von einer Tarantel gestochen fuhr er aber in die Höhe, als er Sirnbauers niederträchtiges Geschreibe las.

Der Autor dieser Zeilen hatte — in der Hotelhalle hinter einer Illustrierten verborgen — das Erscheinen des Direktors abgewartet. Dies war jetzt sein großer Augenblick, den durfte er keinesfalls versäumen. Sogleich ließ er sich anmelden.

„Der Redakteur Sirnbauer ist draußen!" erfuhr auch gleich der Hoteldirektor von seinem Sekretariatsfräulein.

„Wie?! Er wagt es?! Der Mann muß lebensmüde sein! Führen Sie ihn sofort zu mir, damit ich ihn eigenhändig erwürge!" rief der Direktor und knallte das Fremdenblatt auf den Tisch, worauf das Fräulein erblaßte und in das Vorzimmer eilte.

„Sie sollen zu ihm kommen, Herr Sirnbauer", meldete sie zitternd. „Um aller Heiligen willen, was haben S' denn angestellt?"

Sirnbauer beantwortete die Frage bloß mit einer wegwerfenden Handbewegung und betrat das Zimmer des Direktors mit der Miene eines Feldherrn, der sich im voraus seines Sieges sicher ist.

„Einen schönen guten Morgen!" strahlte er.

Dieser Gruß und die offensichtlich gute Laune des Redakteurs brachten den Kragen des Direktors zum Platzen. Einem Rachegott gleich stürzte er hinter dem Schreibtisch hervor und packte Sirnbauer bei dessen Rockaufschlägen, um ihn gehörig durchzubeuteln.

„Was wagen Sie mir zu wünschen? Einen schönen guten Morgen?! Sie Wurm! Sie Unglücksmensch! Nach dem, was Sie verbrochen haben!"

Und dabei hielt er Sirnbauer dessen Zeitung direkt vor die Nase, gerade so, als würde der Autor seinen eigenen Text nicht kennen. Dieser jedoch hatte andere Sorgen, denn die Nähte seines Rockes krachten infolge der groben Behandlung des Direktors ganz erbärmlich, und die Fertigstellung des neuen Anzuges würde noch eine Zeitlang auf sich warten lassen.

„Deswegen komme ich ja, Herr Direktor! Ich habe alles bedacht. Es läßt sich einrenken!"

„Einrenken? Ich werde Ihnen gleich was ausrenken!" tobte der sich in seinem Vertrauen zutiefst gekränkt fühlende Direktor. „Ich setze Sie an die Luft! Mein Haus betreten Sie niemals wieder! Ich gehe persönlich zu Herrn Edelbaum. Er wird Sie feuern!"

„Aber Herr Direktor! Hochverehrter! Allerwertester!"

102

„Ich werde Sie durch einen Tritt in Ihren Allerwertesten hinausbefördern! Wissen Sie überhaupt, was Sie getan haben? Hat Ihr Spatzengehirn überhaupt erfaßt —"

Es hat sehr wohl, dachte sich Sirnbauer, dem es vor allem nun darum ging, den Direktor zu beruhigen. Den Angriff hatte er erwartet, jetzt aber mußte er schleunigst mit dem Mann ins Geschäft kommen.

„Wenn Sie mich treten, bringt das gar nichts. Gedruckt ist gedruckt. Ich habe mich ja sehr vorsichtig ausgedrückt und nichts behauptet. Ich habe alles dem Scharfsinn des Lesers überlassen."

„Ja, und mein Hotel damit zugrunde gerichtet!"

„Aber nicht doch, nein, keineswegs! Noch hat kaum jemand das Blatt in den Händen, einige wenige Frühaufsteher vielleicht ausgenommen. Ich konnte ja nicht wissen, daß Sie ausgerechnet heute so spät in Ihr Büro kommen würden. Ich möchte bloß wissen, ob Ihnen der Text so recht ist oder nicht. Und wenn nicht, kann man ja die Auslieferung stoppen. Das Hotel müßte dann allerdings die Auflage bezahlen, die nun verändert und neu gedruckt werden muß. Selbstverständlich Ihren hochverehrten Wünschen gemäß, Herr Direktor!"

Die heilige Einfalt stand in seinem Gesicht geschrieben. Ist der Mensch nun ein Trottel oder ein Erpresser, fragte sich der Direktor. Doch da er mit Sirnbauer schon einige Erfahrungen gemacht hatte, entschied er sich für das erstere.

„Machen Sie, wie Sie glauben, wenn Ihnen Ihre Existenz lieb ist", fauchte der Direktor und wischte sich den Schweiß von der Stirn. „Aber das sage ich Ihnen —"

Doch was der Geplagte zu sagen hatte, hörte der Redakteur nicht mehr. Er war schon draußen und stürzte sich durch die Hotelhalle ins Freie, als wäre doch noch der Hoteldirektor hinter ihm her. Ganz außer Atem betrat er wenige Minuten später die Redaktion und Druckerei.

„Es ist geschafft, Herr Edelbaum!" strahlte er seinen Brötchengeber an. „Ich habe nicht zu viel versprochen. Die Bayrische Krone kauft die ganze Auflage!"

Herr Edelbaum glotzte ihn an, sog an seiner dicken Zigarre und paffte: „Also die dritte."

„Dritte — was?" fragte Sirnbauer verständnislos.

„Was schon — die dritte Auflage kauft er natürlich. Die erste ist weg, und die zweite wird eben ausgeliefert. Wenn er will, kann er noch die dritte haben."

Sirnbauer fiel aus allen Wolken.

„Wieso ist die erste weg, Herr Edelbaum?" stotterte er und ahnte Böses.

„Was weiß ich — aufgekauft hat sie irgend so ein Meschuggener. Inzwischen hab' ich eine zweite gedruckt, damit sie die Leute lesen können, die sie lesen wollen. Und nun bestellt durch Sie das Hotel eine dritte."

„Aber, Herr Edelbaum, das haben wir doch nicht ausgemacht, das geht doch nicht, das —"

„Paperlapapp! Was geht nicht? Daß ich versuche, mein horrendes Defizit in Ordnung zu bringen, wo sich endlich eine Gelegenheit dazu bietet?"

„Aber Herr Edelbaum, ich —"

„Gehen Sie, Mann, verschwinden Sie, schreiben Sie. Das ist nicht Ihre Angelegenheit."

„O doch, das ist es! Wenn die zweite Auflage in den Handel kommt, bringt mich der Direktor um!"

„Ein gescheiter Mensch, der Direktor. Ich hätt' es schon längst tun sollen. Und nun gehen Sie, verschwinden Sie, schreiben Sie!" paffte er furchterregend und funkelte den Bemitleidenswerten an.

* * *

Unterdessen kehrte der lange Ferdinand, zufrieden über sein vollbrachtes Werk, eben von seiner Einsammelrunde zurück. Der Fiaker bog in den Platz vor dem Hotel „Zur Bayrischen Krone" ein, wo eben ein Bursche mit einem Handwagen voll gebündelter Fremdenblätter den Kiosk versorgte. Ferdinand bemerkte zugleich mit diesem schokkierenden Anblick auch schon lesewütige Kurgäste, die der Trafikantin das Blatt neugierig abkauften.

„Halt, was ist das?" rief Ferdinand entsetzt. „Doch nicht noch einmal das Fremdenblatt!"

Er sprang aus der Kutsche und stürzte sich zum Kiosk.

„Her damit!" schrie er und riß den empörten Käufern die Zeitung aus den Händen. „Sie, Frau im Kiosk, ich will das alles haben, alles!"

„Du lieber Himmel!" staunte die Zeitungsverkäuferin, „gibt's denn das, daß ein vernünftiger Mensch so versessen auf eine Zeitung sein kann?!"

3. Die einsame Bank

Dieser Morgen war zu verführerisch schön, als daß man hätte gleich ins Hotel zurückkehren können. Das Fernbleiben des alten Herzogs von Mecklenburg beunruhigte Sissy zwar etwas, aber sie nahm an, es würde sich vermutlich eine höchst einfache Erklärung finden. Warum sollte man denn auch immer gleich Schlimmes vermuten. An einem Morgen, an dem die Sonne so lachte wie heute, mochte man ganz einfach nicht an derlei glauben.

„Spazieren wir noch ein bißchen durch den Kurpark", schlug sie daher vor.

Helene von Taxis war durchaus damit einverstanden. Gegen elf erst wurde die Post erwartet. Dann hatte sie eine Menge zu tun: Sie mußte die Briefe durchsehen und aussortieren, was Sissy direkt anging. Das übrige mußte der Reisesekretär bearbeiten.

Allmählich belebte sich die Promenade. Schon wurden die ersten Stühle rund um den Musikpavillon besetzt, denn um elf Uhr wollte eine Militärmusikkapelle mit einem vormittäglichen Kurkonzert beginnen. Plötzlich stutzte Helene.

„Ist das nicht — doch das ist er!"

„Wer?" fragte Sissy und blickte sich vergebens um. „Ich sehe nirgends den alten Herzog."

„Nicht der Herzog, sondern der junge, kranke Mann. Dort sitzt er mutterseelenallein auf einer Bank."

„Tatsächlich! Der Rollstuhl steht neben ihm. Aber wo ist seine Pflegerin? Ich sehe sie nicht!"

„Sie wird den armen Teufel doch nicht einfach auf dieser Bank abgeladen haben und dann davon gegangen sein!" empörte sich Helene aufgebracht. „Das wäre schändlich!"

Sissy überlegte kurz und fand die Lösung des Rätsels.

„Sie hat sich den Fuß verknackst", erinnerte sie sich. „Vielleicht hat sie jetzt starke Schmerzen und deshalb einen Arzt aufgesucht. Sie konnte den Wagen ja kaum mehr schieben — ja, so ungefähr muß es gewesen sein." Und kurz entschlossen fügte sie hinzu: „Wir gehen hin und fragen ihn.

Jemand muß sich doch inzwischen um den Armen kümmern. Wer weiß, wie lange seine Pflegerin fort bleibt."

„Ja", pflichtete Helene eifrig bei. „Er wird wahrscheinlich hier schon eine längere Zeit vergeblich warten."

In ihren duftigen Sommerkleidern eilten die beiden jungen Frauen auf die Bank zu, auf der John Collet saß, und er glaubte, seinen Augen nicht trauen zu dürfen. Was er seit seiner seltsamen Rettung heute früh auf dem Weg vom Sprudel sich immer wieder gewünscht hatte — nämlich dem jungen Mädchen mit den Rehaugen wiederzubegegnen — dieser Wunsch erfüllte sich früher, als er zu wagen gehofft hatte.

„Guten Morgen", begrüßte er denn auch die beiden mit strahlender Miene. „Das habe ich wirklich nicht zu hoffen gewagt, daß wir einander so bald wiedersehen würden! Das nenne ich einen erfreulichen Tag!"

„Sonderbare Ansichten, mein Herr", meinte Helene von Taxis verwundert. „Erst dieser Unfall, und nun sitzen Sie hier ganz verlassen auf dieser Bank. Niemand kümmert sich um Sie, und Sie finden das erfreulich?"

John Collet lachte.

„Wo ist denn Ihre Pflegerin?" erkundigte sich Sissy. „Hat Sie etwa Probleme mit ihrem Knöchel?"

„Sie behauptet, er wäre bereits ganz angeschwollen und das Gehen falle ihr mit jedem Schritt schwerer. Da habe ich sie zum Arzt geschickt und ihr befohlen, mich hier einstweilen sitzen zu lassen, bis sie zurückkommt."

„Das dachte ich mir", meinte Sissy besorgt.

„Oh, das macht mir nichts aus. Ich bin direkt froh, diese Miß Hamey für eine Weile los zu sein. Ihre Gesellschaft ist fürwahr kein ungetrübtes Vergnügen!"

„Warum nehmen Sie denn dann keine andere Pflegerin?" fragte Helene teilnehmend.

„Ach, es ist doch eine wie die andere. Ich habe schon mehrere gehabt. Es kommt nicht viel Besseres nach, und so habe ich mich mit Miß Hamey abgefunden."

„Nun, wie Sie meinen", fand Sissy. „Aber Sie so ohne weiteres allein zu lassen, das finde ich nicht in Ordnung."

„Oh, bitte", meinte Collet, „setzen Sie sich doch zu mir — damit ich nicht länger allein bin!"

Sissy zögerte.

„Ich weiß nicht, ob sich das schickt", meinte sie.

„Weshalb soll denn das nicht der Fall sein?" wunderte sich der junge Engländer. „Sie können Freunde, Verwandte, ja sogar Landsleute von mir sein, die sich meiner annehmen. Sie sind doch Engländerin, Miß? Aus Wales, wenn ich mich nicht irre?"

„Wie kommen Sie darauf?" stellte Sissy eine verwundert klingende Gegenfrage.

„Nun, Ihrer Aussprache nach", riet Collet.

Sissy lächelte: „Sie haben bloß teilweise recht. Mein Englischlehrer stammt aus Wales."

„Ach so. Aber Sie sprechen meine Sprache ausgezeichnet. Ich habe Sie schon in Gedanken ,My Sweet British Girl' genannt."

„Oh", meinte Sissy erstaunt und reserviert.

„Ja, verzeihen Sie, aber mir ist tatsächlich so, als ob ich Sie schon lange kennen würde, obwohl wir uns doch heute zum erstenmal begegnet sind. Ich finde keine Erklärung dafür."

„Ich glaube, Sie messen dem ein wenig zu viel Bedeutung bei", meinte Sissy lächelnd und mit leisem Kopfschütteln.

„Ihre Pflegerin bleibt tatsächlich lange weg", mengte sich Helene in das Gespräch und zeigte große Lust, sich tatsächlich neben Collet auf die Bank zu setzen.

„Ich weiß so wenig von Ihnen", setzte jedoch John das Gespräch mit Sissy fort. „Ich bin in London zu Hause. Und Sie haben Verwandte in England?"

„Ja", nickte sie, „gleichfalls in London."

Ich kann ihm unmöglich sagen, daß diese Verwandten die englische Königsfamilie sind, durchfuhr es sie. Und natürlich wird er mich jetzt auch gleich nach meinem Namen fragen. Aber er darf auf keinen Fall erfahren, wer ich in Wirklichkeit bin. Sonst ist es mit meinem schönen Inkognito hier in Bad Kissingen vorbei!

„Wollen Sie mir nicht Ihre Namen verraten, meine Damen?" fragte er denn auch vorsichtig.

„Taxis", nannte Helene den ihren, ohne zu zögern.

Er nickte und sah forschend Sissy an. Sie mußte ihm antworten.

„Ich heiße Hohenembs", erklärte sie leise, „ich — ich stamme aus Bayern."

„Oh", strahlte er, „also aus dem schönen Land, in dem wir nun sind. Aus München etwa?"

„Nicht weit davon", wich Sissy aus.

Sie kämpfte mit ihrer Verlegenheit. Zwar stammte sie ja tatsächlich aus Bayern, doch hätte sie eigentlich antworten müssen, daß sie aus Wien komme.

„Aus Bayern", wiederholte er kopfschüttelnd. „Und ich hätte schwören mögen — aber vielleicht macht das Ihre englische Verwandtschaft."

„Höchstwahrscheinlich", lächelte Sissy. „Aber wie ich sehe, haben Sie im Augenblick keine ernstlichen Probleme.

Helene, wir werden wohl wieder weiter wandern", wandte sie sich an ihre Begleiterin.

John Collet war darüber ganz entsetzt.

„Nicht doch!" rief er erschrocken aus. „Nein, Sie dürfen mich nicht allein lassen, meine Damen. Wer weiß, wann Miß Hamey wiederkommt!"

„Das ist allerdings richtig", fand Helene von Taxis mitleidsvoll.

„Sehen Sie, Ihre Freundin stimmt mir zu", erklärte Collet hoffnungsvoll. „Bleiben Sie doch noch ein wenig. Es wäre grausam, wenn Sie mir Ihre Gegenwart so schnell wieder entziehen würden!"

„Nun, wir wollen hoffen, daß es mit Miß Hameys verstauchtem Knöchel nichts Ernstliches ist", meinte Sissy. „Und da Miß Taxis und ich keine Unmenschen sind, werden wir Ihnen, bis sie wiederkommt, Gesellschaft leisten. Vielleicht wäre es das Klügste, Sie jetzt in Sichtweite dieser Bank spazieren zu fahren. Sie können doch nicht einfach nur so hier sitzen. Das muß Ihnen ja furchtbar langweilig werden."

„Langweilig? Wie könnte es das in so angenehmer Gesellschaft", schüttelte John Collet den Kopf. „Aber wenn Sie mich tatsächlich ein wenig fahren wollen, wäre das natürlich noch schöner. Und im übrigen gibt es doch eine ganz einfache Lösung. Ihre Freundin bleibt hier auf der Bank und wartet auf Miß Hamey. Falls wir beide nicht vor ihr zurück sind, kann sie ihr ja sagen, daß ich meine Retterin wiedergefunden habe und mit ihr unterwegs bin."

„Genauso gut könnte auch ich hier auf Miß Hamey warten, und Miß Taxis fährt Sie durch den Park spazieren", wehrte sich Sissy, die sich bei dem Gedanken, John Collet

110

im Rollstuhl durch den Park zu schieben, nicht ganz wohl fühlte.

„Sie hat mich doch nicht gerettet", entgegnete er, als wäre dies ein ausschlaggebendes Argument.

Unwillkürlich mußte Sissy lachen, und wie stets brach dies bei ihr auch zugleich das Eis.

„Also gut, dann kommen Sie", sagte sie.

Gemeinsam mit Helene bugsierte sie den armen John in seinen Rollwagen, und dann sah Helene nur noch, wie Sissy mit ihm davon fuhr, als habe jetzt sie die Rolle von Miß Hamey übernommen und wäre als Mister Collets Pflegerin engagiert. Sie, die Kaiserin von Österreich . . . Kopfschüttelnd sah Helene die beiden auf einem der Parkwege verschwinden.

John Collet aber fühlte sich in seinem Rollwagen wie im siebenten Himmel. Sissy schob ihn schweigend vor sich her. Sie hatte ihren Sonnenschirm und den Fächer bei Helene zurückgelassen. Beide boten ihr, wenn es sein mußte, Schutz vor neugierigen Blicken. Und es war nicht ausgeschlossen, daß sie irgend jemand aus Adelskreisen, der vielleicht hier zur Kur weilte, erkennen würde. Was mochten sich dann wohl diese Leute denken?

So ging sie dahin in ihre Gedanken versunken und fand das ganze recht sonderbar. John Collet brach das Schweigen von sich aus nicht. Er spürte nur, wie ihn Sissys zartes Veilchenparfum umwehte, und es war ihm, als erfülle ihre Nähe seinen gequälten Körper mit einem Strom von Kraft, der von ihr auf ihn übersprang.

4. Konfusionen

Der Hoteldirektor hatte eben den Redakteur Sirnbauer wutentbrannt hinausbefördert, als ein Hotelboy erschien und der Sekretärin mitteilte, daß der Herzog von Mecklenburg zu wiederholtem Male nach dem Chef des Hauses verlangt habe. Der Direktor hörte dies und fragte den Burschen: „Was will denn der Herzog?"

„Keine Ahnung, Herr Direktor. Aber es ist etwas Sonderbares im Gang."

„Etwas Sonderbares? Was denn?" erkundigte sich der Direktor hellhörig.

„Es werden ständig Pakete in sein Zimmer gebracht, und zwar von seinem Diener und einigen Jungen, die der Diener aufgelesen haben muß . . ."

„Merkwürdig in der Tat!" fand der Direktor und eilte davon, um dem Ruf des Herzogs augenblicklich Folge zu leisten.

Als er beim Herzog anklopfte, wurde er sofort eingelassen. Wie erstarrt blieb er stehen, als er seinen hohen Gast inmitten von Stapeln von Zeitungen ganz konsterniert sitzen sah, während Ferdinand gefolgt von zwei Burschen noch weitere Bündel des Fremdenblattes herbeischleppte.

Die Frage nach den Wünschen des Herzogs erübrigte sich automatisch. Der Direktor reagierte sich denn auch mit einem Wort ab, das ihm richtig aus dem Herzen kam.

„Entsetzlich!"

„Sie sagen es", knurrte der Herzog und deutete auf die Zeitungspakete. „Wissen Sie schon von dem Malheur?"

„Ja", antwortete der Direktor mit leichenblaßer Miene.

„Und können Sie mir vielleicht auch erklären, wie das

passieren konnte und was ich mit all diesen Zeitungen anfangen soll? Es werden offensichtlich immer noch neue gedruckt. Wenn die alle hierher kommen, wird dieser Raum
ein Papierlager, und ich kann ausziehen! Abgesehen davon,
daß es bereits eine Stange Geld kostet, ich aber nicht hierher
gereist bin, um eine Zeitung zu subventionieren!"

„Selbstverständlich, Erlaucht", hauchte der Direktor und
begann, die Hände zu ringen. „Dieser Sirnbauer! Der impertinente Mensch weiß gar nicht, was er angerichtet hat!
Selbstverständlich, Hoheit, übernimmt das Hotel alle Kosten . . ."

„Paperlapapp!" unterbrach ihn der Herzog zornig. „Den
Druck müssen Sie stoppen, verstanden? Und dann lassen
Sie das Zeug von hier fortschaffen und vernichten!"

„Sofort, Erlaucht, ganz gewiß. Ich lasse es in der Hotelküche verheizen."

„Tun Sie das, wie Sie wollen, Mann. Nur weg damit, bevor ich hier noch ersticke! Und noch eins: Ihre Majestät, die
Kaiserin, darf dieses Schmierblatt nicht zu Gesicht kriegen!"

„Völlig klar, Hoheit, völlig klar!"

„Dann gehen Sie schon und machen Sie!" rief der Herzog, denn eben lud Ferdinand im Schweiße seines Angesichts weitere Pakete des Fremdenblattes ab. Die Kutsche
stand vor dem Hotel und war noch nicht völlig geleert.

„Die nächste Partie bringen Sie bitte gleich in die Hotelküche", rief ihm deshalb der Direktor zu, „und schaffen Sie
bitte auch alles, was Sie bereits herauf gebracht haben, dorthin."

„Ja, tun Sie das", bestätigte der Herzog.

„Sehr wohl!" stöhnte der arme Ferdinand und verdrehte

die Augen zum Himmel. „In all meinen Jahren bei Hoheit habe ich derlei noch nicht erlebt!"

Der Direktor entschloß sich, das Übel bei der Wurzel zu packen und ohne Zögern Herrn Edelbaum aufzusuchen. Allzuweit war es ja nicht zu dessen Druckerei. Doch er war erst in der Halle, als er zwei Männer in Arbeitsmänteln erblickte, die mit je einem Rollwagen voll beladen mit Fremdenblättern nach der Kanzlei des Hoteldirektors fragten.

„Was wollen Sie denn von mir? Ich bin der Direktor", erklärte er nichts Gutes ahnend.

„Sie haben doch die Zeitungen bestellt", antwortete einer der Gefragten, „die liefern wir Ihnen! Prompte Bedienung!"

„Ha, das auch noch!" rief der Direktor nahe daran, sich die Haare zu raufen. „Hinunter damit in die Hotelküche! Untersteht euch ja nicht, damit in mein Büro zu kommen!"

„Und wie ist es mit dem Trinkgeld, Chef?" fragte der andere.

„Wie? Was? Auch noch Trinkgeld?!" explodierte der Geplagte und stürmte ohne ein weiteres Wort aus dem Hotel, während sich die beiden Männer vielsagend an die Stirne tippten, bevor sie nach der Küche fragten.

Mit fliegenden Rockschößen eilte der Direktor zur Druckerei des Herrn Edelbaum. Mit heftigem Zugriff riß er die Glastür zur Straße auf, erschrak über das schrille Schellen der dadurch in Bewegung gesetzten Glocken und blickte sich in dem kleinen Laden um, in dem gewöhnlich die Druckereikunden bedient wurden. Ein Kommis fragte auch allerhöflichst nach seinem Begehr.

„Ich muß Herrn Edelbaum sprechen, und zwar augenblicklich! Ich bin der Hoteldirektor der Bayrischen Krone."

„Sofort", enteilte der Kommis und kehrte nach wenigen Minuten wieder, um den Direktor in das Zimmer des Drukkereibesitzers und Herausgebers des Fremdenblattes zu geleiten.

Herr Edelbaum empfing den aufgeregten Besucher mit einer dicken Rauchwolke aus seiner Zigarre. Jovial lächelnd deutete er auf den altertümlichen Ledersessel, der für solche Gelegenheiten bestimmt war.

„Bitte, nehmen Sie Platz. Ich habe prompt geliefert. Wahrscheinlich wollen Sie jetzt bezahlen. Ist mir sehr recht, prompt gegen prompt. Ich mache Ihnen einen Sonderpreis. Sie bekommen fünf Exemplare gratis!"

Der Direktor lief rot an.

„Das Handwerk werde ich Ihnen legen, Ihnen und Ihrem famosen Redakteur Sirnbauer!" rief er aufgebracht und knallte seine Faust auf Edelbaums Schreibtisch.

„Wieso?" paffte Edelbaum glotzend.

„Wieso? Das fragen Sie mich noch? Sie bringen mich um meine besten Gäste und ruinieren den Ruf meines Hotels!"

„Indem ich die Leute wissen lasse, daß niemand Geringerer bei Ihnen abgestiegen ist als *möglicherweise* die Kaiserin von Österreich?! Damit ruiniere ich den Ruf der Bayrischen Krone? Wissen Sie, Herr, was in Amerika ein Hotel für so einen Artikel bezahlt? Haben Sie denn gar keinen Sinn für Reklame? Ich hätte Sie für gescheiter gehalten!" konterte Edelbaum.

Sekundenlang stutzte der Direktor, dann aber wurde seine Miene eisig.

„Wir sind hier nicht in Amerika, Herr!" verwahrte er sich.

„Leider", nickte Edelbaum.

„Nein, glücklicherweise! Die Kaiserin würde, wenn sie davon erfährt, daß ihr Inkognito verraten wurde, augenblicklich abreisen. Sie käme nie wieder."

„Na und? Dafür kämen tausend andere Leute."

„Die interessieren uns aber nicht! Die Bayrische Krone legt Wert auf allerbeste, exquisite Kundschaft. Das ist ihr Ruf und ihre Tradition."

Herr Edelbaum zuckte nur mit den Schultern.

„Machen Sie, wie Sie glauben. Es ist Ihr Geschäft. Meines ist das Fremdenblatt. Wollen Sie nun zahlen oder nicht? Oder wollen Sie vielleicht noch eine Auflage kaufen? In diesem Fall bekämen Sie sogar für zehn Exemplare Gratisrabatt."

„Herr Edelbaum", knurrte der Direktor jetzt wirklich so bedrohlich, daß dem Druckereibesitzer um ein Haar die Zigarre entfiel. „Ich verlange, daß Sie augenblicklich den Druck einstellen!"

„Sie wollen die Druckerei kaufen?" glotzte Edelbaum.

„Ich will gar nichts kaufen!" schrie der Direktor und sprang auf. „Sie dürfen diesen Artikel nicht veröffentlichen!"

„Ach so", grinste Edelbaum versöhnlich. „Jetzt verstehe ich. Aber Sie drücken sich ein wenig unklar aus, mein Herr. Sie sind jedoch ganz zu Unrecht nervös und aufgeregt."

„Und wäre dies ein Wunder?" rief der Direktor. „Also, Sie drucken Ihr Schmierblatt nicht weiter."

„Schmierblatt? Lieber Herr, ich habe noch nie ein Schmierblatt gedruckt. Und einstellen kann ich leider nichts. Sie haben Ihre Kundschaft, ich die meine. Das sind die Zeitungsverkäufer, die Kioske und letzten Endes auch die Leute, die das Fremdenblatt lesen wollen. Heute ist es noch nicht in ihren Händen, weil es bereits ausverkauft ist. Also muß ich noch eine Auflage für diese Leute drucken. Aber —"

Zornbebend sprang der Direktor auf.

„Sie wollen mich erpressen!" stieß er hervor.

„Erpressen? Aber nichts dergleichen. Ich will nur, daß Sie bezahlen, was Sie bestellt und bekommen haben, werter Herr. Ich sage Ihnen, ich drucke jetzt eine Auflage zum Verkauf, um meine Kundschaft nicht zu vergrämen, so wie Sie Ihre Kaiserin nicht verärgern wollen. Und damit das nicht passiert, hat der Sirnbauer inzwischen einen anderen Artikel geschrieben, in dem nichts mehr davon steht, was Sie fürchten."

Lächelnd überreichte er dem Hoteldirektor eine noch druckfeuchte Fahne. Das Blatt unterschied sich in nichts von denen, die man in der Bayrischen Krone zum Leidwesen des Herzogs und des Direktors schon kannte. Es fehlte jedoch der Nachsatz zu der Gräfin von Hohenembs. Ein tiefer Seufzer der Erleichterung entfuhr dem Direktor. Und als er Edelbaum verließ, war er im doppelten Sinn erleichtert: Auch seine Brieftasche fühlte sich nämlich bedeutend schwereloser an.

* * *

Wenig später blieb Sissy vor einem Kiosk stehen und kaufte für sich und John Collet je ein Fremdenblatt. Sie überflog sogleich die ominöse Rubrik und fand unter „Abgestiegen" ihr Pseudonym in einer Reihe von anderen Namen, die inzwischen noch erweitert worden war. Sie lächelte befriedigt.

Der Koch und seine Gehilfen konnten inzwischen nicht begreifen, was in der Küche der Bayrischen Krone passierte. Auf Anordnung seines Herrn überwachte nämlich der lange Ferdinand persönlich die Verfeuerung des Fremdenblattes. Noch verschnürt wanderten die Pakete in die rauchenden Öfen.

„Das nächste", dirigierte Ferdinand den Vorgang mit der Miene eines die Schlacht lenkenden Feldmarschalls. „Es darf nicht eines übrig bleiben und schon gar nicht gelesen werden!"

Und so wanderte denn Paket um Paket ins Feuer, bis nichts mehr von Sirnbauers hinterhältigem Verrat in Drukkerschwärze übrig war.

Der Urheber der ganzen Konfusion aber gedachte nun die Früchte seiner Tat einzuheimsen und wurde daher bei seinem Chef vorstellig. Und das war auch nötig im Hinblick auf die zu erwartende Rechnung des Schneidermeisters. Edelbaum empfing ihn mit tief umwölkter Stirn und glotzte ihn drohend an.

„Sirnbauer, Sie wahnsinniger Unglücksmensch, wissen Sie, wer eben hier war und uns beide unbedingt ermorden wollte?"

„Nein, Herr Edelbaum", schüttelte Sirnbauer treuherzig den Kopf.

„Und Sie können es auch nicht erraten, wie? Wissen Sie wirklich nicht, wer uns mit Mord und Totschlag bedroht hat? Der Direktor der Bayrischen Krone war hier, und viel hätte nicht gefehlt, und er hätte mir mein schönes Lokal demoliert!"

Mit scheinbar nervös zitternden Fingern, als wäre er am Ende seiner Nervenkraft, zündete er sich eine Zigarre an

118

und stieß hustend und klagend hervor: „Um ein Haar wäre ich ruiniert gewesen — und das Ihretwegen!"

„Herr Edelbaum —"

„Sie haben wieder was geschrieben? Das muß ich mir sehr genau ansehen, bevor ich es drucke. Überhaupt fürchte ich, daß Sie nicht der Richtige für mich sind."

„Aber, Herr Edelbaum —" stotterte Sirnbauer entsetzt.

„Vielleicht finde ich jemanden, der besser und billiger schreibt als Sie. Und nun gebe ich Ihnen einen Rat: Gehen Sie dem Direktor von der Bayrischen Krone aus dem Weg. Machen Sie einen Bogen um ihn. Im Moment verdanken Sie mir Freiheit und Leben. Sonst noch was? Ach ja, Sie wollten sich entschuldigen. Na ja, schon gut, gehen Sie und machen Sie auch um mich einen großen Bogen."

„Wie — ich habe nicht verstanden", hauchte Sirnbauer aus allen Wolken gefallen.

Herrn Edelbaum war mittlerweile die Zigarre ausgegangen. Mißlaunig fuhr er Sirnbauer an: „Wenn Sie auch noch schlecht hören, dann —"

Was dann wäre, wartete der Redakteur lieber nicht ab. Denn sein Gehör war noch durchaus in Ordnung. Deswegen eilte er schnell hinaus. Doch was sollte nun aus seinem neuen Anzug und der Rechnung des Schneidermeisters werden? Im Geiste sah er diesen eilig mit Nadel und Zwirn hantieren, sich danach hinsetzen und eine lange Zahlenkolonne zu Papier bringen. Und dabei trat Sirnbauer der Angstschweiß auf die Stirn . . .

Er schlich über den Platz vor der Bayrischen Krone, sah aus einem Schornstein gewaltige Rauchwolken steigen und wunderte sich darüber, daß trotz des warmen Sommerwetters so energisch geheizt wurde. Auf den Gedanken, daß es sich hierbei um das Fremdenblatt handeln könne, kam er nicht, und er beeilte sich, den Platz wieder zu verlassen, um nicht gesehen zu werden.

„Was mag wohl dem für eine Laus über die Leber gelaufen sein?" fragte John Collet amüsiert, als er und Sissy ihm begegneten.

5. Der Besuch des Herzogs

„Seine Hoheit, der Herzog von Mecklenburg, bittet empfangen zu werden", meldete der Diener und überreichte zugleich auf einem Silbertablett die Besuchskarte des Herzogs.

„Ich lasse bitten", sagte Sissy erwartungsvoll, denn sie war gespannt, wie der Herzog sein Fernbleiben erklären werde.

Es war halb sechs Uhr abends, und ein sonderbarer Tag schien zu Ende zu gehen. Sissy nahm zu dieser Stunde den Tee auf ihrem Zimmer. Die Fenster waren weit geöffnet, und die Musik der Kurkapelle drang bis in den sonst stillen, elegant möblierten Raum. Helene von Taxis saß neben Sissy, denn sie hatten gerade über den gelähmten jungen Mann geplaudert.

Nun aber trat auf einen Stock gestützt und sein Gesicht zu einer schmerzlichen Grimasse verzogen der Herzog ein.

„Um Himmels willen, was ist mit Ihnen?" rief Sissy erschrocken. „Schnell, Helene, einen Stuhl!"

„Dank dem Himmel — und auch Ihnen, meine Gnädigste", ließ sich der Herzog stöhnend und vorsichtig auf den Polstersessel nieder, den ihm Helene sofort hingeschoben hatte.

„Aber Herzog! Was ist denn —"

„Es ist", ließ er Sissy gar nicht aussprechen, „mein Podagra. Es plagt mich heute ganz fürchterlich. Ich muß mich entschuldigen — Sie ahnen gar nicht, wie sehr ich es bedaure, daß dieses verflixte Leiden mich um das Vergnügen einer so reizenden Damengesellschaft gebracht hat. Übrigens", und er deutete dabei blinzelnd zu Helene hinüber, „diese hier kenne ich ja noch gar nicht."

„Das ist Komtesse Taxis", erklärte Sissy.

„Schau, schau", brummte der Herzog, „ein junges Reis aus altem Stamm also. Ich möchte wetten, bei uns in Mecklenburg würde sie nicht lange Komtesse bleiben. Die Taxis-Mädchen sind alle hübsch, und selbst mit meinen schwachen Augen erkenne ich, daß sie imstande wäre, meinem ganzen Hausregiment die Köpfe zu verdrehen."

„Du lieber Himmel!" rief Helene entsetzt. „Das wären ja viel zu viele."

„Da haben Sie recht", schmunzelte der alte Schwerenöter. „Ohh-ohhh!"

Er stöhnte und griff sich an die Hüfte, die ihm scheinbar so großen Schmerz bereitete — aber nur scheinbar. Denn er konnte doch Sissy unmöglich den wahren Grund für sein Fernbleiben eingestehen — hatte er sich doch mit Ferdinand höchstpersönlich darum gekümmert, daß die verräterischen Zeitungen in den Öfen der Hotelküche ein gebührend diskretes Ende fanden.

„Wie kann ich Ihnen bloß helfen?" erkundigte sich Sissy besorgt. „Brauchen Sie irgendwelche Tabletten, die ich kommen lassen könnte?"

„Ach nein — nur keine Sorge. Ein alter Haudegen wie ich wird schon damit fertig."

„Eine Schale Tee vielleicht?" fragte Helene teilnahmsvoll.

„Das ist eine ausgezeichnete Idee", nickte der Herzog zustimmend.

„Und Teegebäck?" Sissy hielt ihm ein Tablett mit allerlei knusprigen Köstlichkeiten hin.

„Ich sage es ja immer", schmunzelte er, „für einen wie mich ist Damengesellschaft die beste Medizin!"

Sissy und Helene lachten bei seinem Anblick. Denn der Herzog, der eben noch so erbarmungswürdig gejammert hatte, schien mit einem Male eine ganz andere Rolle spielen zu wollen. Aber er besann sich.

„Früher war das jedenfalls immer so, aber es scheint auch jetzt noch zu wirken. Wenngleich mein Sinn schön langsam nach anderen Dingen steht. Oh, oh . . . es zwickt mich schon wieder, dieses verflixte Podagra!"

„Sie sind wirklich arm dran", meinte Sissy mitleidsvoll.

„Nun, wenigstens mein Magen ist in Ordnung", versicherte der Herzog und griff nochmals zu.

Sie darf es nie erfahren, sagte er bei sich, was wirklich die Ursache war, daß ich sie heute versetzt habe. Ich hoffe, die Leute vom Hotel halten dicht!

Er glaubte jedenfalls, alle Maßnahmen getroffen zu haben, um Sissy die Schandtat des Lokalblattes zu verheimlichen. Und er hatte sich dies auch einiges kosten lassen. Nun brachte er auch noch — nicht ohne Selbstüberwindung — sein letztes Opfer und jammerte über sein Podagra.

„Ich wäre heute wirklich nicht imstande gewesen, Sie zu begleiten", versicherte er nochmals. „Aber ich hoffe, die Damen haben sich auch ohne mich gut unterhalten."

„Sie haben uns sehr gefehlt", stellte Sissy fest. „Umsomehr, als sich ein Vorfall ereignete —"

„Ein Vorfall?" horchte der Herzog auf. „Was ist denn passiert?"

„Oh", sagte Helene, „wir haben eine Bekanntschaft gemacht!"

„Eine männliche, nicht wahr, jung und schneidig?"

„Jung schon, aber ein armer Teufel, der im Rollstuhl gefahren werden muß und hier Linderung für sein Leiden sucht."

„Oh", meinte der Herzog noch immer scherzhaft, „er fand also Samariterinnen."

„Die hatte er auch nötig", erzählte Helene eifrig. „Seine Pflegerin hat sich nämlich heute morgen arg den Knöchel verstaucht. Es ist ärger, als es anfangs aussah. Sie muß sich nun einige Tage schonen."

„Nun, es gibt hier ja Pflegerinnen", meinte der Herzog. „Er wird vorübergehend Ersatz finden."

„Den hat er schon", lächelte Helene und wies dabei auf Sissy.

„Wie?" staunte der Herzog. „Sie?"

Verblüfft stellte er seine Teetasse ab. Sissy mußte über sein verwundertes Gesicht lachen.

„Die Komtesse hat recht, aber nur teilweise", erklärte sie. „Ja, ich habe mich auf Mister Collets Bitten hin bereit erklärt, ihn täglich durch den Park zu fahren. Das ist aber auch alles. Für alles andere nimmt er sich einen Ersatz für Miß Hamey. Bis diese wieder gesund ist und ihren Dienst voll versehen kann."

„Nun", brummte der Herzog, „das ist immerhin schon eine ganze Menge . . . Eine Gräfin Hohenembs zum Spazierfahren zu engagieren! Zahlt er wenigstens anständig?"

Alle drei lachten. Sissy aber wurde rasch wieder ernst.

„Er tut mir leid. Ich hielt es einfach für meine Christenpflicht. John Collet ist ein so netter Mensch . . .“

„Sie machen mich ja direkt neugierig auf ihn. Ich würde ihn gerne selbst kennenlernen!“

„Dem steht nichts im Weg, falls Sie nicht wieder so arg das Podagra plagt, Herzog“, schmunzelte Sissy. „Morgen nachmittag, um halb drei, hole ich ihn in der Pension Henriette ab. Dort ist er nämlich abgestiegen.“

„Pension Henriette? Warum nicht hier, in der Bayrischen Krone?“

„Die Pension hat nicht er, sondern seine Pflegerin Miß Hamey ausgesucht. Es handelt sich um ein bloß einstöckiges, älteres Gebäude, dessen Haupteingang keine Stufen hat. John Collet wohnt im Erdgeschoß. Es ist wegen des Rollstuhls. Sie ahnen nicht, wie schwierig es ist, mit so einem Gefährt Treppen zu bewältigen.“

„Ach, deswegen!“ brummte der Herzog bewegt. „Steht es denn so schlimm um ihn? Nun, dann kann er einem wirklich leid tun. Ich finde, Sie tun wahrhaftig ein gutes Werk, Gräfin, wenn Sie sich ein wenig um ihn kümmern. Ich fluche und jammere da wegen meiner Augen und meines Podagras, weswegen ich auf die Hilfe meines Ferdinand angewiesen bin. Doch wie ich sehe, gibt es noch viel Schlimmeres. Nun, Ihre Gegenwart allein wird dem jungen Menschen ein Trost sein. Ja, ich bin wirklich neugierig auf ihn und werde morgen kurz nach halb drei vor dem Hotel sein. Wenn Sie dann mit diesem Mister Collet vorbei kommen wollen —“

„Aber gern!“ rief Sissy erfreut. „Das machen wir. Das wird ein netter Bummel zu dritt. Denn Helene hat morgen eine Menge zu tun.“

Das stimmte. Denn Helene mußte mit dem Reisesekretär die Fahrt nach Homburg besprechen. Dort wollte Sissy ja nach dem Frankfurter Fürstentag mit Franzl zusammentreffen.

Der Herzog nickte.

„Also gut", meinte er, „dann bleibt es bei morgen Nachmittag."

Er hatte seinen Antrittsbesuch bei Sissy gemacht und wollte ihn nicht über Gebühr ausdehnen. Zwar wäre er noch gern geblieben, um weiter zu plaudern, doch schien es ihm, als ob die beiden Damen auch noch andere Dinge zu tun hätten, als einem alten Mann die Zeit zu vertreiben.

So erhob er sich dennoch zufrieden, Sissy wohlauf und gesund angetroffen zu haben, und besonders freute ihn, daß es ihm gelungen war, den Anschlag auf ihre Anonymität zu parieren. Und das, obwohl sie wahrscheinlich nie von seiner Aktion erfahren würde . . .

„Bis morgen nachmittag also", verabschiedete er sich.

Was mag an dem jungen Mann wohl dran sein, für den die Kaiserin den Samariter spielt, ging ihm noch durch den Kopf, als der lange Ferdinand ihn in Empfang nahm, um ihn sicher zu seinem Appartement zu geleiten.

6. Der Handschuh der Kaiserin

„Oh, es begann ganz merkwürdig, Miß Hohenembs. Ich hatte eines Tages beim Golf das Gefühl, meinen rechten Arm nicht in Schwung bringen zu können. Ich dachte an irgend eine Verstauchung oder Verrenkung, hatte aber keine Schmerzen. Nur ein seltsames, taubes Gefühl. Und dann, ein paar Tage später, befiel es mich auch in den Beinen. Jede Bewegung wurde beschwerlich. Ich versuchte es mit Hausmitteln und vor allem mit Wärme auszukurieren. Aber es war vergebens . . ."

John Collet erzählte, als handle es sich keinesfalls um ein zukunftentscheidendes Ereignis, sondern eher um eine vorübergehende Bagatelle, deren er wieder Herr zu werden hoffte.

„Aber die Ärzte — was sagten denn die?"

„Oh, ich habe anfangs gar keinen zu Rate gezogen. Ich dachte doch nicht an eine Lähmung! Alles andere hielt ich eher für möglich als dies. Ich machte Turnübungen, um es zu überwinden, und spannte meinen Willen an. Doch es wurde immer schlechter. Und eines Tages mußte ich aufgeben . . . Das war schlimm. Da ließ ich mich schließlich untersuchen. Waren wohl alles Quacksalber, Miß. Schüttelten die Köpfe und sprachen lateinisches Zeug."

„Aber was haben Sie denn? Was für Chancen bestehen?"

„Gute. Ich werde es schon schaffen. Man sagt mir, ich brauche nur Geduld. Aber die Lähmung geht schon zurück, sobald ich nur im Wasser bin. Eines Tages bin ich wieder vollständig gesund, und dann kann ich wieder leben, wie ich es möchte und gewohnt bin."

Sissy zwang sich zu einem aufmunternden Lächeln.

„Ja", sagte sie, „Sie sind gewiß auch der Mann dazu, Mister Collet. Bleiben Sie Optimist."

„O ja, ich glaube an mein Glück, das ich sicher habe, denn sonst wäre ich Ihnen nicht begegnet."

„Das erscheint Ihnen als Glücksfall?" lächelte Sissy verwundert.

„Aber gewiß doch, Miß", erklärte Collet überzeugt.

126

Es war nicht Galanterie, wie er dies sagte. Collet glaubte offenbar tatsächlich an einen Glücksstern über seinem Geschick. Und wirklich fühlte er sich, als ihn die schöne „Miß Hohenembs" über die Parkwege von Bad Kissingen schob, geradezu selig, und seine muffige Miß Hamey vermißte er nicht im geringsten.

Nun, auch Sissy wünschte ihm natürlich eine baldige Genesung. Aus seinen Äußerungen glaubte sie heraus hören zu können, daß er bereits auf dem Weg der Besserung war und seine Aussichten insgesamt günstig stünden. Aber freilich — sagten ihm die Ärzte auch die Wahrheit? Nicht jeder Mensch besaß schließlich auch die innere Kraft, eine mitunter sehr schlimme Wahrheit hinzunehmen und sich damit abzufinden.

Immerhin, John Collet schien diese Kraft zu besitzen. Deshalb hoffte sie auch mit ihm und schob lächelnd den oft störrischen Rollstuhl über die gekiesten Wege dem Treffpunkt zu, auf dem man dem Herzog von Mecklenburg begegnen mußte. Es herrschte ringsum lebhaftes Kommen und Gehen. Kinder spielten auf den schattigen Wegen, sie trieben große Reifen oder spielten mit Bällen. Ihre Mütter oder Kindermädchen spazierten mit Abstand hinter ihnen, und ältere, gut situiert wirkende Damen gebrauchten häufig ihre Lorgnons — Augengläser, deren Fassungen an silbernen, fein ziselierten Stielen ans Auge gehalten wurden und die sonst an einer Kette vom Hals baumelten.

Die Herren gingen mit Hüten und steifen Krägen. Besonders vor dem Theater bildeten sich Gruppen, die sich für das Programm interessierten oder auf die Öffnung der Vorverkaufskasse warteten. Denn heute abend stand „Romeo und Julia" auf dem Spielplan.

„Ich kann da leider nicht hinein", meinte John Collet bedauernd. „Die vielen Treppen . . . Und außerdem, wo sollte ich Platz nehmen? Ich könnte höchstens in meinem Rollstuhl sitzen bleiben. Aber wo stellt man mich dann hin?"

„Vielleicht ließe sich doch ein Weg finden", meinte Sissy nachdenklich. „Man müßte mit dem Direktor sprechen."

„Das hat sicher keinen Sinn. Die machen ja doch keine Ausnahme, nirgendwo! Dabei bin ich seit meiner Behinderung schon eine Ewigkeit in keinem Theater gewesen."

„Und Sie würden so gerne ins Theater gehen? Man spielt heute abend ‚Romeo und Julia', soviel ich weiß."

„Shakespeare . . . Ich mag ihn, aber ich habe ihn bisher nur in meiner Muttersprache gehört."

„Können Sie denn ausreichend deutsch?"

„Nun, ich denke schon . . ."

„Aber wir haben doch bisher nur englisch miteinander geredet", meinte Sissy verwundert.

„Nur deswegen, weil Sie so ein süßes ‚British Girl' für mich sind", lächelte Collet verlegen.

„Lassen Sie bitte diesen Unsinn", verwies Sissy ihn strafend. „Sie wissen, daß ich das nicht bin. Sie sind unmöglich, Mister Collet."

Doch ihre Augen verloren schnell ihren strengen Blick, als sie Collet lächeln sah. Und miteinander scherzend stießen sie schließlich auf den alten Herzog von Mecklenburg, der mit dem langen Ferdinand schon ungeduldig vor der „Bayrischen Krone" auf sie wartete. Der Herzog konnte zwar weder Sissy noch den jungen Engländer anders als in unscharfen, verschwommenen Umrissen wahrnehmen. Doch das fröhliche Lachen Sissys war für ihn unverkennbar.

128

„Na also", sagte er daher, „es geht ja lustig zu. Das lass'
ich mir gefallen. — Mister Collet? Ich bin der Mecklenburg.
Sagen Sie einfach ‚Mecklenburg' zu mir."

„O Mister Mecklenburg", sprudelte Collet noch immer
lachend hervor, denn diese Art der Vorstellung kam ihm
komisch vor. „Haben Sie denn keinen Vornamen?"

„O doch", brummte der Herzog. „Ich heiße Georg!"

„Dann fällt es mir leichter, wenn ich ‚George' zu Ihnen
sage. Sie haben doch nichts dagegen?"

„Nein, wenn es Ihnen Spaß macht — meinetwegen."

„Schön. Und ich heiße John. Bleiben wir dabei: Liz,
George und John. Ein richtiges Kleeblatt!"

„Kchchchm!" räusperte sich dazu der lange Ferdinand pikiert, denn er fand es höchst ungehörig, daß ein ganz ge-
wöhnlicher Mister Collet seine Hoheit als ‚George' und die
Kaiserin von Österreich mit ‚Liz' anzureden wagte. Er
machte eine Miene, als müßte im nächsten Moment ein Erd-
beben als strafendes Gottesgericht ganz Bad Kissingen ver-
wüsten. Aber die Sonne schien weiterhin freundlich und
warm, und der Boden zitterte nur unmerklich unter dem
Hufschlag von Reitpferden, in deren Sätteln elegante Herren saßen. Sissy folgte ihnen mit sehnsüchtigem Blick.

„Das hoffe ich auch bald wieder zu können", meinte
John zuversichtlich.

„Ich auch", fügte Sissy wehmütig hinzu.

Die Gruppe setzte sich wieder in Bewegung, und der Herzog fragte John: „Wie lange wird es denn noch dauern, daß
Sie so im Rollstuhl fahren müssen?"

„Das konnte mir bisher niemand sagen", meinte Collet.
„Aber ich rechne, vielleicht noch ein halbes, höchstens aber
ein Jahr, daß es noch dauert, bis ich wieder völlig gesund

bin. Diesen Stuhl da, den ich hasse, werde ich vielleicht sogar schon früher los. Möglicherweise schon in ein paar Monaten."

„Und woraus schließen Sie das, John?" wollte der Herzog wissen.

„Einfach daraus, daß es gar nicht länger sein darf, weil ich es nicht will. Ich — ich würde es auf keinen Fall länger aushalten!"

„Oh", brummte der Herzog kopfschüttelnd, „der Mensch hält viel mehr aus, als er denkt. Ich für meinen Teil wäre froh, wenn ich ähnliches auch von meinem Leiden behaupten könnte. Aber ich mache mir keine großen Hoffnungen. Ich weiß, meine Augen werden von Tag zu Tag trüber. Das Bißchen, was ich jetzt noch sehe, ist eines Tages auch noch weg. Am Anfang wollte ich mich nicht damit abfinden, doch heute sage ich: sei's drum, es läßt sich doch nicht ändern. Dafür bleiben in meiner Erinnerung alle meine Freunde gleich jung, obwohl sie heute gewiß auch nicht mehr ganz taufrisch sind wie ich selbst. Und vor allem die Frauen sehen immer gleich schön aus, die Bilder meiner Erinnerung kann mir das Schicksal nicht nehmen!"

„Sie sind ein Philosoph, George", fand John.

„In meinem Alter wird man das, junger Freund", meinte der Herzog lächelnd und marschierte gemächlich vom langen Ferdinand geführt auf der Seite Sissys und John Collets dahin.

„Mister Collet hätte Lust, heute abend ins Theater zu gehen", bemerkte Sissy plötzlich.

„Was spielt man denn?" wollte der Herzog wissen.

„Romeo und Julia."

„Oh, das Stück liebe ich", erklärte der Herzog.

130

„Aber Sie sehen doch wohl kaum, was auf der Bühne vorgeht", meinte John.

„Dafür sind meine Ohren noch gut, um nicht zu sagen, besser als früher", meinte der Herzog mit Nachdruck. „Wie wäre es, wenn wir eine Loge nehmen?"

„Ich kann doch mit meinem Rollstuhl gar nicht —" gab Collet zu bedenken, aber der Herzog unterbrach ihn unwirsch.

„Oh, das kriegen wir schon hin."

„Aber wie denn?" staunte Collet hoffnungsfroh. „Glauben Sie wirklich, daß es klappen könnte?"

„Natürlich", antwortete der Herzog im Befehlston. „Ferdinand, marschieren Sie ins Theater und regeln Sie das. Ich möchte eine Proszeniumsloge für heute abend. Und sorgen Sie dafür, daß Mister Collet darin Platz nehmen kann."

Ferdinands Brauen rückten in die Höhe.

„Sehr wohl, Hoheit", betonte er nicht ohne strafenden Seitenblick auf John, dem er klar machen wollte, wie man sich seinem Herrn gegenüber zu benehmen habe. „Ich werde submissest sofort —"

„Reden Sie nicht, sondern gehen Sie. Ich hake mich inzwischen hier ein", meinte er und schob seinen linken Arm ungeniert unter den von Sissy.

Ferdinand marschierte nach einer kurzen Verbeugung davon, um seinen Auftrag auszuführen.

„Sie sind eine Hoheit?" fragte Collet den Herzog überrascht.

„Bedauerlicherweise. Aber sagen Sie trotzdem ruhig ‚George' zu mir."

„Und Miß Hohenembs? Was sind am Ende gar Sie?" fragte John ein wenig bang.

„Nichts weiter als eine Gräfin", lächelte Sissy. „Stimmt's, Hoheit?"

„Ja", nickte der Herzog ernsthaft, „eine hübsche, junge Gräfin, weiter nichts. Ich finde aber, das ist eine ganze Menge."

Denn wenn sie am Ende auch eine Hoheit gewesen wäre, dann wäre der Rangunterschied nicht zu überbrücken gewesen . . .

Es wurde ein Rundgang unter angeregtem Geplauder. Nur Ferdinand ließ sich nicht blicken. Er hatte inzwischen die in Paterrehöhe gelegene rechte Proszeniumsloge „requiriert", wie er sich ausdrückte. Nun mußte er auch noch das Problem lösen, wie John Collet in seinem Rollstuhl in das Theater zu bugsieren sei. Man müsse ihn, sagte er sich, einfach über die für Kutschen bestimmte Auffahrt bis unmittelbar vor den Eingang schieben. Dann aber gab es Stufen . . . Ihm fielen die kleinen Helfer ein, die ihm in der Schlacht um das Fremdenblatt so wacker geholfen hatten. Im Vergleich dazu war das, was nun zu geschehen hatte, geradezu eine läppische Angelegenheit!

Später traf er das seltsame Trio beim Kurkonzert und meldete, daß alles geregelt sei. John konnte es kaum glauben.

„Nun", meinte er, „ist es nicht tatsächlich so, daß das Glück auf meiner Seite ist?"

„So scheint es tatsächlich", lächelte Sissy und freute sich mit John.

Der Herzog brummte etwas Unverständliches, gab aber zu verstehen, daß auch er sich auf den bevorstehenden Theaterabend freue.

Die kleine Gesellschaft hörte eine Weile das Kurkonzert

mit an. Als die Zeit zum Tee nahte, brach man wieder auf. Sissy fuhr John in seine Pension zurück, während der Herzog in Gesellschaft seines Dieners Ferdinand direkt die Bayrische Krone aufsuchte.

Er hatte einen guten Eindruck von Collet gewonnen, aber dennoch gewisse Bedenken, über die er sich erst noch klar werden wollte.

John hingegen sann dem verflossenen Nachmittag nach. Der Klang von Sissys Stimme haftete noch immer in seinem Ohr. Eine Gräfin ist sie also, dachte er. Und plötzlich quälte ihn ein bestürzender Zweifel. Eine Gräfin — ist sie etwa verheiratet? Noch nie hatte sie ihre weißen Handschuhe, die ihre zarten Finger verhüllten, abgestreift. Und diese Handschuhe bargen jetzt für Collet ein brennendes Geheimnis . . .

7. Romeo und Julia

Sie war eine Gräfin . . . Hätte der Mecklenburger nicht „Komtesse" sagen müssen, wenn sie noch eine Miß war? Der junge Engländer war auf dem Rückweg zu seiner Pension Henriette schweigsam und nachdenklich. Aber auch Sissy war in Gedanken anderswo. Sie dachte an ihren Franzl, der jetzt wohl schon unterwegs nach Frankfurt war und mit dem sie sich bald in Bad Homburg treffen wollte. Denn nach Beendigung des Fürstentages wollten sie gemeinsam nach Wien zurück.

So gingen denn die Gedanken dieser beiden jungen Menschen ihre getrennten Wege. Wäre John Collet imstande gewesen, Sissys Gedanken zu erraten, dann hätte er bereits die

Beantwortung seiner Frage erhalten. Er hätte fragen können, aber eine solche indiskrete Neugier an den Tag zu legen verbot ihm sein Taktgefühl. Und er verspürte uneingestandenermaßen auch noch die Angst, daß sie ihm eine Antwort geben könnte, die er gar nicht hören wollte.

Dieses wunderschöne Geschöpf, das sich so barmherzig und hilfreich seiner angenommen hatte, das so viel Mut gezeigt hatte, um ihn vor einem Unglück zu bewahren, war die Traumfrau all seiner Sehnsüchte und Wünsche. Es war ihm, als hätte es das Schicksal so bestimmt, daß er in diesem Sommer nach Bad Kissingen kommen mußte, einzig und allein zu dem Zweck, ihr zu begegnen. Und daß sein Leiden und all die damit verbundenen Komplikationen nur den einen einzigen Sinn hatten, ihm ihre guten Eigenschaften zu offenbaren. Denn Schönheit allein war schließlich nicht alles. Was hinter der Oberfläche verborgen lag, wog viel mehr.

John Collet war verliebt, und das war kein Wunder. Aber was empfand *sie* für ihn . . .?

Gar zu gerne hätte er die Antwort hierauf aus ihrer Miene abgelesen. Aber da sie hinter ihm ging, um ihn in seinem Rollstuhl zu schieben, war das unmöglich. Er hörte nur ihre warme Stimme und versuchte es zu machen wie der halbblinde Herzog von Mecklenburg, nämlich die Ohren sehen zu lehren, zumindest, was sie betraf, und sich im übrigen auf sein Gefühl zu verlassen. Und was sagte ihm dieses Gefühl? Nun, es verriet ihm zumindest Teilnahme und Interesse ihrerseits. Aber das war ihm nicht genug. Vergebens suchte er aus ihren Worten, dem Tonfall ihrer Stimme jenes „mehr" herauszuhören, nach dem ihn so sehr verlangte.

Ihre Bekanntschaft war erst von so kurzer Dauer. Und

war der Umstand, daß er an diesen schrecklichen Stuhl mit Rädern gefesselt war, nicht ein entscheidendes Handicap? Was konnte eine Frau überhaupt für einen Menschen wie ihn empfinden? Alles, hoffte sein Herz! Aber das ist ein Wunschempfinden, widerlegte sein Verstand.

Was wußte er überhaupt von ihr? Daß sie aus einer bayrischen Adelsfamilie stammte und Elisabeth hieß. Daß sie eine Freundin oder Vertraute hatte, die sie mit Helene anzusprechen pflegte. Und daß sie im Hotel „Zur Bayrischen Krone" abgestiegen war, sonst nichts!

Bin ich ein Narr, fragte er sich. John, hielt er sich vor, in was verrennst du dich?! Schweigsam wie er ging sie mit ruhigen, gleichmäßigen Schritten hinter ihm, schob ihn über die Wege von Bad Kissingen vorbei an Leuten, die sie nichts angingen und die das Paar dennoch mit neugierigen Blicken musterten. Blicke, die John wohl bemerkte und ihn weiter grübeln ließen.

Sie hatte bisher noch kein Wort von einem Mann in ihrem Leben erwähnt. Hatte es lächelnd akzeptiert, als „Miß Hohenembs" angesprochen zu werden. Und auch diese Helene hatte nichts dazu beigetragen, ihn besser zu informieren.

Ein Rätsel umgab diese schöne, junge Frau, ein Geheimnis . . . Allerdings machte es sie für John Collet nur noch interessanter! Er mußte herausfinden, wer und was sie war, und vor allem, ob sie verheiratet war. Wäre es nicht ein wahres Wunder gewesen, wenn eine so attraktive junge Dame noch keinen Partner hätte? Bei diesem Gedanken empfand John einen Stich im Herzen. Ja, es war ziemlich unwahrscheinlich, daß dies der Fall war. Unwahrscheinlich wohl, aber auch nicht ausgeschlossen. Immerhin reiste sie ohne ihre Eltern, war somit völlig selbständig. Unverheiratete Töchter höherer Stände hingegen wurden von ihren Müttern mit Argusaugen überwacht. Sie durften nie allein irgendwohin — zumindest gab man ihnen eine „Promeneuse" mit, eine Anstandsdame.

War Miß Taxis eine Anstandsdame? Er schüttelte den Kopf. Sie war eigentlich gleichfalls nur in Begleitung einer solchen vorstellbar. Oder paßten die beiden, Liz und Helen, aufeinander auf? Sollten sich die Sitten in Bayern derart gelockert haben? Vergeblich zerbrach sich John den Kopf und wurde nicht schlau daraus.

Aber immer mehr erschien ihm die Begegnung mit Sissy als Schicksalsfügung. Und deshalb glaubte er auch an einen guten Ausgang.

Sie waren nun vor der Pension Henriette angelangt. Sissy brachte John Collet noch bis zur Rezeption und ließ nach Miß Hamey schicken. Nach einer Weile kam diese auch mißmutig herbei gehumpelt.

„Da haben Sie Ihren Schützling wieder", begrüßte Sissy sie. „Ich hole ihn jedoch heute abend wieder ab."

„So?" staunte Miß Hamey. „Was wollen Sie denn mit ihm?"

„Mister Collet möchte gern ins Theater. Wir haben einen Weg gefunden, dies zu ermöglichen."

„Ins Theater?" wunderte sich Miß Hamey und wurde fast gelb vor Ärger. „Und wann bringen Sie ihn dann zurück?"

„Wahrscheinlich bringe ich ihn nicht selbst zurück. Wir werden sehen. Jedenfalls wird Mister Collet heimkehren, sobald das Stück zu Ende ist. Ich schätze, das wird gegen halb elf sein."

„So lange soll ich also auf bleiben?" ärgerte sich Miß Hamey und zeigte sich widerspenstig.

„Es ist ja nur dies eine Mal", versuchte Sissy, sie zu beruhigen.

„Na, hören Sie, Miß Hamey", griff nun auch Collet ärgerlich ein. „Sie sind in meinen Diensten. Ich kann darauf auch verzichten, wenn es Ihnen bei mir nicht paßt. Überlegen Sie sich's, und bringen Sie mich jetzt auf mein Zimmer!" Und zu Sissy gewandt, verabschiedete er sich: „Sie ahnen gar nicht, wie ich mich auf heute abend freue!"

„Auf Wiedersehen, John", gab Sissy freundlich zurück.

„Auf Wiedersehen! Die Zeit wird mir lang werden bis dahin", fügte er traurig hinzu, doch das hörte Sissy nicht mehr. Er blickte ihr sehnsüchtig nach, wie sie die Pension verließ und draußen im hellen Sonnenschein, der ihre Gestalt mit einer Fülle von Licht umfloß, davon eilte.

Miß Hamey machte sich ihren Reim darauf. Ihre ohnedies fast auf den Nullpunkt gesunkene Laune sank um noch einige Grade. Mürrisch schob sie unter Stöhnen den armen John in sein Zimmer, das wenigstens zu ebener Erde lag. Doch dann durfte sie sich zurückziehen, denn Collet wollte lieber allein seinen eigenen Gedanken nachhängen . . .

* * *

In der Bayrischen Krone wartete bereits Helene mit der gesamten Post auf Sissy. Wie an jedem Tag war auch heute ein Brief von Franzl dabei. Er gab ihr darin stets einen Rechenschaftsbericht über seinen Tagesverlauf, doch litt er unter dem Kummer, daß seine geliebte Sissy keine so fleißige Briefschreiberin war und ihn oft mehrere Tage auf eine

Antwort warten ließ. Und auch aus Bad Kissingen, so schrieb er ihr, warte er schon seit Tagen vergeblich auf einen Brief von ihr.

Sissy las die Zeilen, die seiner Sehnsucht nach ihr lebhaften Ausdruck gaben, mit schlechtem Gewissen. Ja, sie mußte ihm antworten — heute noch, und Helene würde den Brief dann sogleich zur Weiterleitung dem Sekretär übergeben. Aber vorher mußte noch geklärt werden, welches Kleid sie heute abend anziehen wolle.

Sie klingelte nach ihren Kammerfrauen und ließ ihre für abendliche Gelegenheiten gedachten Kleider aus den Schränken holen. Die Auswahl fiel ihr schwer. Es waren an die vierzig Abendkleider vorhanden. Immerhin nahm die Garderobe der Kaiserin fast einen ganzen Waggon des Hofzuges in Anspruch, wenn sie auf Reisen war.

Schließlich fand sie ein beigefarbenes Kleid aus Seide, das ihre schlanke Gestalt weich umfloß und sich von ihrem Haar wundervoll abhob. Dazu wählte sie eine einfache Perlenkette und ein breites, mit Steinen besetztes Armband.

Schon am Nachmittag war die Friseuse mit der Pflege und dem Aufstecken von Sissys Haarpracht beschäftigt.

„Ein Diadem, Majestät? — Majestät sehen einfach himmlisch aus!"

„Um Himmels willen! Kein Diadem. Bloß Perlen für die Ohren, ein Gehänge, das zur Halskette paßt."

Es war beinahe sechs, als sie endlich ausgehfertig war. Armer Franzl! Für den beabsichtigten Brief an ihn blieb jetzt keine Zeit mehr, denn sie mußte noch einen kleinen Imbiß zu sich nehmen. Dann entschloß sie sich, in die Hotelhalle zu gehen, wo bereits der Herzog mit dem langen Ferdinand auf sie wartete.

„Ah, da sind Sie ja, Gräfin", begrüßte er sie freudig, die „Gräfin" besonders betonend.

* * *

Das Theater war bis auf den letzten Platz gefüllt. Collet saß schon in der Loge, als Sissy und der Herzog eintrafen. Er war von Helene und zwei jungen Helfern, die Ferdinand wieder engagiert hatte, ins Theater gebracht worden. Die Burschen hatten ihn ganz vorn an die Brüstung plaziert, sodaß er eine gute Sicht auf die Bühne hatte. Sissy und Helene nahmen ihn in die Mitte. Der Herzog und sein Ferdinand setzten sich auf die beiden hinteren Stühle. Der Herzog legte keinen Wert auf gute Sicht, er würde „Romeo und Julia" und deren Liebesschwüre vor allem hören — bis zum bitteren Ende, wie er lächelnd sagte.

Erwartungsfrohes Stimmengewirr erfüllte den Zuschauerraum. Doch John Collet hatte keinen Blick für die festliche Menge. Wie betäubt saß er neben Sissy und sah sie verstohlen immer wieder an. Sie war so schön heute abend, daß es ihm fast den Atem nahm. Sie erschien ihm überirdisch, wie ein Wesen aus einer anderen Welt.

Ihre Schönheit machte ihn fast hoffnungslos. Und wieder konnte er nicht erkennen, ob sie einen Ehering unter dem Handschuh trug. Und wieder zermarterte er sich sein Gehirn, wie er, ohne eine gesellschaftlich unmögliche Frage zu stellen, erfahren könne, was er unbedingt wissen wollte.

Der Vorhang hob sich, das Stück nahm seinen Anfang. Doch John Collet war mit seinen Gedanken nicht dabei. Da bin ich nun die längste Zeit in keinem Theater gewesen, schalt er sich einen Narren. Nun passiert es endlich wieder, und mich interessiert gar nicht, was auf der Bühne vorgeht . . .

Allmählich aber nahm ihn das Stück doch gefangen, das Schicksal der unsterblichen Liebenden. Er sah sich selbst als Romeo, der liebestrunken durch die Straßen Mantuas wandelnd deklamierte:

Mich hebt ein ungewohnter Geist mit frohen
Gedanken diesen ganzen Tag empor.
Mein Mädchen, träumt' ich, kam und fand mich tot —
Seltsamer Traum, der Tote denken läßt! —
Und hauchte mir solch Leben ein mit Küssen,
Daß ich vom Tod erstand und Kaiser war.
Ach, Herz! Wie süß ist Vollbesitz der Liebe,
Da schon so reich an Freud' ihr Schatten ist.

Doch er, John Collet, war von einem „Vollbesitz der Liebe" weit entfernt. *Sie* ahnte ja noch nichts von seinen Gefühlen! Unwillkürlich tastete er nach Sissys Hand. Sie zuckte unter seiner Berührung zusammen und wandte sich ihm dann lächelnd zu, wohl in der Meinung, daß ihn das Spiel auf der Bühne so ergriffen habe. Doch aus dem Halbdunkel der Theaterloge loderte ihr sein Blick entgegen mit einer Intensität, daß sie darüber erschrak. Erst als der Beifall brandete, gelang es ihr, ihm ihre Hand zu entziehen, die er mit zitternden Fingern umklammert gehalten hatte.

8. Nächtliche Gedanken

In der Nacht nach diesem Theaterabend fand John Collet nur wenig Schlaf. Das Verhalten der von ihm verehrten und begehrten Frau — es hatte ihn irritiert. Trieb sie etwa ein Spiel mit ihm? Diese Grausamkeit traute er ihr nicht zu. Aber wie sollte er es sich sonst erklären, daß sie ihn in einem Augenblick den siebenten Himmel erleben ließ, um ihn im nächsten Moment wieder in den Abgrund bohrender Zweifel zu stürzen!

Nein, ich bin ihr nicht gleichgültig, glaubte er zu erkennen. Aber was empfindet sie für mich? Zuneigung, Sympathie oder gar bloß Mitleid?

Er, ja, er selbst glaubte ihr bereits deutlich erkennen gegeben zu haben, was er für sie empfand. Doch immer dann, wenn dies geschah, hatte er das Gefühl, daß sie sich hinter allgemeinen Höflichkeitsfloskeln verschanzte.

„Die Bekanntschaft ist erst sehr kurz", murmelte er in sein Kissen. „Was kann ich anderes von einem Mädchen erwarten, das auf Anstand hält."

Doch er wußte, daß dies bloß ein Versuch war, sich selbst zu beruhigen.

„Ich muß Geduld haben. Und die Gelegenheit, mit ihr unter vier Augen zu sprechen. Sodaß ich mich ihr ganz offenbaren und erklären kann, was ich für sie empfinde."

Eine Gelegenheit, unter vier Augen zu sprechen, bohrte es weiter in seinen Gedanken. Zugleich aber fragte er sich, wie denn diese Gelegenheit zustande kommen sollte. Denn er war ja nie mit ihr allein. Der alte Herzog, dessen Diener, Miß Helen und womöglich bald wieder seine eigene Pflegerin Miß Hamey — jemand störte stets und machte eine

141

Zweisamkeit unmöglich. Ja selbst die quälende Frage, ob sie verheiratet, verlobt sei oder sonstwie ihr Herz an jemand verloren habe, war dann unmöglich zu stellen.

Gelinde Verzweiflung erfaßte ihn. Wie sollte er jemals eine für sein weiteres Leben entscheidende Frage stellen können. Er wußte ja nicht einmal, wie lange sie in Bad Kissingen zu bleiben gedachte. Wieviel Zeit ihm also blieb, die er noch nutzen konnte.

„Wie lange dauert Ihre Kur?"

Er murmelte es leise. Nun, das war eine harmlose Frage. Gleich morgen, beim Wiedersehen, würde er sie stellen. Wenigstens in diesem Punkte würde es leicht sein, sich Klarheit zu verschaffen.

Auch die Frage nach dem Grund ihres Kuraufenthaltes schien ihm von Bedeutung, wenn auch indiskret. Welche Art von Leiden hatte sie hierher geführt? Hatte sie überhaupt eins? Sie sah kerngesund aus, wenn auch, wie ihm schien, übermäßig schmal und schlank. Überhaupt wollte er mehr, wollte er alles wissen, was sie betraf. Gestern, nach der Vorstellung, hatte er versucht, ein paar Fragen zu stellen. Und sich dabei eine Abfuhr geholt. Sie hatte ausweichend geantwortet und dann schließlich Miß Taxis ersucht, ihn zurück zur Pension zu fahren. Ganz offensichtlich war sie über seine Neugier verstimmt. Es war ein enttäuschender Abschluß eines Abends gewesen, der so vielversprechend begonnen hatte.

Mitternacht war längst vorüber, da schlief er endlich ein. Die Frau jedoch, um die alle seine Gedanken kreisten, hatte schon lange einen tiefen, traumlosen Schlaf gefunden.

Was ihm aus tiefster, gequälter Seele kam, hielt sie bloß für Galanterie und den kläglichen Versuch eines Flirts. Sie konnte nicht ahnen, welche Gefühle sie in John erweckt hatte. An etwas Tiefgreifendes hatte sie nie gedacht und konnte sie auch nach Lage der Dinge gar nicht denken. Morgen würde sie wieder gemeinsam mit John und dem Herzog einen Spaziergang unternehmen. Sie freute sich auf ein angenehmes, die Zeit vertreibendes Geplauder. Über kurz oder lange würde ja auch Miß Hamey wieder ihrer Pflicht nachgehen können. Auch wenn sie die Gelegenheit, einmal richtig auszuspannen, noch so weidlich nützte. Denn daß sie dies tat, war ein nicht unbegründeter Verdacht, den Sissy hegte.

Gestern abend hatte Helene Taxis John Colett nicht ungern in die Pension Henriette zurückgebracht. Ihre Gedanken weilten noch immer bei „Romeo und Julia".

„Es war eine wunderschöne Aufführung", bemerkte sie nach einer Weile. „Hat es Ihnen auch gefallen, Mister Collet?"

„Ja, sicher", antwortete John eher einsilbig, denn er dachte fortwährend an Sissy.

„Nun sind Sie wohl ziemlich müde. War es anstrengend für Sie?"

„Nein, ganz und gar nicht. Aber Miß Hohenembs —"

„Sie wird wahrscheinlich mit dem Herzog noch ein wenig plaudern."

Ein Stich ging John Collet durchs Herz. Wie schön wäre es gewesen, wenn er sich noch mit Sissy unterhalten hätte können. Er seufzte auf, und Helene merkte, daß es besser wäre, das Thema zu wechseln.

„Es ist eine so wunderschöne, laue Nacht", fand sie. „Fast zu schön, um ins Bett zu gehen."

„Ja, wenn man nur nicht an diesen Rollstuhl gefesselt

wäre. Dann könnte man jetzt nach Herzenslust umher wandern und die Atmosphäre dieser Nacht genießen", meinte er ein wenig sehnsuchtsvoll.

„Aber das läuft Ihnen ja nicht davon. Wenn Sie wieder gesund sind, werden Sie noch viele solche Nächte erleben", tröstete Helene.

„Glauben Sie?"

„Aber gewiß doch! Was hindert Sie daran?"

Diesen Heimweg mit Helene Taxis erlebte John Collet noch einmal im Traum, und er hörte ihre Worte immer wieder, bis er endlich erwachte.

Es war aber die mürrische Stimme von Miß Hamey, die ihn weckte.

„Es ist fast neun . . . Höchste Zeit für Ihr Frühstück!"

„Was, so spät schon?" fuhr er hoch und rieb sich verschlafen die Augen. „Wartet etwa schon Miß Hohenembs auf mich?"

„Nein, niemand wartet. Kommen Sie aus den Federn. Wir müssen uns waschen und zurecht machen. Dann frühstücken Sie, und wir fahren zusammen zum Sprudel."

„Wie, wir beide?" erschrak er.

„Natürlich, es geht schon. Wer weiß übrigens, ob diese Miß kommt. Und wenn ja, dann sind wir eben schon unterwegs", erklärte Miß Hamey unternehmungslustig, denn sie hatte nicht die Absicht, das Heft aus der Hand zu geben.

Sie hatte noch Schmerzen, und der Knöchel war bandagiert. Umschläge mit essigsaurer Tonerde hatten zwar die Geschwulst abklingen lassen, aber sie wußte selbst, daß sie noch Schonung brauchte. Jedoch gefiel ihr die Vertraulichkeit, die sich zwischen ihrem Patienten und dieser Miß Hohenembs anzubahnen schien, wenig. Zwar sah diese keines-

144

wegs aus, als ob sie Geld nötig hätte. Aber in Kurorten wie Bad Kissingen gaben sich Hochstaplerinnen für alles mögliche aus und betrieben auf raffinierte Weise Männerfang. Junge Leute wie der hilflose John Collet waren gefährdet.

Sie hatte versucht, Erkundigungen über Miß Hohenembs einzuziehen, war aber überall auf Ablehnung gestoßen. Der Portier der Bayrischen Krone war nicht einmal durch die Aussicht auf ein saftiges Trinkgeld dazu zu bewegen gewesen, mehr zu verraten, als daß Miß Hohenembs im ersten Stock wohne. Solche Zimmer konnten sich zwar nur wohlhabende Kurgäste leisten, aber es kam ja auch vor, daß solche „Herrschaften" unter Zurücklassung der Hotelrechnung und anderer Schulden unversehens abreisten . . .

So beschäftigte denn auch Miß Hamey die Frage: Wer war Miß Hohenembs in Wirklichkeit? Und wie John Collet hoffte auch sie, dies herauszufinden, wenn auch aus gänzlich anderen Motiven.

„Sie sollten sich noch ein wenig schonen, Miß Hamey", meinte John, den die plötzliche Gesundung seiner Pflegerin gar nicht freute. „Unmöglich kann ich Ihnen einen langen Spaziergang zumuten."

„Den habe ich auch gar nicht vor. Wir kaufen uns etwas zu lesen und setzen uns auf eine sonnige Bank. Das schadet meinem Knöchel keineswegs."

Seufzend ergab sich John in sein Schicksal. Aber wie würde Liz es aufnehmen, wenn sie zur Pension Henriette kam, um ihn abzuholen, und erfahren mußte, daß er schon weggefahren war?

Er zögerte sein Frühstück mit voller Absicht hinaus in der Hoffnung, daß *sie* inzwischen erscheinen möge. Aber Miß Hamey war nicht auf den Kopf gefallen.

„Nun denn, Mister Collet! Wie ist es — wollen Sie denn heute gar nicht hinaus kommen? Wenn Sie so weiter machen, wird es bald zehn. Sie sind um elf Uhr zur Wassertherapie gemeldet und nachher zur Untersuchung beim Arzt."

Collet seufzte. Allzugern hätte er das Wissen um sein Leiden verdrängt. Aber Miß Hamey sorgte dafür, daß dies unmöglich war. Und in diesem Fall sogar mit Recht. Wollte er denn nicht gesunden — für *sie*?!

„Also schön", nickte er und trank seinen Kaffee aus. „Kommen Sie, Miß Hamey. Wir wollen es hinter uns bringen."

Miß Hamey nickte, und kaum eine Viertelstunde später waren sie schon zu den Quellen unterwegs. Zwar humpelte sie noch ein bißchen, aber es schien schon ganz gut zu gehen mit ihrem Bein. Collets Aufmerksamkeit galt jedoch nicht diesem Umstand. Er sah sich die Augen aus nach Miß Hohenembs. Doch vergeblich . . . Sissy ließ sich nirgendwo blicken.

Dafür bemerkte er einen jungen Mann, der anscheinend auf der Flucht vor irgendjemandem war. Und in der Tat, ihm folgte ein hagerer Spitzbart eiligen Schrittes nach und fuchtelte aufgeregt mit den Armen.

„Herr Sirnbauer", rief er, „so bleiben Sie doch stehen!"

Der Redakteur wußte freilich längst, daß ihm der Schneidermeister Lamm auf den Fersen war. Er suchte ihm zu entkommen — leider vergeblich. Nun, da er sich so laut beim Namen gerufen hörte, daß sich alle Leute nach dem Schneider umwandten, blieb ihm nichts anderes übrig, als stehenzubleiben und den Überraschten zu spielen.

„Ach Sie, Meister!"

146

„Ja, ich bin es", eilte der Schneidermeister herbei, gänzlich außer Atem. „Ich war gerade beim Liefern, als ich Sie auf der Promenade sah."

„Ja, was gibt es denn?" fragte Sirnbauer, wobei ihm die Röte der Verlegenheit ins Gesicht schoß.

„Ihr neuer Anzug, Herr Redakteur . . . Ich meine, ich bin so weit und bitte Sie zu einer Anprobe."

„Was, schon?" entsetzte sich Sirnbauer schuldbewußt.

„Aber gewiß doch! Wir müssen ihn probieren, ob nicht vielleicht hier und dort noch kleine Verbesserungen erforderlich sind. Ob alles richtig sitzt, es nirgendwo zwickt oder Falten macht. Wann kommen Sie denn nun, Herr Sirnbauer? Vielleicht wäre es heute nachmittag genehm?"

„Aber Meister Lamm", wehrte Sirnbauer ab, „bei Ihrer Arbeit ist doch so eine Probe gar nicht notwendig. Ich kenne Sie doch, da sitzt doch alles gleich beim ersten Mal wie angegossen!"

Er suchte ihn los zu werden. Unmöglich konnte er ihm hier vor allen Leuten eröffnen, daß seine Hoffnung auf diesen schönen Anzug, den er so voreilig in Auftrag gegeben hatte, in nichts zerronnen war. Denn Herr Edelbaum war ihm gegenüber gar nicht edel.

„Nein, nein", beharrte jedoch der gewissenhafte Schneidermeister. „Herr Redakteur, ich habe einen Namen zu verlieren. Und schon gar, wenn ein Mann wie Sie einen von mir angefertigten Anzug trägt. Sie stehen doch gewissermaßen in der Öffentlichkeit!"

„Gewiß, gewiß . . ." Sirnbauer fiel keine Ausrede ein. „Also schön, dann komme ich heute nachmittag."

„Ich werde Sie erwarten! Wie gut, daß ich Sie traf. Ich rechnete nämlich damit, Sie würden von selbst in meinem

147

Laden vorbei schauen. Aber offensichtlich durfte ich dies nicht erwarten. Ihr Vertrauen in meine Arbeit ehrt mich zutiefst, Herr Redakteur!"

„Ich bitte Sie", wehrte Sirnbauer ab. „Nun muß ich aber schleunigst gehen, ich habe nämlich einen Termin."

Er ließ den strahlenden Herrn Lamm stehen und stürzte davon. Aufgrund des Termins, wie der Meister glaubte. In Wirklichkeit trieb ihn jedoch sein schlechtes Gewissen. Denn womit sollte er bloß diesen Anzug bezahlen, wenn ihn der Edelbaum um die Früchte seines „Genieblitzes" prellte?!

Aber dann kam ihn ein anderer Gedanke. Warum sollte er sich nicht den Genuß gönnen, diesen vermaledeiten Anzug wenigstens einmal auf dem Leib zu spüren? Sich damit im Spiegel zu betrachten und sich vorzustellen, wie er aussehen würde, wenn er fertig wäre. Nur dieses eine Mal, dachte Sirnbauer, Herrn Lamm zu Liebe. Die böse Überraschung kommt noch früh genug für ihn! Wenn kein Wunder geschieht . . . Aber gab es denn heutzutage noch Wunder?

9. Verwirrung

Sissy mußte sich an diesem Morgen einer routinemäßigen ärztlichen Kontrolle unterziehen. Denn Doktor Fischer hatte aus Possenhofen einen ausführlichen Bericht an seine Kollegen in Bad Kissingen geschrieben, und so kam es zu einer lange währenden, gründlichen Durchuntersuchung. Das Ergebnis: Herz und Lunge wären gesund, Magen und Nervensystem infolge häufigen Fastens geschwächt. Alles in allem gab es nichts ernsthaft Besorgniserregendes.

Der nach Possenhofen abgehende Bericht an Doktor Fischer veranlaßte diesen zu einer sofortigen beruhigenden Mitteilung an Sissys Mutter Herzogin Ludovica. Der Papa, Herzog Maximilian, war wieder einmal auf einer Reise.

Die Untersuchung nahm den ganzen Vormittag in Anspruch. Ein ganzes Team von Ärzten befaßte sich unter Schweigepflicht mit der jungen Kaiserin von Österreich. Sissy selbst ließ mit einiger Unruhe die nötigen Prozeduren über sich ergehen und suchte nur aus den ernsten Mienen der Ärzte abzulesen, ob für sie eine gesundheitliche Gefahr bestünde oder nicht.

Erst als der Chefarzt ihr beruhigend mitteilte, es sei soweit alles in Ordnung, sie müsse nur vernünftig essen, erinnerte sie sich wieder an John Collet. Ein Blick auf die Uhr sagte ihr, daß es bald Mittag war. John! Er würde schon lange auf sie warten, fiel ihr erschrocken ein. Er wird gar nicht wissen, was los ist, sollte doch zu seiner Trinkkur gefahren werden — und sie hatte gänzlich auf ihre freiwillig übernommene Plicht, dies zu tun, vergessen!

Sofort sandte sie nach Helene und bat sie, in der Pension nach dem Rechten zu sehen, ein Auftrag, den diese lieber erfüllte, als mit dem Reisesekretär organisatorische Angelegenheiten zu besprechen.

„Mister Collet ist mit seiner Pflegerin vor zwei Stunden ausgefahren", erhielt sie in der Pension zur Auskunft.

„Aber Miß Hamey ist doch dazu noch gar nicht imstande", wunderte sich Helene.

„Oh, wegen ihres Knöchels? Nun, das geht angeblich schon wieder. Sie humpelt zwar noch ein bißchen, aber was soll sie machen? Sie muß ihren Dienst versehen."

Kopfschüttelnd verließ Helene die Pension und kehrte in

die Bayrische Krone zurück, wo inzwischen auch Sissy wieder eingetroffen war. Es war bereits Zeit zum Mittagessen, und Sissy wollte diesmal dem Ratschlag der Ärzte folgen und ihre schlanke Figur weniger als ihre Gesundheit berücksichtigen.

„Er war längst fort, als ich kam", berichtete Helene noch immer verwundert, „er ist mit Miß Hamey zur Trinkkur gefahren. Anscheinend geht es ihr bereits wieder so gut, daß sie das kann."

„Oh", nickte Sissy bloß, „dann ist ja ohnehin alles in Ordnung. Dann braucht er uns also nicht mehr."

Aber er wird uns dennoch vermissen, dachte Helene, und ein Blick auf Sissy ließ sie erkennen, daß diese genauso dachte.

„Wir werden am Nachmittag nach ihm sehen", meinte sie dann auch. „Er soll nicht denken, daß wir auf ihn vergessen haben."

* * *

Unterdessen kehrte eben John Collet von seiner Trinkkur mit Miß Hamey in die Pension zurück. Sie fuhr den Rollstuhl immer langsamer, und Collet merkte, daß sie sich bereits sehr schwer tat.

„Sie haben ja noch immer Schmerzen, Miß Hamey", stellte er teilnehmend fest.

„Oh, es geht schon", brummte Miß Hamey ein wenig mürrisch.

„Aber Sie hätten mich doch gar nicht fahren brauchen, im Gegenteil, ich wollte doch, daß Sie sich noch schonen", meinte John Collet.

150

„Und wer hätte Sie sonst geschoben?" versetzte Miß Hamey leicht ärgerlich. „Ihre Miß aus Bayern etwa? Sie haben doch bemerkt, daß sie Sie versetzt hat."

„Woher wollen Sie das wissen? Miß Hohenembs ist vielleicht inzwischen da gewesen und hat uns nicht vorgefunden. Und man kann schließlich von ihr nicht verlangen —"

„Eben, das meine ich auch", ließ Miß Hamey ihn gar nicht ausreden. „Man kann nicht, und man soll auch nicht! Wir brauchen diese Dame nicht. Wir sind nicht auf sie angewiesen. Man soll sich nicht von fremden Leuten abhängig machen", schwächte sie ihre Mißgunst durch diese allgemeine Floskel ab.

John Collet hörte diese dennoch unschwer heraus.

„Sie können Miß Hohenembs überhaupt nicht leiden, nicht wahr?"

„Sie ist mir völlig gleichgültig", erklärte Miß Hamey nicht ganz wahrheitsgemäß. „Aber wenn Sie es genau wissen wollen: sie ist mir verdächtig. Ich bin keine von denen, die sich von einer hübschen Visage täuschen lassen."

Collet überkam der leise Verdacht, Mildred Hamey wäre auf Liz eifersüchtig. Aber da er seine Pflegerin eigentlich nur als zu seinem Inventar gehörig ansah, verwarf er ihn sofort wieder. Die Hamey?! Nein, unmöglich! Er konnte sie sich nicht anders als bloß seinen Rollstuhl schiebend vorstellen.

„Sie sagen etwas ganz Absurdes. Miß Hohenembs und verdächtig? Wieso? Worauf gründet sich das?"

„Es sind mir zu viele Leute um sie herum. Sie betreibt einen beträchtlichen Aufwand, das läßt sich gar nicht übersehen. Und Ihnen hat sie gesagt, sie wäre aus Bayern."

„Na und?"

„Es stimmt aber nicht. Sie kommt aus Österreich, wie mir mehrere Leute versichert haben."

Collet schüttelte den Kopf.

„Weshalb sollte sie mich anlügen? Und überhaupt: Bayern oder Österreich, was macht das schon aus?"

„Das kann sehr viel ausmachen", greinte Miß Hamey. „Jemand, der eine falsche Herkunft angibt, will etwas verschleiern."

„Sie sehen Gespenster", brummte Collet ungehalten.

„Ich kriege es schon noch heraus", murmelte Miß Hamey laut genug, daß John es hören konnte. „Die schöne Miß macht mir nichts weis."

„Aber Sie haben doch gar nichts mit ihr zu schaffen", wehrte Collet nun wirklich ärgerlich ab, „und ich verbiete Ihnen, Ihre Nase in Angelegenheiten zu stecken, die Sie nichts angehen!"

Mildred Hamey fauchte hierauf wie ein unter Überdruck stehender Dampfkessel.

„Aber der Polizei", knurrte sie bedrohlich, „können Sie gar nichts verbieten. Die interessiert sich nämlich für Hochstaplerinnen!"

„Sie sind verrückt! Sie ist keine Hochstaplerin. Dergleichen Unsinn will ich nicht mehr hören!"

„Wer nicht hören will, muß eben fühlen", hatte Miß Hamey das letzte Wort, denn John Collet verzichtete auf jede weitere Bemerkung. Aber er war jetzt wirklich wütend. Und dennoch — ein kleiner Stachel blieb in seinem Herzen.

Der Umstand, daß sie aus Österreich und nicht aus Bayern komme, erschien ihm nicht von Belang. Nur, daß sie wahrscheinlich ohne jede Nachricht nicht gekommen war, das schmerzte ihn und machte ihn auch ein wenig stutzig.

Hatte sie etwa eine Verabredung, die ihr wichtiger erschien? Die ihr mehr bedeutete? Mit einem Mann, einem *gesunden* Mann?!

Dieser Gedanke bohrte sich schmerzend in seine Seele. Er stürzte ihn in eine abgrundtiefe Depression. Dabei spürte er ein Würgen im Hals und ballte seine Hände auf den Armlehnen des Rollstuhls zu Fäusten, so fest, daß es ihn schmerzte. Ja, er liebte sie, das wußte er nun ganz gewiß. Er liebte sie so sehr, daß es ihm auch nichts bedeutet hätte, wenn sie tatsächlich eine Hochstaplerin gewesen wäre, wie Miß Hamey meinte.

Habe ich gestern abend im Theater etwas falsch gemacht, fragte er sich. War ich zu zudringlich, hätte ich meine Hand nicht auf die ihre legen dürfen? Ich habe sie vielleicht verletzt, verärgert oder gar erschreckt . . . Das wird der Grund sein, weshalb sie heute nicht kam. Ich muß sie versöhnen, muß mich bei ihr entschuldigen! Ob ich ihr Blumen schikke?

Sissy ahnte nicht, welchen Sturm von Empfindungen sie in John Collet ausgelöst hatte. Auch Helene kam es nicht in den Sinn, daß der Gelähmte eine tiefgehende Neigung zu Sissy gefaßt haben könnte und nun darunter litt. Nur Miß Hamey spürte es. Sie wußte aus ihrer beruflichen Erfahrung um die labile seelische Situation solcher Menschen, auch wenn es nicht den Anschein hatte. Worte und Empfindungen hatten für sie mehr Gewicht als für andere. Sie konnten himmelhoch jauchzend aufgelegt oder zu Tode betrübt sein aufgrund von Erlebnissen, die von „normalen" Menschen weit weniger gewichtig empfunden wurden.

Vielleicht tat sie dieser Miß aus Österreich unrecht mit ihren Verdächtigungen. Höchstwahrscheinlich aber hatte diese keinen Schimmer davon, was sie anrichten konnte. Miß Hamey hielt es daher einfach für ihre Pflicht, ein offenes Wort mit ihr darüber zu reden. Auch wenn John Collet deswegen wettern würde.

Aber in diesem Punkt sah Miß Hamey, die vielleicht gar eine Katastrophe witterte, doch ein wenig zu schwarz. Als sie endlich die Pension erreichten, erfuhr sie, daß eine junge Dame nach Mister Collet gefragt habe. Der Beschreibung nach war dies aber nicht Miß Hohenembs, sondern Miß Taxis gewesen.

Collet registrierte zwar, daß Sissy nicht auf ihn vergessen habe, aber offensichtlich verstimmt war, denn sie wollte nicht selbst kommen. Und er fürchtete nun wirklich, sich beim gestrigen Theaterabend nicht richtig verhalten zu haben.

Lustlos aß er zu Mittag, während Miß Hameys Appetit weiterhin nichts zu wünschen übrig ließ. Lediglich ihr Knöchel machte ihr zu schaffen. Sie zog sich nach dem Essen auf ihr Zimmer zurück und machte Umschläge. Die Geschwulst, die schon fast verschwunden gewesen war, hatte wieder zugenommen und war gerötet. Der Knöchel fühlte sich heiß an. Miß Hamey fluchte leise vor sich hin. Sie hatte sich zu früh zugemutet, was sie besser noch ein wenig aufschieben hätte sollen.

Als daher am Nachmittag wieder Miß Taxis erschien und fragte, ob sie Mister Collet in den Kurpark fahren solle, stimmte Miß Hamey wohl oder übel zu, weil er das so wollte. Es war ihr nicht wohl dabei, aber immerhin erschien ihr die Begleitung ihres Schützlings durch dieses Fräulein ein wenig ungefährlicher zu sein.

Helene aber hatte nur den Auftrag, John Collet in den

Kurpark zu fahren, wo Sissy mit dem Herzog von Mecklenburg spazieren ging.

„Ihre Freundin hat Sie hierhergeschickt?" forschte Collet.

„Ja, so ist es", nickte Helene.

„Sie möchte nicht selbst kommen?"

„Wie kommen Sie darauf?"

„Ich habe vormittags vergeblich gehofft —"

„Oh, die Ärzte haben sie aufgehalten. Sie konnte nicht kommen, Mister Collet."

„Die Ärzte?" Collet durchfuhr ein Empfinden tiefer, dankbarer Freude.

„Natürlich, sie ist doch hier zur Kur!"

„Und — darf ich fragen, woran sie leidet?"

Helene lachte: „Nichts Ernstliches, wenn es Sie beruhigt. Es sind bloß nervöse Beschwerden."

„Ach, das beruhigt mich wirklich", sagte Collet erleichtert.

„Und damit Sie gleich ganz beruhigt sind: Miß Hohenembs erwartet Sie. Ich bringe Sie zu ihr. Sie ist mit dem Herzog im Kurpark."

Bei diesen Worten ging John Collet das Herz auf, und tiefe Freude erfüllte ihn, als er wenig später eine in ihrem Kleid hell schimmernde Gestalt zwischen den Büschen erblickte, die er auf den ersten Blick erkannte. Sissy war es, und sie ging, mit dem Herzog plaudernd, gemächlich dahin.

„Miß Hohenembs", machte sich John Collet schon von weitem bemerkbar.

Sissy drehte sich nach ihm um. Er strahlte übers ganze Gesicht und breitete die Hände aus, als wolle er sie an sein Herz drücken.

„Hier bringe ich ihn", lächelte Helene.

„Ach, der junge Mann ist wieder da", bemerkte der Herzog.

„Kchchchm", räusperte sich Ferdinand, der ihn stützte, diskret.

„Guten Tag, Mister Collet", begrüßte Sissy ihn, „wie geht es Ihnen heute?"

„Jetzt, wo ich Sie wiedersehe", gab er zurück, „einfach prächtig!"

10. Der Spaziergang

Er warf rasch einen Blick auf ihre Hände, doch wieder trug sie Handschuhe. Eine klärende Aussage, ob sie verheiratet war oder nicht, war daher wieder unmöglich. Mit einem kleinen Sonnenschirm in der rechten Hand verhinderte sie die Bräunung ihres Gesichtes, denn gerade die Blässe galt in jener Zeit als „interessant".

„Machen wir uns auf den Weg", meinte der Herzog gut gelaunt. „Bis zum Promenadenkonzert haben wir noch Zeit. Dann kommt man ohnehin nicht mehr dazu, vernünftig miteinander zu reden."

Die Gespräche mit Sissy faszinierten den Herzog besonders, denn sie verstand, über vieles zu plaudern und war vielseitig interessiert und belesen. Darin unterschied sie sich wohltuend von manchen Damen der Gesellschaft, denen es zwar nicht an Bildung und Erziehung fehlte, aber ihre Interessen waren höchst einseitig. Dementsprechend war auch der Gesprächsstoff, den sie bevorzugten: Männer, Kinder, Familie und Zerstreuungen aller Art.

Sissy interessierte sich — schon um ihres Mannes und ihrer Stellung willen — auch für Politik. Dieses Interesse war jedoch auch ein Konfliktpunkt mit ihrer Schwiegermutter, Erzherzogin Sophie, die sich gegen Sissys politische Einflußnahme heftigst wehrte. Unter anderem war Sissy an wissenschaftlichem Fortschritt, aber auch an Sozialproblemen sehr interessiert. Und hätte Franzl ihr bei all diesen Dingen nicht verständnisvoll zur Seite gestanden, so hätte es noch weit mehr Auseinandersetzungen mit ihrer Schwiegermutter und deren Anhang gegeben.

Nun ließen den Herzog als Souverän, der einst ein Regierungsamt bekleidet hatte, die politischen Ereignisse zwangsläufig nicht teilnahmslos. Und auch John Collet, der aufgrund seiner Krankheit noch mehr las als früher, erwies sich von Anfang an als vorzüglicher Gesprächspartner. Hingebungsvoll in ihre Gespräche vertieft wanderten die drei über die Kieswege des Kissinger Kurparks. Fast jeden Tag konnte man sie so beobachten, und es hatte oft den Anschein, als hätten sie bei ihren Diskussionen auf ihre Begleitung — Helene und den Diener Ferdinand — völlig vergessen.

Tatsächlich leistete der lange Ferdinand seinem Herrn so unauffällig und diskret die erforderlichen Dienste, als wäre er bloß dessen Schatten. Und Helene von Taxis hielt sich als Beobachterin und Zuhörerin meist still im Hintergrund, wobei ihre Bewunderung für Sissy immer mehr wuchs. Sie staunte über die Vielfalt der Themen, die erörtert wurden, und sie mußte sich eingestehen, daß sie mitunter Mühe hatte zu folgen.

„Die Toten sind tot", äußerte sich der Herzog. „Hat man einmal das Zeitliche gesegnet, ist endlich Ruhe und Schluß. Ich fände es arg, wenn dem nicht so wäre. Der Mensch muß auch einmal seine Ruhe haben. Und wie die Dinge heutzutage liegen, findet man die bloß auf dem Friedhof."

„Ich kann mir nicht vorstellen", hielt ihm Sissy entgegen, „daß dann alles aus ist. Nein, ich glaube das nicht! Es gibt ganz sicher ein Weiterleben in irgend einer anderen Form."

„Bei uns in England", meinte Collet, „ist man sogar überzeugt davon. Man macht Versuche, über Medien mit dem Jenseits in Kontakt zu treten. Es gibt da ganz erstaunliche Vorkommnisse."

„Spiritisterei — habe davon gehört", brummte der Herzog. „Alles Schwindel!"

„Nein, es wird zwar Scharlatane und Schwindler geben, aber ich habe in München eine Freundin, die sicher ein echtes Medium ist", entgegnete Sissy.

„In der Tat?" fragte John interessiert. „Sie sind also tatsächlich aus Bayern?"

„Wieso zweifeln Sie daran?" fragte Sissy überrascht.

„Weil ich hörte, Sie kämen aus Österreich", antwortete er und fühlte sich dabei nicht wohl.

„Ich *wohne* in Österreich", erklärte Sissy ein wenig verstimmt. „Aber ich stamme aus Bayern. Weshalb interessiert Sie das so? Ist das nicht völlig gleichgültig?"

„Sie haben recht", nickte er beschämt und fluchte im stillen auf die mißtrauische Miß Hamey.

Ich würde sie lieben, selbst wenn sie aus Honolulu käme, sagte er sich. Ich könnte gar nicht anders . . .

Er verschlang sie förmlich mit seinen Blicken, er genoß ihren fast schwebenden Gang als einen sinnlichen Reiz, und die Fülle ihres schimmernden Haares erweckte in ihm ein Gefühl von bisher nie empfundener Zärtlichkeit. Unwillkürlich errötete sie, als sie seinen Blick auf sie gerichtet spürte, und in instinktiver Abwehr verdeckte sie ihr Gesicht hinter ihrem Fächer.

„Der Zollverein", lenkte der Herzog das Gespräch auf ein anderes Thema, „ist für die Preußen ein Mittel zum Zweck. Es geht ihnen ganz einfach darum, Österreich auszubooten. Wenn schon eine neue Bundesverfassung, dann eine, die Potsdam anstelle von Wien den Führungsanspruch gibt."

Darum ging es nämlich beim Fürstentag in Frankfurt am Main. Ob Bayern oder Hessen-Darmstadt, Nassau oder Hannover — all die kleinen Königreiche, Herzog- oder Fürstentümer wurden selbständig regiert, hoben ihre eigenen Steuern und Zölle ein, und wer von einem dieser Ländchen in ein anderes reisen wollte, benötigte dazu einen Paß. Auf diese Weise hatten sich die verschiedenen deutschen Stämme eine von uralten Zeiten her abgeleitete Selbständigkeit bewahrt.

Im Jahre 1853 aber machte sich erstmals eine gesamtdeutsche Bewegung bemerkbar, die von jungen Intellektuellen getragen wurde und die kleinen Souveräne in Besorgnis versetzte. Preußen schlug die Gründung eines Zollvereins vor, dem tatsächlich einige Kleinstaaten aus Furcht vor Preußens Militärmacht beitraten. Wien suchte dieses Abkommen zu unterlaufen, indem es gleichfalls seinen Beitritt anbot. Preußen war dagegen. Und am Wiener Ballhausplatz überlegten die Politiker, wie sie den preußischen Hegemoniebestrebungen entgegentreten könnten. Die Lage war gespannt.

„Preußen", setzte der Herzog seinen Gedankengang fort, „wird auf keinen Vorschlag eingehen, der aus Wien kommt und ihm keinen Vorteil bringt."

„Nun, vielleicht tut es dies doch", meinte Sissy, denn sie

kannte ja Franzls Pläne und war optimistisch gestimmt.

Der Herzog schüttelte bloß brummend den Kopf.

„Ich wette, nein."

Collet wäre kein Brite gewesen, hätte er bei dem Wort „Wette" nicht die Ohren gespitzt.

„Ich wette dagegen", erklärte er weniger aus Überzeugung, sondern vielmehr deswegen, um Sissy eine Freude zu machen.

„Wenn Sie wollen — die Wette gilt", grinste der Herzog amüsiert. „Aber worum wetten wir?"

„Den Preis mag die schöne Miß bestimmen", erklärte John galant.

„Da bin ich überfordert", lachte Sissy. „Ich habe keine Ahnung, was die Herren zu gewinnen wünschen. Soll es etwa eine hübsche Pfeife sein oder eine Loge in einer Theatervorstellung?"

„Ich wüßte schon etwas", meinte John zögernd, „es kostet keinen Penny und wäre dennoch die größte Kostbarkeit."

„Sie sprechen in Rätseln", meinte Sissy. „Was meinen Sie?"

„Eine Locke von Miß Hohenembs", antwortete John nach einer kurzen Pause.

Wieder errötete Sissy, diesmal noch heftiger als vorhin.

„Das ist ausgeschlossen", erklärte sie. „Sie müssen sich schon einen anderen Preis ausdenken."

Doch ihre Antwort wurde übertönt von einem Schrei und dem gleich darauf ausbrechenden Weinen und Wehklagen eines Mädchens, das einen bunten Reifen vor sich her treibend gestolpert und hingefallen war, während der Reifen in eine Wiese rollte und dort umkippte.

160

„Um Himmels willen, die Kleine", rief Sissy, lief auf das Kind zu und hob es auf.

„Nun, nun", lächelte sie ermunternd, „wer wird denn so weinen? Tut es denn so weh? Laß sehen . . . Nun, so schlimm ist es ja gar nicht, das wird bald wieder gut. Es brennt ein wenig, ich weiß, aber es geht vorüber, und den Reifen holen wir jetzt beide gemeinsam, nicht wahr, und dann lachen wir wieder!"

Sie säuberte ganz zart die kaum sichtbaren Wunden, die sich das Kind bei seinem Sturz zugezogen hatte, mit einem Taschentuch. Auch Helene war hilfsbereit zur Stelle, aber es war gar nicht nötig, die Kleine lachte tatsächlich schon wieder, während sie sich zugleich besorgt nach ihrem Spielreifen umsah.

„Dort drüben ist er, komm, wir holen ihn", meinte Sissy beruhigend und setzte das Kind vorsichtig auf den Boden. „Wo ist denn deine Mutter?"

„Ich weiß nicht", verzog das Kind sogleich wieder sein Gesicht zu einer weinerlichen Grimasse.

„Sie hat sich wohl verlaufen", meinte Helene besorgt. „Wie heißt du denn, meine Kleine?"

„Irma", kam es zurück, und die Tränen begannen aufs neue über die Backen zu kullern.

„Irma — und wie noch?" forschte Helene.

„Weiß nicht", kam es schluchzend zurück, „ich will meinen Reifen wieder haben!"

„Ein verirrtes Kind", brummte Collet, „das ist ja eine schöne Bescherung!"

Sissy nahm das Kind bei der Hand, und gemeinsam holten sie den Spielreifen.

„Siehst du, Irma, da ist dein Ausreißer", lachte Sissy.

„Der war ganz leicht zu finden. Nun müssen wir aber auch deine Mutti suchen. Hoffentlich ist das auch so einfach."

„Wir können ja notfalls die Kurverwaltung in Anspruch nehmen", meinte der Herzog. „Die Mutter des Kindes muß sich ja eruieren lassen. Vermutlich sucht sie das Kind bereits. Man kann verlautbaren lassen, daß es gefunden wurde und bei der Verwaltung abzuholen ist."

„Wir sollen Irma dort einfach deponieren wie ein verloren gegangenes Paket?" empörte sich Sissy über diesen Vorschlag. „O nein, nicht wahr, Irma, das tun wir nicht! Wir suchen deine Mutti. Sie kann ja nicht weit von hier sein. Sie ist sicher hier irgendwo im Park."

Das stimmte auch. Doch sie suchte keineswegs das Kind, vielmehr war die Dame in einen ziemlich heftigen Flirt mit einem jungen Leutnant verwickelt. Der hatte es sich offensichtlich zur Aufgabe gemacht, der Dame die Zeit zu vertreiben, da ihr Mann, sträflicherweise beruflich in Anspruch genommen, nicht mit nach Bad Kissingen gekommen war.

Irma selbst entdeckte die Mutter auf einer Bank. Das Pärchen hatte sich dort hingesetzt und das Kind sich selbst überlassen, um für eine Weile ungestört zu sein.

„Mama, Mama!" rief Irma und lief auf ihre Mutter zu.

„Was willst du denn?" empfing diese sie eher ungehalten. „Geh spielen!"

In Sissy stieg bei dieser Szene der Zorn hoch, doch ein mahnendes Wort des Herzogs erinnerte sie an ihre Stellung, und daß es eigentlich nicht sehr ratsam war, Verdruß zu machen.

„Sie ist ja nun, wo sie hingehört", meinte er, „gehen wir und sprechen wir weiter. Wo waren wir eigentlich stehen geblieben? Ach ja, wir haben gewettet, daß die Preußen auf die Vorschläge Franz Josephs nicht eingehen werden."

„So ist es", blitzten John Collets Augen, „und ich hielt die Wette dagegen. Es ging nur noch um den Preis."

„Was haben Sie vorgeschlagen?" fragte der Herzog interessiert. „Das Kind stürzte gerade. Wir haben, fürchte ich, nicht mitbekommen, was Sie sagten."

11. Die Locke

John strahlte. Der Herzog schaute ihn zunächst verblüfft an und konnte sich dann ein Grinsen nicht verkneifen. Helene von Taxis wargeradezu erschrocken über das Ansinnen, das an die junge Kaiserin gestellt wurde.

„Kchchchm", räusperte sich Ferdinand vielsagend, enthielt sich aber wohlweislich jeden weiteren Kommentars. Seine Brauen allerdings waren in ungeahnte Höhen hinaufgerutscht und ließen erkennen, was jetzt hinter seiner Stirn vor sich ging.

Davon ahnte allerdings John Collet nichts. Er hatte von seinem „sweet girl" eine Locke verlangt, nichts weiter, und das noch dazu als Preis einer Wette, die ohnehin höchstwahrscheinlich der alte Herzog gewinnen würde. Wetten machten ihm, wie den meisten Engländern, riesigen Spaß, und da Sissy ja nach ihren eigenen Worten Verwandte in England hatte, war ihr dies höchstwahrscheinlich nicht unbekannt. Umso mehr verblüffte ihn, was Sissy darauf erwiderte.

„Nein", sagte sie entschieden, „das ist ganz ausgeschlossen. Das brächte kein Glück."

„Kein Glück? Ich verstehe nicht", antwortete Collet erstaunt.

„Nun, ich bin eben ein bißchen abergläubisch. Ich bilde mir ein, daß es mir kein Glück brächte, gäbe ich etwas von mir her, zu welchem Zweck auch immer."

Das war natürlich eine schnell erfundene Ausrede. Und Collet war klug genug, um dies zu durchschauen. Sie mußte andere Gründe haben, die sie verschwieg.

„Eine Locke", rief er aus, „was ist das schon! Jede andere Dame täte uns diesen Gefallen —"

„Aber ich nicht", unterbrach ihn Sissy heftig. „ Ich will ein Buch als Preis stiften, denn Bücher lieben Sie beide, und wer auch immer den Preis gewinnt, hat etwas davon. Hingegen eine Locke —"

„Sie ahnen nicht, was mir die Locke bedeuten würde", entfuhr es Collet, und wieder brannte sein Blick.

Doch Sissy hatte es schon zu ahnen begonnen. Sie wollte es nur nicht wahrhaben. Und es verwirrte sie. Denn wenn der junge Engländer weiter aus sich herausging, wurde die Situation unmöglich. Dann wäre ihr nichts anderes übrig geblieben, als den Verkehr mit ihm abzubrechen!

Würde es mir leid tun, dies tun zu müssen, fragte sie sich. Ja, doch, das würde es . . . Und diese Vorstellung verwirrte sie noch mehr. War es Mitleid mit ihm, Sympathie oder — ?!

Mit einem Mal kam sie sich unsäglich verlassen vor, und gerade in diesem Augenblick begegnete ihr Blick dem seinen. Und sie las Schmerz darin. Tatsächlich empfand er Bitternis darüber, daß sie ihm offensichtlich mißtraute und ihm nicht einmal eine Locke gönnte, ein kleines, winziges Stück von ihr . . .

Für ihn wäre diese Locke ein Heiligtum gewesen, ein Übermaß an Glück und der Beweis, daß er ihr nicht gleichgültig war. Und daß sie ihn akzeptierte, trotz seiner Behinderung. Aber sie wollte ihm diese Freude nicht machen und verschanzte sich hinter Aberglauben!

Die Spannung, die in diesem Augenblick zwischen ihm und Sissy vorherrschte, empfanden nur sie beide. Für den Herzog war der Wunsch Collets ein unbeabsichtigter Affront gegen ein Mitglied eines der ältesten und angesehensten Herrscherhäuser Europas. Nur mit Mühe konnte er sich ein Lachen verbeißen. Ferdinand und Helene von Taxis hingegen waren baß erstaunt darüber, das jemand dergleichen wagen könnte, und das noch dazu in aller Öffentlichkeit. Sie rechneten damit, daß Sissy diesen jungen Menschen mit einem scharfen Verweis in seine Schranken weisen würde. Und als sie dies nicht tat, sondern eine Ausrede gebrauchte, wunderten sie sich noch mehr. Denn ein Verweis wäre selbst von einer Gräfin Hohenembs am Platz gewesen.

„Können Sie mich nicht verstehen?" fragte Sissy leise, als bäte sie um Entschuldigung.

John Collet schluckte.

„Also gut, dann ein Buch", sagte er gekränkt. „Aber was könnte es Ihnen schon ausmachen, wenn einer von uns ein winziges Löckchen von Ihrem Haar gewinnt . . . und es bei sich behält?"

„Es machte mir sehr viel aus", erwiderte Sissy. „Und ich würde nie dergleichen tun, in meinem ganzen Leben nicht und zu gar keinem Anlaß!"

„Auf das Buch freue ich mich", brach der Herzog den Bann sekundenlangen Schweigens, der darauf folgte.

„Vielleicht bin ich der Gewinner", konterte Collet und ließ sich endlich ablenken.

„Sie sind ein hoffnungsloser Optimist", meinte der Herzog kopfschüttelnd. „Aber das ist wohl gut so. Bleiben Sie es."

Man ging zu einem Kiosk und wählte dort ein Buch aus. Inzwischen schallte vom Musikpavillon bereits die Ouvertüre zu Meyerbeers „Hugenotten".

„Ist das nicht? — Natürlich, das ist Miß Hamey", rief plötzlich Helene aus und deutete auf eine Bank am Rande des Platzes, auf dem die Kurkonzerte veranstaltet wurden.

„In der Tat, das ist sie", bestätigte Collet eher mißvergnügt. „Sie wollte sich doch schonen... Was um alles in der Welt führt sie hierher?"

Nun steuerte die Gruppe auf sie zu, und Miß Hamey erhob sich, als sie die Gesellschaft kommen sah, ein wenig schwerfällig und mit gezwungenem Lächeln.

„Es wird Zeit, Sie heimzubringen, Mister Collet", erklärte sie ihr Kommen mit belegter Stimme.

„Aber deswegen hätten Sie sich doch nicht zu bemühen brauchen", meinte Helene pikiert. „Ihrem Schützling wäre schon gewiß nichts zugestoßen. Wir hätten ihn rechtzeitig in der Pension abgeliefert."

„Ich wollte ein wenig frische Luft schöpfen", erklärte Miß Hamey.

Das war die zweite Ausrede, die John Collet an diesem Tag aus weiblichem Munde vernahm und die er als solche erkennen konnte.

Was haben sie nur alle, fragte er sich. Es hängt irgendwie mit Miß Hohenembs zusammen. Aber was für ein Geheimnis umgibt sie? Und wie kann ich es, behindert, wie ich nun einmal bin, überhaupt herausbekommen? Denn anscheinend sagt mir ja doch niemand von selbst die Wahrheit!

Miß Hameys Knöchel war fachgerecht bandagiert, und sie hatte sich einen Stock beschafft, auf den sie sich stützte. Sie wäre wohl imstande gewesen, ihren Pflegling auf diese Weise bis zur Pension zu fahren, doch Sissy ließ das nicht zu und beauftragte Helene, das zu tun.

Eigentlich war sie froh über Miß Hameys unerwartetes Kommen. Ganz im Gegensatz zu John . . . Miß Hamey nickte zu Sissys Vorschlag und humpelte mit verbissener Miene neben Helene und dem Rollstuhl davon.

Der halbblinde Herzog horchte dem Knirschen der Räder auf dem Kies und den Schritten der beiden Frauen nach, bis diese Geräusche von der Musik übertönt wurden.

Die Ouvertüre war zu Ende, Beifall brandete auf, und Sissy war es, als riefe dies sie aus einem sonderbaren Zustand zurück in die nüchterne Gegenwart.

„Er wird seinen Optimismus brauchen", hörte sie, wie der Herzog seinen Satz von vorhin wiederholte. „Er rechnet mit einer Heilung. Aber was ist, wenn er sich täuscht? Ich weiß zwar nicht, was die Ärzte über seinen Zustand sagen, und es geht mich auch nichts an. Jeder muß mit seiner Situation selbst fertig werden. Aber —"

Ja, jeder muß mit seiner Situation selbst fertig werden, pflichtete Sissy ihm in Gedanken bei.

„Sie glauben, daß er gelähmt bleibt?" fragte sie.

„Nach allem, was er selbst zwischendurch darüber erzählt hat, ist mein Eindruck der, daß die Lähmung sich nicht bessert, sondern eher fortschreitet", erklärte der Herzog.

„Aber das wäre ja eine Katastrophe", murmelte Sissy.

„Deswegen meinte ich ja, daß er seinen Optimismus

braucht. Das ist wahrscheinlich das einzige, was ihm helfen kann — wenn die Kunst der Ärzte dazu nicht imstande ist. Oder sich ein Wunder ereignet. Jedoch, wer glaubt heutzutage noch an Wunder?"

„Ich", erwiderte Sissy überzeugt. „Es gibt sie. Immer wieder. Und vielleicht hilft ihm auch Gott."

„Ich würde es ihm gönnen", brummte der Herzog zweifelnd. „Aber Sie werden schon in Frankfurt erleben, daß mit Wundern nicht zu rechnen ist. Der Fürstentag wird enden wie das Hornberger Schießen. Ich sehe dunkle Wolken am Horizont. Irgendwann gibt es wieder Krieg."

„Das möge der Himmel verhüten", rief Sissy aus.

„Das möge er wohl. Aber ob er es auch tun wird?" meinte der Herzog sarkastisch. „Potsdam steuert auf Kollisionskurs mit Wien. Die Preußische Armee ist besser ausgerüstet und schlagkräftiger als das österreichische Heer, das noch aus den Wunden von Solferino blutet. Glauben Sie wirklich, daß Potsdam so lange warten wird, bis es ihm ernsthaften Widerstand leisten kann? — Nein, die Kriegsgefahr liegt in der Luft, und die Idylle hier in Kissingen ist sehr trügerisch!"

Das Kurorchester intonierte, wie um seine Worte zu bestätigen, einen Walzer von Lanner, und beschwingte Stimmung ergriff die Zuhörer.

„Mein Mann wird alles tun, um einen Krieg zu verhindern", erklärte Sissy.

„Gewiß", nickte der Herzog, „und er weiß nur zu gut, was von einem Erfolg in Frankfurt abhängt. Noch weiß man nicht, welches Bonbon er dem Kaiser Wilhelm in den Rachen werfen will, um ihn günstig zu stimmen. Aber der Wilhelm wird das Bonbon nicht schlucken. Und deshalb könnten Sie mir das Buch schon jetzt geben, weil ich die Wette doch gewinnen werde", schloß er schmunzelnd.

„Ach, diese unglückselige Idee mit der Wette", rief Sissy ärgerlich aus.

„Ich hätte nicht davon anfangen sollen", beschuldigte sich der Herzog. „Ich hätte wissen müssen, wie Collet als Engländer reagiert."

„Ach, es ist nun einmal passiert . . . Aber daß er ausgerechnet eine Locke verlangte!"

„Eine Locke der Kaiserin von Österreich! Nun, er hat jedenfalls Geschmack, der arme Junge. Ich für meinen Teil hätte ihm die Locke gegönnt — aber er hätte sie ja nicht bekommen, sondern ich. Und ich hätte sie auch in Ehren gehalten!"

Sissy schüttelte den Kopf: „Also auch Sie, Herzog?"

Der Herzog nickte: „Ein Souvenir von einer schönen Frau — auch wenn ich nur ihren Duft verspüre und ihre Nähe fühlen kann . . . So alt bin ich nun wieder nicht, daß es mir nichts bedeuten würde", fügte er galant hinzu.

„Verrücktheit", meinte Sissy.

„Es gibt noch viele größere Verrücktheiten auf der Welt", brummte der Herzog, „zum Beispiel Krieg . . . Ist er denn keine Verrücktheit? Da läßt man erwachsene Männer sich gegenseitig abschlachten, und die meisten von ihnen wissen nicht einmal, wofür. Aber sie tun es trotzdem . . . Ich wünsche Ihrem Mann, dem Kaiser, für Frankfurt das Beste und mir, daß ich die Wette verlieren möge. Weil es Frieden bedeuten würde."

„Aber stellen Sie sich bloß den Skandal vor", hielt Sissy ihm vor, „wenn eine Locke von mir jemals in unbefugte Hände fiele und die Welt erführe, von wem sie ist!"

Sie erregte sich von neuem und war fast verstört bei dem Gedanken an die möglichen Konsequenzen.

„Collet weiß doch gar nicht, wer Sie sind. Er hat seinen Wunsch völlig harmlos geäußert!"

„Das weiß ich. Aber haben Sie seine Blicke gesehen, als ich ablehnte?"

„Natürlich nicht", knurrte der Herzog.

„Oh, verzeihen Sie", erschrak Sissy über ihre Unbesonnenheit.

„Schon verziehen. Was waren denn das für Blicke?"

„So, als wolle er mich förmlich verschlingen. Und es lag viel Schmerz darin."

Der Herzog schaute erstaunt.

„Er wird sich wahrscheinlich in Sie verliebt haben", bemerkte er trocken.

„Sie meinen?" Sissy blieb erschrocken stehen.

„Das wäre doch nicht weiter verwunderlich und im Grunde genommen die natürlichste Sache der Welt."

„Unmöglich", hauchte Sissy und wurde abwechselnd rot und blaß.

„Das ist sogar sehr gut möglich. Er weiß ja nicht, daß Sie verheiratet und die Kaiserin von Österreich sind. Für ihn sind Sie einfach eine bezaubernde Frau, die er erobern möchte!"

Und während sich Ferdinand wieder einmal heftig räusperte, beendete die Kurkapelle den Walzer, und der Dirigent dankte, sich mit einem charmanten Lächeln verbeugend, für den Applaus.

Dritter Teil

1. Miß Hamey ist neugierig

Sissy hatte sich doch noch dazu aufgerafft, Franzl auf seine unbeantwortet gebliebenen Briefe, deren Ton immer dringlicher wurde, zurückzuschreiben. Sie schrieb nicht sehr gern Briefe und konnte nur darüber staunen, mit welcher Regelmäßigkeit und welchem Eifer ihr vielbeschäftigter Franzl ihr nahezu täglich Rechenschaft über sein Tun ablegte, wobei er es als selbstverständlich ansah, daß sie es auch so halten würde.

Lieber Franzl!

Stell Dir vor, heute hat mich ein junger Engländer um eine Locke von meinem Haar gebeten, was ich ihm natürlich abgeschlagen habe. Zwar weiß er nicht, wer ich in Wirklichkeit bin, da ich mich ja hier unter meinem Inkognito aufhalte. Trotzdem müßte ich es für eine Unverschämtheit halten, wenn der arme junge Mann nicht so leidend wäre. Er ist gelähmt und muß von seiner Pflegerin im Rollstuhl gefahren werden. Und da diese infolge eines Unfalls dazu nicht imstande ist, habe ich mich erbötig erklärt und den Samariterdienst auf mich genommen. Ich wollte ganz einfach etwas Gutes tun, zumal der Herzog von Mecklenburg — er läßt ergebenst grüßen — meint, daß sich der Zustand des armen Kranken eher verschlimmern als bessern wird. Der junge Mann setzt alle Hoffnung auf seine Heilung, und wir alle wünschen, daß sie ihm zuteil wird.

Sonst gibt es von hier nicht viel zu berichten. Es herrscht das übliche, langweilige Leben im Kurort. Aber die politische Spannung macht sich doch hin und wieder bei Gesprächen bemerkbar.

Neulich waren wir mit dem Kranken — er heißt John Collet — sogar im Theater. Der Herzog ging hin, um Shakespeare zu hören, wie er sagte, denn er sieht ja fast nichts mehr. Mit dem Gelähmten war es schwierig, ins Theater zu kommen. Aber er war schon eine Ewigkeit nicht mehr bei einer solchen Aufführung und hat es richtig genossen.

Seine Pflegerin, eine Miß Hamey, ist eine wenig angenehme Person. Ich glaube, sie mag mich ebensowenig, wie ich sie. Sie dürfte außerdem ein wenig eifersüchtig sein. Dazu hat sie aber gar keinen Grund. Denn wie immer es auch für Dich in Frankfurt ausgehen mag, ich freue mich schon von Herzen darauf, daß wir uns in Bad Homburg wiedersehen werden.

Deine Sissy

Sie hatte recht mit ihrer Vermutung, daß Miß Hamey ihr mit Mißtrauen begegnete. Der Beweggrund dafür war Mildred Hamey nicht wirklich bewußt. Hätte sie darüber nachgedacht, dann hätte sie sich eingestehen müssen: nicht Eifersucht war es, sondern Neid. Neid auf Sissys jugendliche Schönheit, Neid auf ihre gesellschaftliche Stellung. Aber Miß Hamey redete sich ein, aus Pflichtbewußtsein gegenüber dem armen John Collet zu handeln. Vielleicht mochte sie damit ein wenig recht haben, und so kam es, daß sie weiterhin versuchte, Erkundigungen über Sissy einzuziehen.

Es schien ihr unmöglich, daß tatsächlich niemand über diesen Kurgast besser informiert war. Der Redakteur vom Fremdenblatt müßte doch mehr wissen, fiel ihr plötzlich ein. Der weiß doch alles und kennt jeden schon von Berufs wegen. Vielleicht konnte der ihr weiterhelfen.

Nachdem man ihr den Journalisten beschrieben hatte, erkannte sie, daß sie ihm schon etliche Male begegnet war, ja, daß er ihr fast täglich über den Weg lief. Sie brauchte ihn also bloß beim nächsten Mal anzusprechen.

Gerade zu diesem Zeitpunkt befand sich Herr Sirnbauer in einer verzwickten Lage. Der Schneidermeister Lamm erwartete seinen Besuch wegen der Anprobe des neuen Anzugs, und bei dieser Gelegenheit würde er ihm wohl gestehen müssen, daß er kein Geld habe, ihn zu bezahlen. Die Bestellung war voreilig erfolgt im Hinblick auf die zu erwartenden Einnahmen, die Herr Edelbaum nun verweigerte. Und dabei hatte dieser Mensch doch an seiner Idee gewiß eine Menge Geld verdient . . .

Tief in Gedanken versunken marschierte Sirnbauer gerade an der Bayrischen Krone vorbei, in der sich blicken zu lassen für ihn jetzt nicht gerade ratsam war. Mitten in seine Überlegungen über die Höhen und Tiefen des Lebens hinein platzte eine Frauenstimme. Eine auf einer Bank sitzende Pflegerin, die ein Bein weit von sich abgestreckt hielt, sprach ihn an. Ihrem Akzent nach war sie Engländerin. Sirnbauer erinnerte sich auch gleich, sie schon mehrmals mit einem Kranken im Rollstuhl gesehen zu haben. Und jetzt wurde er hellwach, denn vor kurzem hatte er die Kaiserin von Österreich mit dem Kranken gesehen, und zuletzt auch den Herzog von Mecklenburg!

„Sie sind doch Herr Sirnbauer, der Redakteur vom Fremdenblatt, nicht wahr?" wurde er gefragt.

„Ja", antwortete er interessiert. „Kann ich etwas für Sie tun?"

„Haben Sie ein wenig Zeit? Setzen Sie sich zu mir, ich hätte etwas mit Ihnen zu besprechen. Mein Knöchel schmerzt mich. Ich kann schlecht stehen und gehen."

Neugierig nahm Sirnbauer Platz. Die Dame war allein — er wußte nicht, daß wieder einmal Sissy mit John Collet und dem Herzog unterwegs war.

„Wollen Sie vielleicht, daß ich etwas für Sie in die Zeitung setze? Vielleicht ein Inserat, das sie aufgeben möchten? Wir haben einen sehr preiswerten Tarif, und es könnte bereits morgen erscheinen."

Daraus wurde zwar nichts, aber Sirnbauers Spürnase witterte trotzdem ein Geschäft. Und er sollte sich darin nicht getäuscht haben.

„Es geht um kein Inserat", antwortete ihm Miß Hamey. „Ich brauche keins, aber ich möchte eine Auskunft haben, die Sie mir wahrscheinlich geben können. Und es soll auch Ihr Schaden nicht sein."

„Oh, eine Auskunft? Worüber denn? Oder besser gesagt über wen?" fragte Sirnbauer dienstbeflissen.

„Ich dachte mir, daß Sie über die meisten Leute hier, besonders über die Kurgäste, Bescheid wissen."

„Aber gewiß doch", grinste Sirnbauer breit. „Das ist ja schließlich mein Beruf. Dafür werde ich bezahlt, wenn auch mehr schlecht als recht", fügte er mitleidserheischend hinzu. „Eine kleine Aufbesserung wäre mir gerade jetzt hoch willkommen."

„Die sollen Sie haben, wenn Sie mir über eine gewisse Dame alles sagen, was Sie wissen. Ich betreue einen gelähmten, jungen, sehr wohlhabenden Engländer. Und diese Dame und ihre Begleiterin haben sich uns förmlich aufgedrängt. Eben jetzt ist sie wieder mit meinem Pflegling unterwegs. Sie behauptet, aus Bayern zu stammen, und nennt sich —"

„Hohenembs, nicht wahr?" strahlte Sirnbauer nun in der Gewißheit, daß die Sache für ihn günstig verlaufen werde.

„So ist es", nickte Miß Hamey. „Sie wissen also, wen ich meine. Aber wer ist diese Frau? Ich weiß nichts über sie außer ihrem Namen. Sie behauptet, aus Bayern zu sein, man erzählt mir aber, sie käme aus Österreich. Sie hat Dienerschaft und eine Freundin oder Begleiterin. Ein halbblinder Herr hat sich samt seinem Diener auch noch angeschlossen. Es handelt sich um den Herzog von Mecklenburg. Diese junge Frau gebärdet sich, als wäre sie eine gute Bekannte von ihm, was ich mir aber angesichts des Altersunterschiedes gar nicht vorstellen kann. Immer, wenn ich sie nach ihrer Person vorsichtig frage, gibt sie mir ausweichende Antworten. Wer ist sie nun wirklich? Niemand sagt mir etwas Genaues. Ist sie etwa eine Hochstaplerin, die sich an meinen Mister Collet heranmacht, um sich ins warme Nest zu setzen? Verstehen Sie, ich mache mir Sorgen!"

Sirnbauer schaute sie ganz verdutzt an und konnte nur mit Mühe seine Lachmuskeln im Zaum halten.

„Also in diesem Punkt kann ich Sie mit Sicherheit beruhigen, wenn Sie darauf Wert legen", versicherte er. „Die Dame ist nämlich, soviel ich weiß, schon verheiratet. Sie wird, wenn ich richtig informiert bin — und das bin ich meist schon von Berufs wegen —, ihren Mann demnächst in Bad Homburg treffen."

„Sie ist verheiratet?" vergewisserte sich Miß Hamey. „Sind Sie sicher? Sie trägt Handschuhe, und man sieht keinen Ehering."

Blitzartig schossen verschiedene Gedanken durch Sirn-

bauers Kopf. An dieser „Gräfin Hohenembs" war anscheinend mehr Geld zu verdienen, als es im ersten Moment aussah. Und diesmal nicht für Herrn Edelbaum, sondern für
ihn selbst!

„Wenn Sie es wünschen", meinte er schlau, „kann ich
natürlich noch genauere Erkundigungen einziehen. Aber
natürlich habe ich da gewisse Spesen —"

Miß Hamey war nicht schwer von Begriff und griff nach
ihrer Tasche.

„Wieviel kostet es?" Sie nahm einen Geldschein aus ihrer
Handtasche. „Wird das reichen?"

Wie eine Natter, die eben zubeißen will, fuhr Sirnbauers
Rechte hoch und bemächtigte sich der Banknote.

„Aber gewiß doch", versicherte er eifrig und fügte vorsichtig überlegend hinzu: „Für den Anfang . . . Falls Sie
mehr erfahren wollen, könnten weitere Spesen entstehen.
Man kann ja nie wissen."

„Sie sagen es", bekräftigte Mildred Hamey, „man kann
nie wissen! Und deshalb suchen Sie alles über diese Frau in
Erfahrung zu bringen, was für mich wichtig ist."

„Aber gern . . . jedoch: wo treffe ich Sie wieder?"

„Morgen um die gleiche Zeit auf dieser Bank", antwortete Miß Hamey im Tonfall eines Generals, der soeben den
Befehl zum Angriff erteilt.

„Wird gemacht", versicherte Sirnbauer und trollte sich
gut gelaunt vor sich hin pfeifend davon.

Denn mit einem Mal schien es ihm durchaus möglich,
daß Herr Lamm doch zu seinem Lohn und er selbst zu seinem neuen Anzug kommen könne. Und das mit ein wenig
Geschick und gänzlich mühelos. Denn alles, was er dieser
Pflegerin aus England erzählen sollte, wußte er bereits. In

der Tat: Miß Hamey hätte keinen besseren Informanten finden können . . .

Dieser Ansicht war übrigens Miß Hamey auch. Hatte er ihr doch bereits mit seinen ersten Worten gesagt, daß Miß Hohenembs verheiratet sei. Wenn dies stimmte, dann war John Collet zu bedauern. Denn wie es um dessen Seelenzustand bestellt war, glaubte seine Pflegerin zu wissen. Im übrigen: War es nicht verrückt von ihm, sich einzubilden, er könne von seinem Rollstuhl aus das Herz einer jungen Schönheit erobern? Einer Frau, die an jedem Finger zehn gesunde Männer haben konnte, wenn sie wollte?

Wenn sich junge, hübsche Frauen mit einem reichen Krüppel einlassen, dann haben sie es doch nur auf sein Geld abgesehen. Das sind berechnende, herzlose Dinger. So war Miß Hameys unumstößliche Meinung, entstanden durch manch eine Beobachtung aus ihrer Berufspraxis. Und leider mochte sie damit — zumindest in vielen Fällen — nicht unrecht haben.

Doch wenn diese Miß Hohenembs tatsächlich verheiratet war, dann lag der Fall natürlich anders. Die Sache war darum nicht weniger gefährlich für John, wenn auch aus ganz anderer Perspektive. Ihm drohte jetzt eine arge Enttäuschung.

Das Klügste wäre es, aus Bad Kissingen abzureisen. Aber ihr stand hierüber ja keine Entscheidung zu. Im Augenblick konnte sie nicht mehr tun, als abzuwarten, welche Neuigkeiten über Miß Hohenembs ihr der Redakteur bringen würde. Wer weiß, vielleicht lebt sie mit ihrem Mann in Scheidung. Oder war sogar bereits Witwe und hatte ein Vermögen geerbt.

Unter solchen Gedankengängen wartete Mildred Hamey

auf ihrer sonnigen Bank die Rückkehr von Sissy und John ab und spürte, wie der warme Sonnenschein ihrem Knöchel guttat.

Ich werde wohl bald voll aktionsfähig sein, sagte sie sich mit Genugtuung. Und kann ich erst wieder richtig laufen, dann ändert sich gleichfalls manches!

Es dauerte nicht lange, und John Collet kam von Sissy gefahren. Der Herzog blieb mit seinem Diener zurück. Sissy aber führte John bis zur Bank, von der sich jetzt Miß Hamey mit leichtem Stöhnen erhob.

„Hier bringe ich Ihren Schützling wieder", sagte Sissy lächelnd. „Was macht Ihr Knöchel, Miß Hamey?"

„Er bessert sich", antwortete Miß Hamey und verzog die Lippen zu einem gezwungenen Lächeln.

„Dann", rief John Collet unbedacht aus, „wird mich aber Miß Hohenembs trotzdem nicht ihrer Gegenwart berauben, wie ich sehr hoffe!"

„Nun", sagte Miß Hamey, „das hängt doch wohl ganz von ihr ab, nicht wahr? Und schließlich haben Sie ja mich und nicht sie als Pflegerin engagiert."

Sissy lachte: „Ich habe nicht die geringste Absicht, Sie um Ihren Posten zu bringen!"

„So sehen Sie auch gar nicht aus", versetzte Miß Hamey, „als ob Sie einen solchen Beruf mit all seinen Konsequenzen übernehmen könnten. Schon nach paar Tagen hätten Sie genug davon!"

„Das steht ja gar nicht zur Debatte", rief John ärgerlich.

„Das tut es wirklich nicht", fand Sissy und verabschiedete sich ein wenig verstimmt.

2. Die großen und kleinen Sorgen

Der Frankfurter Fürstentag, der den Machtansprüchen Potsdams eine Initiative Wiens entgegensetzen sollte, war in vollem Gang. Man diskutierte über die weltpolitische Lage und insbesondere überden Vertrag Kaiser Wilhelms mit den Franzosen. Man erwog die Verluste Österreichs in der Schlacht bei Solferino, bei der Franz Joseph selbst den Oberbefehl über die österreichischen Truppen gehabt und die Schlacht verloren hatte. Mit Mühe war es ihm gelungen, sich und seinen Stab in Sicherheit zu bringen. Ungezählte Soldaten beider Seiten waren auf dem Schlachtfeld gefallen oder ihren Wunden erlegen, weil es niemanden gab, der sich ausreichend um sie kümmerte. Eine der größten Schlachten der europäischen Geschichte war geschlagen, und der Kaiser hatte Mailand und die Lombardei verloren. Ein Kaufmann aus Genf — er hieß Henry Dunant —, der die umkämpfte Gegend aus geschäftlichen Gründen bereiste, sah das Elend und konnte es nicht fassen. Jetzt trat er öffentlich dafür ein, eine Hilfsorganisation für verwundete Soldaten zu gründen, die ihre medizinische Versorgung sichern sollte. Er nannte sie „Gesellschaft vom Roten Kreuz".

Ob Herr Dunant mit seinen Forderungen und Vorstellungen durchdringen würde oder nicht, stand hier aber nicht zur Debatte. Vielmehr beschäftigten die Vorschläge Wiens die Fürsten. Die kleinen deutschen Staaten fürchteten um ihre Souveränität innerhalb des Bundes. Sie alle fühlten sich von der starken Militärmacht Preußens bedroht und hatten bis zur Schlacht von Solferino in Österreichs Heer das logische Gegengewicht zu Wilhelms Armee gesehen. Doch Franz Josephs Niederlage hatte gezeigt, daß dieses Gleichgewicht nicht mehr gegeben war. Über die Gebietsverluste im Süden hinaus zeigte also diese militärische Katastrophe offenbar noch weitreichendere Folgen in bezug auf die Machtverhältnisse in Europa, falls es dem Kaiser nicht gelang, die Hegemoniebestrebungen Wilhelms einzubremsen. Preußens Politiker konnten aber vielleicht durch einen klugen Schachzug dazu gezwungen werden, die Schwäche Österreichs nicht auszunutzen.

Dieser Schachzug war gut vorbereitet. Am Wiener Ballhausplatz hatte man bei Aufbruch der Delegation nach Frankfurt gemeint, es könne gar nichts schief gehen, obwohl es auch an skeptischen Stimmen nicht mangelte. Doch Franz Joseph war der Ansicht, Wilhelm würde sein Gesicht verlieren, würde er nicht auf die Vorschläge eingehen, die man ihm und den anderen Bundesstaaten unterbreiten wollte.

Die zahlreichen Kleinstaaten kamen auch tatsächlich an den Verhandlungstisch. Doch Preußen ließ sich entschuldigen und schickte durch den Grafen Bernstorff an den Bundestag eine Note, worin festgehalten wurde, jede Reform der Bundestagsverfassung sei unmöglich, weil sie einen einstimmigen Beschluß voraussetze. Dieser aber wiederum könne nicht zustande kommen, weil Preußen nicht an der Versammlung teilzunehmen gedenke . . .

Graf Rechberg, der österreichische Außenminister, und Graf Schmerling, der an den zu unterbreitenden Vorschlägen mitgearbeitet hatte, beantworteten die preußische Note sofort und in gereiztem Ton. Man möge sich doch erst einmal anhören, was der österreichische Kaiser anzubieten habe. Es handle sich um ein vollständig ausgearbeitetes neues Bundestagsprojekt. Anläßlich eines Treffens in Bad

Gastein wären doch beide Monarchen einig gewesen, daß eine solche Reform dringend nötig sei.

Dieser Vorschlag, der zur Diskussion gestellt wurde, sah im wesentlichen vor, daß Österreich und Preußen die Führung des Bundestages gleichberechtigt übernehmen sollten. Die Situation, die durch das Ausbleiben Preußens in Frankfurt entstand, bedeutete aber einen künftigen Kollisionskurs zwischen Potsdam und Wien. Tatsächlich dauerte es danach nur mehr drei Jahre bis zum blutigen Waffengang vor Königgrätz, wo die österreichische Armee dem mit den neuen, weitreichenden Zündnadelgewehren ausgestatteten preußischen Heer unterlag. Franz Joseph mußte in der Folge die Krone des deutschen Reiches an Wilhelm abtreten.

Verständlich, daß Franzl bei all diesen Problemen Sissys Brief, in dem sie ihm von John Collet und ihren Samariterdiensten berichtete, nicht das Gewicht beimaß, wie vielleicht zu einem anderen Zeitpunkt. Sissys Probleme und ihre Erlebnisse in dem Kurbad Kissingen verblaßten vor den drohenden weltpolitischen Schatten, die Preußens Verhalten auf den Frankfurter Fürstentag warf.

Depeschen liefen hin und her, man verhandelte öffentlich und hinter verschlossenen Türen. Die Redner bekamen rote Köpfe, sie erhitzten sich. Alle Staaten waren sich darüber einig, daß man die österreichischen Vorschläge unmöglich ablehnen konnte. Klar war jedoch ebenso, daß eine Annahme aufgrund der Statuten nicht möglich war. Der Fürstentag würde also — so groß und pompös er auch aufgezogen war — wie das berühmte Hornberger Schießen verlaufen, und das noch dazu in aller Öffentlichkeit, vor den Augen und Ohren der europäischen Presse.

Von allen Häusern Frankfurts wehten Fahnen. Die Hotels waren ausgebucht, und die Geschäftsleute rieben sich die Hände angesichts ihrer Umsätze. Bunte Uniformen, blitzende Orden, Schmaus und Tanz — dies alles bildete tagelang den Rahmen des Fürstentages, der politisch nichts bringen konnte und im Grunde genommen dank Bismarcks Politik bloß die Ouvertüre für ein neuerliches Blutvergießen war.

Auf Sissys kleinem Damenschreibtisch in Bad Kissingen fanden sich jetzt täglich zahlreiche Zeitungen, die über die Vorgänge in Frankfurt berichteten. Sissy hatte wenig Freude an dem, was sie schrieben. Noch ausführlicher aber beschäftigte sich mit diesen Berichten der alte Herzog von Mecklenburg. Der lange Ferdinand mußte ihm in diesen Tagen, begleitet von einem häufigen Räuspern, eine Menge vorlesen. Der Herzog hörte ihm schweigend zu, aber die Sorgenfalten auf seiner Stirne zeigten nur zu gut, was er sich dabei dachte.

„Es gibt wieder Krieg", prophezeite er, „Europa kommt nicht zur Ruhe. Immer wieder Krieg, verdammten Krieg . . ."

„Kchchchm", räusperte sich Ferdinand zustimmend.

„Alle paar Jahre schlagen sie sich gegenseitig die Köpfe ein, und kein Mensch lernt daraus . . . Wieviele Spitäler, Schulen und Armenhäuser könnte man von dem Geld bauen, das eine einzige Schlacht kostet, Ferdinand. Mecklenburg könnte seinen Staatshaushalt sanieren, sage ich dir! Es ist zum Verzweifeln . . ."

„Kchchchm — hm, hm."

„In Preußen selbst revoltiert das hungernde Volk. Statt die Mäuler zu stopfen, kauft Bismarck für teures Geld neumodische Gewehre, und der König führt mit Franz Joseph scheinheilige Gespräche über eine Waffenbruderschaft. Dabei wartet er bloß auf eine günstige Gelegenheit, ihm die Reichskrone wegzunehmen . . ."

Diesmal enthielt sich Ferdinand jedes räuspernden Kommentars. Er nahm eine andere Zeitung zur Hand und begann mit erhobener Stimme zu lesen:

„Die preußische Note kommt einer öffentlichen Brüskierung der kaiserlichen Würde gleich. Sie stellt Franz Joseph als einen Ohnmächtigen bloß, der sich gegen die Tücke aus Potsdam nicht wehren kann. Der Skandal ist öffentlich, doch aufgrund Österreichs militärischer Schwäche ist die einzig richtige Antwort unmöglich."

„Und wie geht es weiter, Ferdinand?"

„Gar nicht — ein weißer Fleck, zensuriert, nehme ich an, wenn ich mir die Feststellung untertänigst erlauben darf."

Das bayrische Blatt hatte offenbar zu sehr der Wittelsbacher Verbundenheit zu den Habsburgern vertraut. Doch auch München schielte voll Besorgnis nach dem verhaßten Preußen. Nichtsdestotrotz tönte aus dem Kurpark beschwingte Walzermusik. Gerade so, als ob alles in der Welt in bester Ordnung wäre.

„Schluß damit", knurrte der Herzog, „hören Sie auf, Ferdinand! Es dreht sich mir sonst noch der Magen um."

„Ihre Majestät, die Kaiserin, hat für solche Fälle einen ausgezeichneten Mariazeller Magenbitter empfohlen. Ich habe mir einen solchen für hochdero Gesundheit vom Troßverwalter aushändigen lassen. Wenn Hohheit auf die Lektüre hinauf vielleicht einen probieren wollen?"

„Spaßvogel", brummte der Herzog, der sehr wohl wußte,

daß Ferdinand gelegentlich der Schalk im Nacken saß und er keineswegs so naiv war, wie er sich mitunter gab.

Sissy machte sich vor allem um Franzl Sorgen. Sie konnte sich sehr gut vorstellen, in welcher Verfassung er jetzt war. Und daß er trotz allem die Menge nicht merken lassen durfte, wie ihm zumute war. Er mußte weiterhin Zuversicht mimen, Optimismus zeigen und die Menschen glauben machen, daß seine Macht ungebrochen wäre. All diese Anstrengungen belasteten ihn sehr, und so sehnte er sich umso mehr nach Sissy, um an ihrer Seite Entspannung, Ruhe und Trost zu finden. Er wünschte den Augenblick herbei, in dem sie einander in der Residenz von Bad Homburg wieder in die Arme schließen würden.

* * *

Mildred Hamey und der Redakteur Sirnbauer hingegen hatten in ihrer kleinen Welt ganz andere Dinge im Kopf. Sie dachte an die Befriedigung ihrer Neidgefühle, die sie mit ihrer Sorge um ihren Pflegling verband, und er schlicht und einfach an seinen neuen Anzug.

Denn er war schon bei Meister Lamm gewesen und hatte die erste Anprobe hinter sich gebracht. Ganz begeistert hatte er dem Schneider die Banknote, die er von Miß Hamey für seine Spitzeldienste erhalten hatte, als Anzahlung in die bereitwillig hingehaltene Rechte gedrückt. Und er war wirklich zu Recht begeistert. Denn der Spiegel des Schneiders verriet ihm: In diesem Anzug von modischem Zuschnitt mußte man ihn sogar in der Bayrischen Krone wieder akzeptieren . . .

So traf er sich mit Miß Hamey in der festen Absicht, ihr

auch noch den Rest des Betrages, den er für die Rechnung des Schneiders benötigen würde, herauszulocken.

„Sie ist in der Tat in Bayern geboren", erzählte er der gespannt horchenden Krankenpflegerin. „Sie hat in Wien den Grafen Hohenembs geheiratet. Sie stammt selbst aus einer Adelsfamilie, die Besitz auf dem Lande hat. 26 Jahre ist sie nun alt, doch ihr Mann ist um sieben Jahre älter. Sie sind seit nunmehr neun Jahren verheiratet."

Miß Hamey ließ ein tiefes Brummen hören, das man deuten konnte, wie man wollte. Sirnbauer deutete es gar nicht, sondern überlegte bloß, wieviel er heute wohl als „Spesenersatz" von ihr erhoffen durfte.

„Und?" fragte Miß Hamey, „haben die beiden Kinder? Das ist doch wohl anzunehmen."

„Eine Tochter, die verstorben ist", antwortete er bereitwillig. „Und da wären noch —"

„Nun", drängte sie, „lassen Sie sich doch nicht die Würmer aus der Nase ziehen!"

„Gewiß nicht. Es ist bloß, weil es nicht ganz einfach war, das alles herauszubekommen. Ich mußte einen Diener und eine Zofe bestechen, damit sie mit dem herausrückten, was Sie vielleicht interessiert . . ."

„Ja, ja, ich begreife schon", brummte Miß Hamey und langte wieder nach ihrer Tasche.

„Danke ergebenst", grinste Sirnbauer und zierte sich nicht zuzugreifen.

„Also, was wissen Sie? Was haben Sie sonst noch erfahren?"

„Oh, sonst nichts weiter, als daß sie noch einen Sohn und eine Tochter hat. Ich werde mich aber natürlich weiter erkundigen!"

„Aber mit Vorsicht, verstanden? Sie darf nicht merken, daß ich mich für sie interessiere . . ."

„Das ist doch selbstverständlich", und Sirnbauer verabschiedete sich eilig.

3. Nur ein Spiel?

Sirnbauer erschien zum nächsten Rendezvous mit Mildred Hamey bereits in seinem neuen Anzug. Meister Lamm war mit einem Vorschuß zufrieden gewesen und Sirnbauer sicher, daß er den Rest der benötigten Summe auch noch bekommen würde.

Freilich war das, was er — reichlich ausgeschmückt — zu berichten wußte, im Grunde genommen wenig genug. Er schilderte Sissy als die Frau eines reichen Mannes, der über große Ländereien, Wälder und Häuser verfügte. Er durfte und wollte sich nicht das letzte Restchen von Vertrauen verscherzen, das der Direktor der Bayrischen Krone vielleicht noch in ihn setzte, und wahrte daher Sissys Inkognito. Es blieb ihm also nichts anderes übrig, als halbe Wahrheiten von sich zu geben. Doch das genügte, um gewisse Bedenken zu zerstreuen, die sich in Mildred Hamey recht lebhaft geregt hatten. Sissy war demnach keineswegs eine Abenteuerin, die es auf einen wohlhabenden Junggesellen abgesehen hatte. Aber eine Abenteuerin blieb sie für Miß Hamey dennoch und eine gewissenlose noch dazu. Denn sie lebte offenbar mit einem Mann, der sich nicht genug um sie kümmerte. Sie langweilte sich an seiner Seite und suchte sich auf andere Weise die Zeit zu vertreiben. Sie suchte Abenteuer mit anderen Männern, nutzte dazu ihre Jugend und Schönheit, brach Herzen und machte sich ihren Spaß daraus!

John Collet hatte sie jedenfalls auf dem Gewissen, das glaubte Mildred Hamey zu wissen. Und sie mußte nun einen Riegel vorschieben, um ein tragisches Ende zu verhindern. Sie beschloß — resolut, wie sie nun einmal war und in ihrer beruflichen Laufbahn hart geworden —, den Stier bei den Hörnern zu packen. Sie wollte mit Sissy sprechen, notfalls mit einem Skandal drohen, wenn sie sich nicht ihren Wünschen gefügig zeigen würde. Aber sie hoffte, daß es nicht zum Äußersten kommen werde. Schließlich konnte es ja auch nicht im Interesse dieser Miß Hohenembs liegen, vor aller Welt bloß gestellt zu werden und mit Schimpf und Schande aus Bad Kissingen abreisen zu müssen.

„Und ich werde es keineswegs auf die lange Bank schieben", sagte sie zu sich selbst. „Denn jeder Tag, den ich ihr noch erlaube, ihr Spielchen mit dem armen Mister Collet zu treiben, ist für ihn pures Gift. Die Sache muß ein Ende haben, und zwar so schnell wie möglich!"

Wieder einmal hatte Helene von Taxis John Collet zu einer Spazierfahrt abgeholt. Miß Hamey hatte sich nicht dagegen gesträubt, obwohl ihr der Knöchel nun keine Beschwerden mehr machte. Diese Ausfahrten durch den Kurpark von Kissingen waren fast ein fester Bestandteil in John Collets Tagesablauf geworden. Er fieberte dieser Stunde förmlich entgegen, zu der ihn Miß Taxis abholte und bis in die Nähe des Musikpavillons fuhr. Dort warteten für gewöhnlich Sissy und der alte Herzog von Mecklenburg. Von da an schob Sissy selbst den Rollstuhl, und Helene hielt sich im Hintergrund. Manchmal legte der Herzog seine rechte Hand auf den Schiebegriff, sodaß auf diese Weise auch seine Führung von Sissy übernommen wurde und der lange Ferdinand gleichfalls in sorgsam gewähltem Abstand zurückbleiben konnte.

Die Gruppe war schon in ganz Kissingen bekannt. Sie gehörte um diese Stunde, kurz vor Beginn des Kurkonzertes, zum Bild des Parks wie die Bäume, der Pavillon und die Musikkapelle.

Helene von Taxis stand ein wenig abseits und beobachtete John, in dessen Gesicht wie in einem offenen Buche seine Gefühle für Sissy zu lesen waren. Sissy ihrerseits schien dies nicht zu bemerken oder wollte es nicht wahrhaben.

Es war nicht zu erkennen, was sie bei diesem einseitig geführten Flirt dachte und empfand. Sie fühlte sich offensichtlich geschmeichelt und schätzte Johns und des Herzogs Geplauder. Diese Diskutierstunden boten ihr geistige Abwechslung im Kissinger Einerlei. Das war alles, was Helene festzustellen glaubte, mehr nicht.

Hätte sie jedoch den Inhalt von Sissys Briefen an Franzl gekannt, dann wäre ihr klar geworden, daß es dabei nicht geblieben war. Sissy fühlte sich tatsächlich zu John Collet hingezogen. Er hatte Charme, war intelligent und gebildet und ebenso bewunderns- wie bedauernswert.

„Er bedrängt mich, Franzl. Aber ich fürchte, ihn zu verletzen, wenn ich ihn kalt zurückweise. So bleibt mir als einziges, so zu tun, als würde ich nichts bemerken, und mich zu verstellen. Es dauert ja ohnehin nur noch wenige Tage, und dann wirst Du mich in Deine Arme schließen . . ."

War dies nicht fast ein Hilferuf, ein Appell, sie vor einer Verwirrung ihrer Gefühle zu schützen? Sie fand, das wäre seine Pflicht gewesen. Doch dieser Hilferuf verhallte ungehört im Lärm des Frankfurter Fürstentages.

„Was gelten Frauen schon — sie sind nicht viel mehr als Spielzeug und Gegenstand der Begierde. Und taugen sie dafür nicht mehr, werden sie zum Arbeitstier und ein Mittel zum Zweck der Beschaffung von Erben", urteilte Sissy bitter.

„Daran sind sie selbst schuld", brummte der Herzog. „Sehen Sie doch selbst, was hier so durch die Gegend trippelt: geschnürt, geputzt, bemalt und aufgedonnert, mit Schmuck behängt, als ob sie damit ihren eigenen Wert erhöhen könnten. Was um alles in der Welt soll man von solchen Geschöpfen halten? Kaum eine unter ihnen gibt sich als das, was sie wirklich ist."

„Sind daran nicht auch wir Männer schuld?" warf John Collet ein. „Sie geben sich so, wie wir es von ihnen erwarten. Uns zu Gefallen und uns zuliebe ertragen sie, was die Mode von ihnen verlangt."

„Ach was, Mode", rief der Herzog aufgebracht, „die ist bloß dazu da, aus Frauen Puppen zu machen. Und es fällt einem sehr schwer, in ihnen auch den Menschen, ihr Wesen, zu erkennen. Ich bin froh darüber, daß mir mein schwaches Augenlicht erspart, mich über ihren Anblick zu ärgern!"

„War dies denn immer so?" lächelte Collet. „Sie sind alt und weise. Aber es gab doch sicher auch in Ihrem Leben Zeiten, wo Sie glücklich waren, daß Ihre Augen Sie beim Anblick einer hübschen Frau nicht im Stich gelassen haben!"

Der Herzog lachte.

„Da haben Sie recht! Aber ich sage Ihnen: Der Anblick eines hübschen, naturbelassenen Bauernmädchens war mir viel lieber als der eines schönen, aber zu nichts nützlichen Geschöpfs . . ."

„Aber die meisten Frauen", meinte Sissy, „besonders jene der gehobenen Schichten, haben doch gar nicht das Recht, so zu sein, wie sie sind!"

„Das wollen sie auch gar nicht", urteilte der Herzog verächtlich. „Denn würden sie dies ernstlich beabsichtigen, fänden sie auch Mittel und Wege. Schließlich gehört zu den wenigen Dingen, die man ihnen nicht vorwerfen kann, daß es ihnen an Schläue mangelt. Sie nutzen sie als Ausgleich für mangelnde Intelligenz."

„Oh", rief Sissy empört, „manch eine Frau nimmt es in diesem Punkt mit jedem Mann auf! Und glauben Sie mir, die Welt sähe anders aus, würde sie von Frauen regiert."

„Da haben Sie recht. Das Chaos wäre dann noch ärger", grinste der Herzog sarkastisch. „Denken Sie bloß an das hirnlose Geplapper bei einem Damenkränzchen! An all die Sticheleien unter ‚lieben Freundinnen'! Ich glaube, daß Männer untereinander niemals so graumsam sein können, wie es oft Frauen sind."

„Sie schlagen sich bloß auf dem Schlachtfeld die Schädel ein", entgegnete John trocken.

„Diese Debatte führt zu nichts", erklärte Sissy ärgerlich. „Ich denke, daß es den Frauen nicht so sehr an Intelligenz fehlt als vielmehr an Wissen. Man hält sie auf diesem Gebiet kurz. Sie lernen, Männern zu gefallen und einen Haushalt zu führen. Ein Mehr, heißt es, geht sie nichts an. Das wäre Männersache."

„Ist es doch auch", brummte der Herzog.

„Da haben Sie es!" ereiferte sich Sissy. „Sie sind, mein lieber Herzog von Mecklenburg, ganz einfach ungerecht.

Einerseits verweisen Sie uns Frauen auf einen von Ihnen bestimmten Platz, der uns zukäme, andererseits ärgern Sie sich in einem Atem darüber, daß wir dieser Rolle gerecht werden. Mister Collet hat recht: Es sind die Männer, die uns zu dem machen, was wir sind!"

John wurde aufgrund dieser Zustimmung ganz warm ums Herz. Er tauschte mit Sissy einen Blick des Einverständnisses und erfreute sich am Anblick ihrer rosig gefärbten Wangen, die das Produkt ihrer Erregung waren, mit der sie die Debatte führte. Freilich wußte sie, daß der Herzog seine Argumente selbst nicht so ernst nahm, wie er tat. Aber ohne Für und Wider gab es nun einmal keine Diskussion.

Die Gruppe zog ihre gewohnten Runden durch den weitläufigen Kurpark, der von sanftem Geplauder, Vogelgezwitscher und den Düften sommerlicher Blüten erfüllt war. Sie näherten sich dem Sprudel, und die Musik vom Kurpavillon klang nur mehr sehr leise zu ihnen.

„Hier ist die Stelle, wo wir einander kennenlernten", erinnerte sich John. „Da ist die Wurzel, über die Miß Hamey stolperte, und in diesem Graben wäre ich gelandet, Miß Hohenembs, hätten Sie mich nicht davor bewahrt!"

„Das ist ja schon fast vergessen", lächelte Sissy.

„Nun, ich werde es *niemals* vergessen", versicherte John. „Denn als ich nach jenen schrecklichen Sekunden wieder die Augen öffnete, ging mir eine neue Sonne auf. Ich sah, Miß Hohenembs, in Ihr Angesicht . . ."

„Da haben Sie schon weiß Gott was gesehen", lächelte sie gezwungen.

„Die schönste Frau", gestand er, „der ich je begegnet bin!"

„Unser junger Freund wird poetisch", scherzte der Herzog, um nicht eine allzu gespannte Stimmung aufkommen zu lassen. „Geben Sie acht, Mister Collet, seien Sie vorsichtig. Nach einer Sonne greift man nicht, will man sich nicht verbrennen."

„Da hören Sie es", rügte Sissy ernsthaft. „Sie sollen mir nicht immer solche Schmeicheleien sagen! Ich bin nicht eine von den Frauen, über die wir heute sprachen. Sie würden sich wundern, wenn wir einander näher kennen würden."

„Dies aber wäre mein heißester Wunsch", äußerte John innig.

„Dazu bleibt uns keine Zeit", wehrte Sissy ab. „Wenige Tage noch, und unser Beisammensein findet ein Ende. Ich reise ab."

„Wohin?" erschrak er.

„Nach Bad Homburg", erklärte sie.

Collet schwieg betroffen. Es war ihm, als griffe eisige Kälte nach seinem Herzen. Der Sonnenschein wurde ihm plötzlich trüb, und sein Gesicht ließ Enttäuschung erkennen.

„Dachten Sie denn", meinte der Herzog, „Miß Hohenembs würde für alle Zeiten in Bad Kissingen bleiben? Sie ist hier bloß zu einem kurzen Kuraufenthalt genau wie Sie. Auch Sie reisen doch vermutlich wieder heim nach England."

„Gewiß", murmelte Collet schmerzlich. „Natürlich ist es so. Das ist der Lauf der Welt. Man lernt einander kennen und schätzen und trennt sich dann gezwungenermaßen. Und ein Gefühl der Leere bleibt zurück. Man hat einen lieben Menschen verloren."

„Aber den Menschen gibt es ja noch", versuchte der Herzog ihn zu trösten. „Man kann einander schreiben —"

„ — und wiedersehen", stieß John hervor. „Miß Hohenembs, ist es möglich, daß wir einander wiedersehen?"

„Möglich ist alles", antwortete der Herzog an ihrer Stelle. Sissy aber biß sich auf die Lippen und schwieg. Es war ihr klar, daß der Herzog genau spürte, wie es um Collet stand und niemals hätte stehen dürfen.

„Mister Collet", zwang sie sich zu einer Antwort, die kälter klang, als sie beabsichtigte. „Ich glaube kaum, daß es der Fall sein wird! Unsere Wege sind zu verschieden."

„Aber wieso denn?" fragte er schmerzlich bewegt. „Sie brauchen Kuren ebenso wie ich. Und es gibt zahllose Orte, wo wir einander aus demselben Grund treffen könnten."

„Zufällig wiederbegegnen, meinen Sie, treffen jedoch kaum."

„Sie meinen nicht auf Verabredung?" preßte Collet hervor.

„Das habe ich ausdrücken wollen, Mister Collet", bestätigte Sissy, und ihre Miene wurde undurchdringlich. Doch das Herz schlug ihr bis zum Hals hinauf. Sie tat ihm weh, sie wußte es, und es schmerzte sie gleichfalls . . .

Sie war froh, daß nun die Bank in Sicht kam, auf der gewöhnlich Miß Hamey wartete, um ihren Pflegling wieder in Empfang zu nehmen. Doch die Erleichterung, die sie empfand, daß dieses Beisammensein ein Ende nehmen würde, wich der Enttäuschung. Denn Miß Hamey war nicht hier.

„Sie ist nicht da", stellte Helene fest und durchbrach mit ihren Worten das beklommene Schweigen, das seit einigen Minuten auf ihnen allen lastete.

„Kchchchm", räusperte sich Ferdinand, „vielleicht bringen Miß Taxis in wohlgefälliger Weise Mister Collet zur Pension zurück!"

„Ja, tun Sie das, Helene", ordnete Sissy an. „Auf Wiedersehen, Mister Collet."

Sie reichte ihm ihre behandschuhte Hand, was sie bisher noch nie getan hatte. Sie wollte den Schmerz, den sie ihm zufügen hatte müssen, durch einen Händedruck mildern. Er ergriff auch hastig ihre Hand, und unter ihrem Handschuh spürte er drei Ringe, von denen zwei mit Steinen besetzt waren, der dritte jedoch nicht . . .

„Auf Wiedersehen", preßte er von Zweifeln gequält hervor.

Helene führte ihn fort. Sie sprach vom Theater, das man vielleicht nochmals vor Miß Hohenembs Abreise gemeinsam besuchen könne. Doch John hörte kaum hin und schwieg.

In der Pension angekommen, stellte sich heraus, daß Miß Hamey auch dort nicht anzutreffen war.

„Sie ist vielleicht beim Arzt", meinte Helene irritiert und brachte Collet auch noch auf sein Zimmer.

Doch die Pflegerin erwartete schon Sissy voll Ungeduld in der Hotelhalle der Bayrischen Krone.

4. Ein Blitz vom Himmel

„Miß Hamey, Sie?" staunte Sissy und wußte im selben Moment, daß ihr Unangenehmes bevorstand.

„Jawohl, Madam", antwortete Mildred mit unheilverkündender Miene. „Ich bin gekommen, um Sie um ein Gespräch unter vier Augen zu bitten. Es geschieht ausschließlich im Interesse von Mister Collet, und Sie werden es mir nicht abschlagen, wie ich hoffe."

Diese Worte waren zwar in sachlich-höflichem Ton vorgebracht, aber sie enthielten dennoch eine versteckte Drohung, daß Miß Hamey andere Mittel und Wege gebrauchen würde, um an ihr Ziel zu gelangen, falls Sissy dieses Gespräch verweigern sollte.

„Warum soll ich dies?" fragte Sissy überrascht. „Aber bitte, wenn Sie mich sprechen wollen, kommen Sie in den Schreibsalon. Dort sind wir ungestört."

„Und die Wände haben keine Ohren? Ich frage das Ihretwegen", äußerte sich Miß Hamey vorsichtig.

„Vielen Dank, aber ich habe nichts zu verbergen", gab Sissy pikiert zurück.

Sie ist hinter mein Inkognito gekommen, erschrak Sissy. Sie weiß, wer ich bin. Am Ende versucht sie gar, mich zu erpressen . . .

Mildred Hamey bemerkte das flüchtige Erbleichen der angeblichen Gräfin Hohenembs und empfand heimlichen Triumph. Das hat gesessen, sagte sie sich und folgte hoch erhobenen Hauptes der vorangehenden Kaiserin in einen kleinen, nobel ausgestatteten Raum, der den Hotelgästen dazu diente, hier ihre Korrespondenz zu erledigen. Er wurde aber in der Regel fast nie benutzt.

Sissy deutete mit fragender Miene auf eine Sitzgarnitur.

„Setzen Sie sich", sagte sie und nahm selbst in einem weichen Lederfauteuil Platz, in dem ihre schmale, schlanke Gestalt beinahe versank.

Sie ist tatsächlich schön, mußte sich Mildred Hamey neidvoll bei diesem Anblick eingestehen. Es ist kein Wunder, daß sich Mister Collet in sie verliebt hat. Aber umso verwerflicher ist es, daß sie ein solches Spiel mit ihm treibt!

„Ich weiß", eröffnete sie sofort das Gefecht, „daß Sie in

Wien wohnen und verheiratet sind. Sie haben sogar schon Kinder!"

Sissys Augen weiteten sich. Diese Engländerin schien tatsächlich Erkundigungen eingezogen zu haben. Aber allem Anschein nach hatte sie doch nicht erfahren, wer Sissy in Wirklichkeit war!

„Und?" fragte Sissy. „Miß Hamey, ich verstehe den Sinn Ihrer Worte nicht. Sie werden mir doch nicht etwa vorwerfen wollen, Ehefrau und Mutter zu sein?"

„Das nicht. Aber ich werfe Ihnen vor, mit meinem armen Mister Collet ein schnödes Spiel zu treiben, indem Sie ihm diesen Umstand verheimlicht haben!"

„Ein schnödes Spiel? Worauf wollen Sie hinaus?" gab Sissy zurück, während ihr Herz heftig zu schlagen begann.

„Sie werden rot vor Verlegenheit", grinste Mildred Hamey befriedigt und stellte fest, daß sie neuerlich mit ihren Worten ins Schwarze getroffen hatte. „Sie werden rot, und Sie wissen sehr gut, worauf ich hinaus will."

„Nein, ich weiß es nicht", erwiderte Sissy heftig, „und ich muß Sie bitten, sich kurz zu fassen!"

„Aber, aber", wehrte Miß Hamey überlegen ab. „Sollten Sie etwa die Absicht haben, mich zu verabschieden, ohne mich angehört zu haben, müßte ich zu meinem Bedauern den Schritt in die Öffentlichkeit tun. Das möchten Sie doch vermeiden, oder?"

„Sie werden unverschämt", rief Sissy und sprang empört auf.

Solche Worte war sie nicht gewohnt, und sie hatte auch nicht die Absicht, sich derlei bieten zu lassen.

„Nicht doch", beruhigte Miß Hamey und machte keinerlei Anstalten, sich gleichfalls zu erheben und den Hinauswurf zu akzeptieren. „Ich sagte schon, ich rede im Interesse von Mister Collet, und dazu bin ich verpflichtet."

Tief atmend setzte sich Sissy wieder nieder.

„Hat er Sie geschickt?" forschte sie.

„Nein", antwortete Mildred Hamey wahrheitsgemäß, „er weiß gar nicht, daß ich hier bin. Und das darf er auch gar nicht wissen."

„Sie kommen also aus eigenem Antrieb?" gewann Sissy allmählich ihre Fassung zurück. Sie war bereit, etwaige Angriffe energisch abzuwehren.

„So ist es, Madam. Ja, ich komme von selbst, weil ich nicht mit ansehen und verantworten kann, daß sich Mister Collet zur Gänze in Sie vernarrt und Sie dem auch noch Vorschub leisten. Sagen Sie nicht, daß Sie nicht wissen, er wäre bis über beide Ohren in Sie verliebt! Sie wären keine Frau, wenn Sie dergleichen nicht bemerkt hätten. Eine jede Frau spürt so etwas."

Das konnte Sissy freilich nur bestätigen. Ja, sie hatte es bereits geahnt, aber nicht wahrhaben wollen!

„Ist es denn so arg?" fragte sie überrascht. „Ich meine, ich glaubte natürlich, Sympathie zu bemerken. Und diese beruht auf Gegenseitigkeit."

„Ach was, Sympathie! Es ist Liebe, zumindest von seiner Seite! Er wagt nur nicht, es zu bekennen. Und hat keine Ahnung, daß Sie eine verheiratete Frau sind. Ihren Ehering haben Sie ja stets geschickt verborgen gehalten."

„Wieso?" wunderte sich Sissy. „Ach, Sie meinen, weil ich Handschuhe trage? Das tue ich doch stets, wenn ich außer Haus bin. Da steckt keine Absicht dahinter."

Mildred Hamey betrachtete Sissy mit streng prüfenden Blicken wie die Oberin einer Klosterschule ein schlimmes

Kind ansieht. Doch sie las Aufrichtigkeit in Sissys Augen.

„Nun", meinte sie, „ich glaube Ihnen, daß das nicht Absicht war. Aber Sie haben auch nie davon gesprochen."

„Weshalb sollte ich? Das Gespräch kam nie darauf. Wir unterhalten uns über ganz andere Dinge."

„Ich weiß", nickte Miß Hamey, „Mister Collet erzählt mir unentwegt davon. Er schwärmt von Ihrer Klugheit und hält Sie für einen Engel in Menschengestalt. Aber sehen Sie, er ist ein kranker Mann, und es steht schlimmer um ihn, als ihm die Ärzte sagen. Und auch als er selbst weiß! Er klammert sich an die Hoffnung, daß er wieder genesen wird. Aber in Wirklichkeit schreitet die Lähmung fort."

„Das ist ja schrecklich", hauchte Sissy voll Mitleid.

„Ja, das ist es. Ich übe meinen Beruf lange genug aus, um das beurteilen zu können. Und ich weiß auch ziemlich genau, wie es in solchen Menschen aussieht. Sie klammern sich an jeden Strohhalm und sind sehr verletzbar, was ihre Behinderung betrifft. Mister Collet liebt Sie, das steht außer Zweifel. Für ihn verkörpern Sie das normale Leben, das er gerne leben möchte, wie jeder andere Mensch, der gesund ist. Er glaubt, er könne es wieder gewinnen, wenn Sie die Frau an seiner Seite würden. Um Ihretwillen hofft er, die Krankheit besiegen zu können . . . Das wird zu einem richtigen Komplex. Nun stellen Sie sich die Enttäuschung vor, wenn er erfahren muß, daß er sich geirrt hat. Daß Sie gar nicht daran denken, nicht daran denken können, jemals seine Frau zu werden."

„Ja, will er mich denn heiraten?" rief Sissy überrascht aus.

„Da bin ich ziemlich sicher", gab Mildred Hamey trocken zur Antwort.

200

„Du lieber Himmel", entfuhr es Sissy, und sie schlug entsetzt die Hände zusammen. „Nein, das habe ich wirklich nicht geahnt!"

„Und ich", gab Mildred hämisch zurück, „ahne mit ziemlicher Sicherheit, daß Sie, Madam, nicht daran denken, seine Frau zu werden. Oder irre ich mich?"

„Es wäre ganz und gar unmöglich", antwortete Sissy nach kurzem betretenem Schweigen, während dem sie fieberhaft nach Worten suchte. „Ich — ich liebe meinen Mann und meine Familie!"

„Sie würden es nicht einmal in Erwägung ziehen, wie?" forschte Miß Hamey ernst und bohrte ihren Blick in den von Sissy. „Es gäbe doch immerhin eine Möglichkeit: die Scheidung. Mister Collet ist ein vermögender Mann —"

„Nein, nein", rief Sissy entsetzt und sprang auf. „Daran ist nicht zu denken!"

Zum ersten Mal in ihrem Leben empfand sie ihr Inkognito als eine Last. Ein Wort der Wahrheit hätte alles ins rechte Licht gerückt und Mildred Hamey die Unmöglichkeit einer solchen Lösung vor Augen geführt. So aber mußte sie sich womöglich den Vorwurf der Leichtfertigkeit, mit dem Herzen eines verletzlichen, kranken Mannes gespielt zu haben, gefallen lassen.

„Auch das habe ich mir gedacht", nickte Mildred bitter. „Es gehört auch eine große Portion Opferbereitschaft dazu, sein Leben mit einem Behinderten zu teilen. Und die haben Sie nicht. Sie wollen nur des Lebens lustige und vergnügliche Seite kennen lernen! Die Wohlhabenheit von Mister Collet würden Sie sicherlich akzeptieren, gegen die hätten Sie nichts. Aber gegen seinen Rollstuhl hätten Sie alles!"

Sissy ging wie von einem inneren Motor getrieben zu ihr

hin und blieb unmittelbar vor ihr stehen, den Fächer fast zum Schlag erhoben. Am liebsten hätte sie diese Frau für ihre Unverschämtheit gezüchtigt. So dachte Sissy, die Kaiserin. Doch der Mensch Sissy hinderte sie daran, es zu tun. Das Zornesblitzen ihrer Augen wich einem Ausdruck jähen Erkennens.

„Sie lieben ihn selbst, nicht wahr?" kam es über ihre Lippen. „Nun, Miß Hamey, seien Sie ganz ohne Sorge: Ich bin nicht Ihre Rivalin. Und seien Sie ferner versichert: Ich wollte Mister Collet niemals weh tun. Ich habe ihm auch nicht mit Absicht verschwiegen, daß ich verheiratet und Mutter bin. Dieses Thema kam ganz einfach niemals zur Sprache! Es gab keine Veranlassung, darüber zu reden!"

„O doch, die gab es", widersprach Mildred Hamey heftig. „Sie mußten doch aus Mister Collets Verhalten erkennen, wie es um seine Gefühle stand! Er hat ja jetzt nichts mehr anderes im Kopf als Sie! Er verhält sich wie ein verliebter Primaner. Sehen Sie doch nur, das habe ich neulich auf seinem Nachttisch gefunden!"

Sie kramte aus ihrem Täschchen ein bekritzeltes Blatt Papier heraus. Sissy nahm es in die Hand und entzifferte Collets Handschrift halblaut:

„My God preserve the Lady fine and true
whose pitying heart can feel for others pain, —"

Es war ein Gedicht, das Sissys Mitgefühl für ihre leidenden Mitmenschen leidenschaftlich pries. Sissy war tief berührt.

„Darf ich es behalten?" fragte sie unwillkürlich.

„Natürlich nicht", antwortete Miß Hamey heftig. „Ich muß es ihm doch wieder zurückbringen. Er darf überhaupt nicht merken, daß ich es fortgenommen habe! Am allerwenigsten aber darf er jemals erfahren, daß Sie es zu Gesicht bekommen haben, Madam!"

Sissy nickte und reichte Mildred Hamey das Blatt zurück, die es ebenso hastig wieder in ihrer Tasche verschwinden ließ, wie sie es daraus hervorgezaubert hatte. Die Krankenschwester zitterte vor zorniger Erregung und gewann nur mühsam ihre Fassung zurück.

„Ich stehe hier überhaupt nicht zur Debatte", erklärte sie mit schneidender Schärfe. „Und auch Sie nicht, Madam, denn Sie haben mir ja deutlich genug erklärt, daß Sie an eine ‚Veränderung' nicht im Traum denken. Es geht also nur noch um den armen Mister Collet, der sie hoffnungslos liebt."

„Das wollte ich doch gar nicht!"

„Es ist aber geschehen. Sie können niemandem verbieten, Sie zu lieben. Ob Sie das verdienen und mögen oder nicht, ist eine andere Frage. Ich möchte nun hören, was Sie zu tun gedenken. Sie werden begreifen, daß es mit diesen täglichen Spazierfahrten ein Ende haben muß. Unglücklicherweise habe ich durch meinen dummen Unfall mit dazu beigetragen. Ich mache mir Vorwürfe, denn ich hätte Mister Collet niemals mit Ihnen allein lassen sollen."

„Sie gehen zu weit, Miß Hamey. Was denken Sie denn, was am hellichten Tag und vor aller Augen im Park zwischen mir und Mister Collet vorgefallen sein kann? Es waren stets der Herzog von Mecklenburg, dessen Diener und Miß Taxis mit dabei."

„So habe ich das nicht gemeint", wehrte Mildred Hamey entschieden ab. „Das fehlte gerade noch, Madam!"

„Ich werde abreisen", erklärte Sissy. „Ich müßte ohnehin

nächste Woche nach Bad Homburg. Ich reise eben einige Tage früher dorthin. Das wird wohl das Vernünftigste sein, um unser Problem zu lösen."

Fast augenblicklich ließ Mildred Hamey einen Seufzer der Erleichterung hören.

„Das ist ein vernünftiges Wort, Madam", erklärte sie. „Fahren Sie heute noch einmal mit ihm durch den Park und nehmen Sie Abschied, damit es ihm nicht auffällig wird. Und sprechen Sie von Ihrer Familie, damit er begreift, daß er sich keine Hoffnungen mehr machen darf."

„Das fällt mir schwer", murmelte Sissy. „Am liebsten würde ich ihn gar nicht mehr wiedersehen."

„Das hieße, sich feige zu drücken", erklärte Mildred Hamey energisch und erhob sich nun gleichfalls aus ihrem Fauteuil. „Sie haben etwas angerichtet, was Sie, so gut es geht, wieder in Ordnung bringen müssen, ob Sie sich nun schuldig fühlen oder nicht. Sie können es nicht einfach mir allein überlassen, mit Mister Collets seelischer Verfassung fertig zu werden und ihn wieder ins rechte Lot zu bringen, Madam! Es muß jetzt von Ihnen ausgehen, verstehen Sie?"

„Aber ich werde ihm weh tun!"

„Das haben Sie bereits, und nun muß ein Schnitt getan werden. Wie bei einer Operation. Machen Sie es so schmerzlos wie möglich . . . Ich verlasse mich darauf!"

Sie nickte nur zum Abschied. Ihre Haltung, mit der sie den Schreibsalon verließ, ließ erkennen, daß sie sich als Siegerin fühlte.

Sissy blieb allein zurück. Mit nachdenklich gefurchter Stirn ließ sie sich auf einen der Stühle fallen, die wie verloren an den Wänden standen.

5. Flucht nach Homburg

Sissy fühlte sich tief im Innersten aufgewühlt und getroffen. Nicht nur, daß kaum jemand in ihrer Umgebung je so offen und rückhaltlos ihr gegenüber seine Meinung geäußert hatte. Sissy wurde sich erst jetzt darüber klar, daß Mildred Hamey ihr die Augen darüber geöffnet hatte, was ein als harmlos und selbstverständlich empfundenes Verhalten bei John Collet bewirkt hatte. Sie war bestürzt, beschämt und den Tränen nahe. Am liebsten hätte sie sich irgendwohin verkrochen und losgeheult.

„Was immer auch geschieht, du darfst niemals die Contenance verlieren", hörte sie in Gedanken ihre Schwiegermutter. „Deine Umgebung darf nie merken, was in dir vorgeht und in welcher Verfassung du dich befindest. Denn es ist unschicklich für eine Kaiserin, Emotionen zu zeigen."

Während sie ihr Taschentuch zwischen zitternden Fingern zerknüllte, gab ihr diese in den ersten Tagen ihres Eheglücks erteilte Mahnung Kraft. Sissys Nacken steifte sich, und in ihre Miene trat ein Ausdruck von Entschlossenheit. Sie richtete sich mit einem Ruck auf.

„Gut", sagte sie zu sich selbst. „So mache ich es."

Zehn Minuten später glich ihr kleiner Hofstaat einem aufgeschreckten Bienenschwarm. Sie hatte angeordnet, ihre Koffer zu packen und unverzüglich nach Bad Homburg aufzubrechen. Ein Telegramm ging nach Frankfurt ab, in dem sie Franzl mitteilte, sie wolle im Schloß von Bad Homburg seine Rückkehr vom Frankfurter Fürstentag erwarten, um ihn dann heim nach Wien zu begleiten.

Das peinliche Gefühl, sich auf der Flucht zu befinden, war bei der überstürzten Abreise kaum zu vermeiden. Wäh-

205

rend in ihrem Appartement dieser Auszug vorbereitet wurde, saß sie an ihrem Schreibtisch und ließ mit gefurchter Stirn die Feder über ein Briefpapier fliegen, das den Kopf des Hotels trug.

Lieber Mister Collet!

Es sind Umstände eingetreten, die mich dazu veranlassen, früher als beabsichtigt mit meinem Mann zusammenzutreffen und gemeinsam mit ihm die Heimreise anzutreten.

Unsere angeregten Gespräche zu dritt — mit Ihnen und dem Herzog von Mecklenburg — werde ich in angenehmer Erinnerung behalten, und ich hoffe, daß auch Sie mir ein freundliches Gedenken bewahren.

Mit den besten Wünschen für Ihre Genesung und Ihr ferneres Wohlergehen

Ihre
Elisabeth, Gräfin von Hohenembs

Kurz darauf suchte sie den Herzog von Mecklenburg in dessen Zimmer auf. Der gute Herzog war durch die Nachricht von ihrem unerwarteten Aufbruch ganz aus dem Häuschen geraten.

„Ich bitte Sie um einen Freundschaftsdienst", sagte sie zu ihm. „Unser armer Mister Collet wird heute vergeblich auf unseren gemeinsamen Spaziergang warten! Geben Sie ihm doch bitte diese Zeilen."

„Gern, gern, meine Liebe — er wird aber mit meiner Gesellschaft nicht zufrieden sein, sondern sich nach Ihnen die

Augen ausschauen", meinte der alte Herzog bekümmert. „Und auch mir werden Sie fehlen!"

„Ich will, daß Mister Collet erfährt, wer ich bin — doch nicht hier in Kissingen. Er wird mich wiedersehen wollen. Sagen Sie ihm also ruhig, er könne mich in Bad Homburg finden. Dort wird er erfahren, wer ich bin."

* * *

Sissys Abreise konnte Herrn Sirnbauer nicht unbemerkt bleiben. Penibel vermerkte er in seinem Notizbuch jeden Koffer, der aus dem Hotel gebracht, auf den Gepäckwagen verladen und zum Bahnhof gefahren wurde. Noch während sich die Kaleschen mit Sissy und ihrer Reisegesellschaft in Richtung Bahnhof in Bewegung setzten, stürmte er bereits ins Zimmer von Herrn Edelbaum.

„Sie reist ab, sie reist ganz plötzlich ab, Herr Edelbaum! Da ist etwas im Gange!"

„Sirnbauer, Sie Unglücksmensch, was stören Sie, wenn ich gerade mein Defizit berechne? Und was ist im Gange?" herrschte ihn Herr Edelbaum an, der gerade über sein Kassabuch gebeugt recht sorgenvoll dagesessen hatte.

„Die Kai- die Gräfin!" keuchte Sirnbauer ganz außer Atem und wischte sich den Schweiß von der Stirn.

„Wie, nun stottern Sie auch noch? Haben Sie einen Brief vom Finanzamt bekommen, oder ich? Wenn es mir die Sprach' verschlagen würd', wär' das kein Wunder. Aber Sie, ein wohlhabender Mann mit neuem Anzug —"

„Die Gräfin Hohenembs reist soeben ab, Herr Edelbaum! Die Gräfin, in Wirklichkeit aber die Kaiserin von Österreich. Von einem Hotelboy habe ich erfahren, daß sie nach Bad Homburg fährt. Das bedeutet doch wohl, daß der Fürstentag bald zu Ende ist!"

Stirnrunzelnd überlegte Herr Edelbaum.

„Was stehen Sie denn noch hier herum?" äußerte er sich sodann halb grollend, halb wohlwollend.

„Was soll ich denn tun?" fragte Sirnbauer ratlos. „Was soll ich schreiben? Eine Notiz? Oder vielleicht sogar zehn Zeilen?"

„Unsinn", erhob sich Herr Edelbaum und klopfte dem verdutzten Sirnbauer gönnerhaft auf die Schulter. „Sie fahren sofort nach Homburg — als Sonderberichterstatter! Fahrt, Kost und Logis auf meine Kosten! Hier haben Sie Geld. Seien Sie sparsam, feiern Sie keine Orgien. Lassen Sie sich Rechnungen geben. Ich brauche Abzugsposten! Verstanden?"

* * *

Die Hochstimmung, mit der sich Herr Sirnbauer daraufhin für einen Bummelzug eine Fahrkarte dritter Klasse nach Bad Homburg löste, erfüllte freilich John Collet nicht, als er von der mürrisch gestimmten Mildred Hamey in den Kurpark zum Konzert gefahren wurde. Beide hielten vergeblich nach Sissy Ausschau, wenn auch mit völlig anderen Empfindungen.

Wird sie sich vor einem Abschied drücken oder nicht, fragte sich Miß Hamey gespannt. Sie war noch zu keiner Antwort gekommen, da tauchte kurz vor Beginn des Kurkonzerts der Herzog von Mecklenburg auf, wie stets in Begleitung seines Dieners Ferdinand.

208

„Der Herzog", rief Collet erwartungsfroh. „Dann ist Miß Hohenembs auch nicht weit!"

„Mein lieber Mister Collet", eröffnete der Herzog, als ihn Ferdinand zu dessen Rollstuhl geführt hatte, „unsere charmante Dame aus Wien hat mich ersucht, Ihnen dieses Schreiben zu übergeben. Wir werden ihre Gesellschaft leider entbehren müssen. Sie ist abgereist."

„Abgereist?" fiel Collet aus allen Wolken.

Es war ihm, als habe eine kalte Hand nach seinem Herzen gegriffen.

„Ein Brief? Geben Sie her", fuhr Mildred Hamey Ferdinand an, der das Kuvert in seiner Hand hielt.

„Kchchchm", räusperte sich Ferdinand jedoch und übergab das Schreiben Sissys seinem Herrn, der es nun in Johns Hände legte.

Mit grimmig verkniffener Miene sah Miß Hamey, wie ihr Schützling in fiebriger Hast den Umschlag öffnete und danach die wenigen Zeilen überflog. Ein Seufzer entrang sich seiner Brust, es war ein Laut ohnmächtiger Verzweiflung.

„Wo ist sie hin?" fragte er bleich.

„Nach Bad Homburg", antwortete der Herzog ohne Umschweife.

„Ich reise ihr nach", rief Collet impulsiv.

„Nein", wehrte Mildred Hamey entschieden ab. „Das werden Sie nicht!"

Da wandte sich Collet drohend nach ihr um.

„Wie?" fragte er. „Wer hat darüber zu bestimmen? Das ist doch wohl mein Entschluß, oder? Aber Sie müssen nicht, Miß Hamey. Ich finde auch jemand anderen, der mich betreut!"

Um weitere Auseinandersetzungen zwischen den beiden

nicht mitzuerleben, verabschiedete sich der Herzog, den Miß Hamey insgeheim verwünschte. Denn er hatte, wie sie meinte, unbedacht verraten, wohin die Gräfin Hohenembs gereist war. Sie hoffte, John Collet doch noch umzustimmen und von der geplanten Reise nach Bad Homburg abzubringen. Sie hatte einen guten Grund dafür: Collet hätte seine Kur vorzeitig abbrechen müssen.

„Aber wo sollen wir sie denn suchen?" wehrte sich Miß Hamey verzweifelt. „Wir haben ja keine Ahnung, wo in Homburg sie abgestiegen ist!"

„So groß ist Homburg nicht", entgegnete jedoch Collet entschlossen, „daß ich sie nicht finden würde!"

„Gesetzt den Fall, es gelingt — was erwarten Sie sich davon? Sie schreibt doch, daß sie sich mit ihrem Mann treffen wird", spielte Miß Hamey, die den Brief zugleich mit John gelesen hatte, ihren letzten Trumpf aus.

Es schmerzte. Collet zuckte zusammen und verkniff seine Lippen zu einem schmalen Spalt.

„Sie ist meine Hoffnung auf Rettung", preßte er hervor. „Sie ist der Lichtstrahl, mein ganzes Leben. Sie muß es wissen. Und es begreifen. Und bei mir bleiben, denn ich liebe sie!"

Nun war es heraus. Aber für Mildred Hamey keine sonderliche Überraschung mehr, sie hatte es kommen sehen.

„Sie sind ein Narr", erklärte sie trocken. „Diese Dame hat ganz andere Dinge im Sinn, als ihr Leben an einen Mann zu binden, der an einen Rollstuhl gefesselt ist! Sie ist lebenslustig und gibt das Geld ihres Mannes mit vollen Händen aus. Sie ist ein verwöhntes Luxusgeschöpf, reich und oberflächlich!"

„O nein, das ist sie nicht!" brauste Collet auf und ballte

die Fäuste. „Das ist sie ganz und gar nicht! Sie ist gebildet und hat Herz, sehr viel Herz ... Reichtum bedeutet ihr nichts."

„Weil sie ihn hat", versetzte Miß Hamey spitz. „Er erscheint ihr als selbstverständlich."

„Sie hassen sie", stellte er mit belegter Stimme fest.

„Ich bin eine, die sich ihr Brot sauer verdienen muß, und habe für reiche Nichtstuerinnen nichts übrig", erklärte Miß Hamey giftig.

„Dann ist es Neid", stellte Collet fest, „was Sie für sie empfinden!"

Ja, es ist Neid, mußte sich die Pflegerin eingestehen, Neid in mehr als einer Beziehung. Am meisten neide ich dieser Miß Hohenembs die Gefühle, die ihr John Collet entgegenbringt!

„Beenden wir diese Auseinandersetzung, die zu nichts führt", sagte Collet mit fester Stimme, als ihm Mildred Hamey die Antwort schuldig blieb. „Ich reise nach Bad Homburg, und nichts kann mich daran hindern, auch Sie nicht! Wollen Sie weiterhin in meinem Dienst bleiben, dann schauen Sie, daß wir so rasch wie möglich von hier fortkommen. Andernfalls zahle ich Sie aus, und Sie können danach tun und machen, was Sie wollen. Ich engagiere dann eine andere Pflegerin."

Das wollte Mildred Hamey natürlich nicht. Sie sah schwere Tage auf sich zukommen, aber sie wollte bei Collet bleiben. Ihre Hoffnung war, daß sich die Spur der Wiener Gräfin in Bad Homburg verlieren würde. Daß es zu keiner neuen Begegnung zwischen ihr und dem Kranken kommen und mit der Zeit John seine hoffnungslose Liebe vergessen würde.

„Also gut", gab sie daher mit einem tiefen Seufzer nach, in dem aufrichtiges Mitleid ebenso wie Ärger lagen. „Ich fahre mit Ihnen. Ich kann Sie ja doch nicht im Stich lassen. Aber glauben Sie mir: Es ist, als ob Sie einem Phantom nachjagen. Es bringt Ihnen nichts ein als eine große Enttäuschung. Und Sie setzen zudem den Erfolg Ihrer Kur aufs Spiel. Sie wollen doch gesund werden, oder nicht?"

„Ja, das will ich", nickte John. „Schon um ihretwillen. Um ihretwillen werde ich mein Leiden besiegen!"

„Das sollten Sie besser um Ihrer selbst willen tun. Aber wie Sie wollen. Nur vergessen Sie nicht: Auch ich habe Nerven . . . "

Sie traf also die gewünschten Maßnahmen, und da sie es nicht sonderlich eilig hatte, benutzten sie und Collet denselben Zug wie der Redakteur Sirnbauer, der sich im Auftrag seines Chefs gleichfalls nach Bad Homburg begab.

6. Es lebe die Kaiserin!

Das weitausladende, gelbliche Gemäuer des Homburger Schlosses hatte Sissy aufgenommen. Ihre Begleitung war gut untergebracht. Kaum angekommen, fand sie auch schon ein Telegramm aus Frankfurt vor: Franzl würde in zwei Tagen nachkommen.

Diese Nachricht lenkte Sissy von den Kissinger Erlebnissen ab. Sie empfand plötzlich heftige Sehnsucht nach ihrem Franzl, und der arme John Collet, dessen Anblick im Rollstuhl immer so viel Mitleid in ihr erweckt hatte, geriet in den Hintergrund.

Er war ihr näher, als sie ahnte, denn er kam schon wenige

Stunden nach ihr in Bad Homburg an und nahm mit Miß Hamey im Frankfurter Hof Quartier. Es war eines der besten Hotels in der Stadt und lag direkt gegenüber dem Schloß. Aber weder John noch Miß Hamey konnten ahnen, daß die von ihnen Gesuchte ganz in der Nähe wohnte. Vielmehr drängte John seine Pflegerin, kaum, daß sie mit dem Auspacken fertig war und einen Imbiß zu sich genommen hatte, die Suche nach der Wiener Gräfin unverzüglich aufzunehmen.

„Möglicherweise wohnt sie sogar im gleichen Hotel wie wir", meinte er optimistisch.

„Das wäre zu schön, um wahr zu sein", antwortete Miß Hamey jedoch kopfschüttelnd. „Ich habe mich gleich nach der Ankunft bei der Rezeption erkundigt. Ich muß Sie enttäuschen, hier wohnt sie nicht."

„Dann forschen Sie, suchen Sie, fragen Sie!" ermunterte Collet um eine Hoffnung ärmer. „Und falls Sie sie finden, dann bringen Sie mich gleich zu ihr!"

„Vorausgesetzt, daß sie Sie überhaupt sprechen will", erwiderte Miß Hamey eingedenk dessen, was sie selbst Sissy in Bad Kissingen vorgehalten hatte.

„Oh, sie wird, sie muß!" rief Collet beschwörend, „wenn Sie ihr nur richtig klar machen, was davon für mich abhängt und was sie mir bedeutet!"

Kopfschüttelnd versagte sich Mildred eine Antwort. Die Erregung Johns bereitete ihr Sorgen. Seit Sissys überstürzter Abreise aus Bad Kissingen war in ihm eine Veränderung vorgegangen, die auch in seinem Verhalten sichtbar wurde. Collet wirkte verstört, in seinem tiefsten Inneren verwirrt und verletzt. Sein Zustand machte sich in einer Gereiztheit Luft, unter der Miß Hamey unmittelbar zu leiden hatte —

so, als wüßte er insgeheim, daß sie die eigentliche Ursache für Sissys vorzeitige Abreise war: Vielleicht ahnte er dies sogar instinktiv. Mildred Hamey erkannte jedenfalls, daß die von ihr herbeigeführte Trennung für John Collet zu spät gekommen war und daß seine Empfindungen für die schöne Dame aus Wien viel tiefer gingen, als sie bereits befürchtet hatte.

Ich muß sie finden, sagte sie sich. Sie muß ihm den Kopf zurecht setzen. Sich einfach aus dem Staub zu machen und den armen Teufel sich selbst zu überlassen war nicht recht. Da hat sie es sich zu einfach gemacht. Aber ich bin selbst schuld daran, ich habe es ihr nahegelegt — nun muß ich das wieder in Ordnung bringen!

So machte sich denn Miß Hamey auf eine beschwerliche Erkundigungstour. Während sie in den am Schloßplatz gelegenen Hotels Erkundigungen einzog, merkte sie, daß die Stadt sich offensichtlich auf eine Feierlichkeit vorbereitete. Girlanden wurden angebracht, öffentliche und private Gebäude wurden mit Flaggen verziert und eine erstaunlich große, festlich gestimmte Menschenmenge flanierte auf und ab. Zwar wußte sie von der in Frankfurt stattfindenden Fürstentagung, doch kam ihr nicht in den Sinn, auch Bad Homburg in dieses Ereignis mit einzubeziehen.

Da lief ihr Herr Sirnbauer über den Weg. Beide waren entzückt, einander wieder zu begegnen.

„Herr Sirnbauer! Sie hier, in Bad Homburg? Was treiben Sie da?"

„Ja, wissen Sie denn nicht, daß der Kaiser und die Kaiserin hier erwartet werden? Der Kaiser kommt vom Fürstentag in Frankfurt, wo er bedauerlicherweise nichts ausgerichtet hat. Wenn der Schein nicht trügt, wird er nicht mehr lan-

214

ge deutscher Kaiser bleiben. Der nächste heißt aller Wahrscheinlichkeit nach Wilhelm."

„Ach, Politik interessiert mich nicht, ich habe andere Sorgen. Aber für Sie als Journalist ist das natürlich etwas anderes."

„So ist es! Ein Mann wie ich gehört an den Pulsschlag der Weltgeschichte. Dieses Kissinger Blättchen ist überhaupt nichts für mich. Ich möchte nach Frankfurt oder gar nach Berlin. Wenn mir ein Interview mit dem Monarchenpaar gelänge . . . Die Kaiserin ist noch nicht hier, heißt es. Aber ich weiß es besser. Sie ist schon im Schloß und erwartet ihren Mann!"

„Nun, so gehen Sie doch zu ihr."

„Das möchte ich ja, aber ich werde nicht vorgelassen. Sie läßt einen jeden abwimmeln. Wenn man doch bloß einen geeigneten Vorwand hätte . . . "

„Sehen Sie, so hat jeder seine Probleme", brummte Miß Hamey verständnisvoll. „Sie mit der Kaiserin und ich mit der Gräfin aus Wien, in die mein verrückter Mister Collet hoffnungslos vernarrt ist. Ihretwegen laufe ich hier durch die Gegend, obwohl mein Knöchel noch immer nicht ganz heil ist. Ich muß sie finden, bevor Collet noch ganz durchdreht. In seinem labilen Zustand ist er imstande, sich etwas anzutun — und ich habe die Scherereien!"

Sirnbauer spitzte die Ohren. Schlagartig erkannte er die Zusammenhänge und die Möglichkeiten, die sich für ihn eröffneten. Schon wollte er Mildred enthüllen, daß die gesuchte Gräfin und die Kaiserin ein und dieselbe seien, doch dann besann er sich eines besseren.

„Nun", meinte er scheinbar überlegend, „ich komme viel herum — vielleicht finde ich die Gräfin . . . Könnte mir Ihr

Mister Collet vielleicht einige Zeilen für sie geben? Ich glaube zu wissen, wo ich sie finden kann. Dann bräuchten Sie sich mit Ihrem kranken Fuß gar nicht erst anzustrengen. Eine Gefälligkeit meinerseits, und wenn Sie für die Mühe noch —"

„Aber selbstverständlich", griff Miß Hamey hocherfreut sofort nach ihrer Geldbörse. „Wenn Sie dies für mich tun könnten?"

„Aber gewiß doch, mit Vergnügen! Aber ich brauche selbstverständlich einen Brief . . ."

„Dann kommen Sie nur mit in den Frankfurter Hof. Mister Collet wird ihn sogleich schreiben."

Wenig später saß Collet schon vor einem Briefbogen und kaute erregt an seinem Federstiel. Nach einer Weile begann er zu schreiben:

Liebe Missis Hohenembs!

Ich kann nichts dafür, daß ich Ihr Bild seit unserer ersten Begegnung in meinem Herzen trage. Seit Ihrer Abreise habe ich keine ruhige Minute mehr. Ich bin Ihnen gefolgt, obwohl ich nun weiß, daß Sie verheiratet sind und mit Ihrem Mann zusammentreffen wollen. Und dennoch hege ich die wahnwitzige Hoffnung, weil nur sie mich am Leben erhält, daß auch Sie unsere Begegnung nicht gleichgültig gelassen hat.

Seien Sie gnädig mit einem Unglücklichen. Lassen Sie mich nicht vergebens harren, überantworten Sie mich nicht der Verzweiflung!

Ihr

John Collet

Sirnbauer wartete in der Hotelhalle, bis Miß Hamey mit dem Briefchen kam.

„Er ist ganz aus dem Häuschen", berichtete sie ihm. „Ich habe ihn noch nie so gesehen!"

„Sehr gut", fand Sirnbauer, „dann könnte ich ja behaupten, es ginge um Leben und Tod."

„Sagen Sie, was Sie wollen", knurrte Miß Hamey sauer.

„Nun, ich werde es schon machen", nickte Sirnbauer eifrig und enteilte hoffnungsfroh, mit Hilfe des Schreibens von Mister Collet zu seinem Interview zu kommen. Denn das war das einzige an der Sache, was ihn außer dem erhaltenen Obolus an der Sache interessierte. Er war eben doch kein so guter Journalist, wie er dachte. Auch brachte er entgegen seiner Zusage Collets Schreiben an diesem Tag nicht ins Homburger Schloß. Denn er wollte ja ein Interview mit Kaiser und Kaiserin — und der Kaiser war noch nicht aus Frankfurt angekommen.

So kam es, daß Sissy vorerst ohne Nachricht von Collet blieb und dessen Stimmung, da er vergeblich auf ein Zeichen wartete, auf den Nullpunkt sank.

Am nächsten Tag erschienen die Homburger Lokalblätter mit Bildern von Sissy und Franz Joseph auf den ersten Seiten, und Miß Hamey, die ein solches Blatt kaufte, wurde beim Anblick des von einem Zeichner angefertigten Bildes der Kaiserin stutzig.

„Das ist doch sicher die Gräfin Hohenembs", fand sie stirnrunzelnd und erbleichend. „Oder sie müssen verwandt sein . . . eine fatale Ähnlichkeit! Ich muß es ihm sofort zeigen!"

Hastig eilte sie zu John Collet und hielt ihm das Blatt unter die Nase.

„Was sagen Sie dazu?" forschte sie beunruhigt. „Kommt Ihnen diese Frau nicht bekannt vor?"

Er betrachtete die Zeichnung, die allerdings kein Meister seines Faches gemacht hatte, sondern einer jener Illustratoren, die vor allem schnell und publikumswirksam arbeiten mußten.

Collet hatte keine gute Nacht verbracht. Tiefe Schatten lagen um seine Augen. Er war schlecht gelaunt, und Mildred Hamey war an diesem Morgen keineswegs die Gesellschaft, die das geändert hätte.

„Was soll das?" fragte er.

„Nun, ist das nicht die Gräfin Hohenembs?"

„Sie haben keine Augen im Kopf, Miß Hamey! Diese Kaiserin ist nicht halb so hübsch. Gehen Sie und lassen Sie mich zufrieden."

„Aber heute Mittag, Mister Collet, ist gewiß ganz Bad Homburg auf den Beinen. Da wird das gekrönte Paar erwartet. Da wir nun einmal hier sind, sollten wir uns das nicht entgehen lassen. Das wird Sie ein wenig auf andere Gedanken bringen!"

Collet winkte hastig ab.

„Vielleicht kommt sie gerade dann, wenn wir bei diesem Rummel sind, und fragt vergebens nach mir", meinte er abwehrend.

„Das glaube ich nicht", schüttelte Miß Hamey den Kopf. „Die würde sich das sicher auch ansehen. Ja, ich denke sogar, daß das die größte Chance für Sie ist, wenn Sie sie wiedersehen wollen. Denn wer weiß, ob dieser Zeitungsschreiber den Brief überhaupt schon überbracht hat."

Diesen Gedanken griff Collet wie einen Rettungsanker auf, denn er gab ihm Trost und neue Hoffnung.

218

„An dieser Möglichkeit könnte was dran sein", sagte er. „Denn so herzlos kann sie doch nicht sein, nicht zu antworten. Im übrigen haben Sie sogar recht! Ja, wenn ich es mir richtig überlege, dann könnte es vielleicht doch — bei der Menschenmenge, die sich ansammeln wird, sicher ein Zufall, aber vielleicht doch eine schwache Möglichkeit —"

Miß Hamey begriff sofort, obwohl sich John Collet reichlich unklar ausgedrückt hatte. Und da sie selbst eigentlich neugierig auf das gekrönte Paar war, hakte sie ein.

„Ich bringe Sie mittags hinunter auf den Platz. Es wird sich ja alles direkt vor unserem Haus abspielen. Zwar könnten Sie auch vom Fenster aus, Mister Collet —"

„Nein, nein, da kann ich ja selbst nicht gesehen werden", widersprach er sofort. „Vielleicht, wenn sie in der Menge ist, sieht sie mich. Und vielleicht entdecke ich sie . . . Vom Fenster aus ist das unmöglich!"

„Also gut", nickte Miß Hamey irgendwie erleichtert. Obwohl sie sich im klaren war, daß es ein schweres Stück Arbeit sein würde, mit Collet in seinem Rollstuhl in der Menge der Neugierigen zurechtzukommen.

Es ging aber leichter, als sie dachte. Schon um zehn Uhr vormittags begann sich die Menge entlang der Straßen vom Bahnhof zum Schloß zu sammeln. Um halb elf machte sich Miß Hamey mit John Collet auf den Weg und verließ das Hotel. Sie hatte das Glück, einen hilfsbereiten Schutzmann zu finden, der ihnen beiden einen Platz vorn an der Postenkette verschaffte, die die Menge im Zaum hielt.

„Hier sehen Sie alles ganz genau", sagte der Mann freundlich und nickte Collet ermunternd zu. „Zwei so hohe Herrschaften sieht man nicht alle Tage, nicht wahr? Nun, es wird ein bißchen heiß und stickig. Aber wenn der Zug pünktlich ist, dann brauchen Sie bloß zwei Stunden hier zu stehen, und Sie haben das gekrönte Paar direkt vor der Nase!"

Miß Hamey bedankte sich mit süßsaurem Lächeln. Die Aussicht, sich hier so lange die Füße in den Leib stehen zu müssen, war nicht eben rosig. Collet aber hörte kaum hin. Er saß in seinem Stuhl und schaute sich die Augen aus — wenn auch vergeblich —, um seine Missis Hohenembs irgendwo zu entdecken.

Miß Hamey nestelte nervös an der Uhr, die sie an einem Kettchen um den Hals trug. Die Zeit verrann ihr mit bleierner Langsamkeit, und sie trat von einem Fuß auf den anderen, um ihren Knöchel zu entlasten, der wieder zu schmerzen begann.

„Sie ist nirgendwo zu sehen", seufzte John.

Miß Hamey warf einen besorgten Blick zum Himmel, auf dem sich schwere Wolken zu bilden begannen.

„Hoffentlich kommt kein Gewitter", meinte sie. „Und meine Kehle ist wie ausgedörrt. Ich glaube, ich verdurste."

In diesem Augenblick wurde von fern, aus der Richtung des Bahnhofs, anschwellendes und immer lauter werdendes Jubelgeschrei vernehmbar.

„Hoch!" riefen die Leute begeistert, „hoch der Kaiser! Hoch die Kaiserin!"

Denn Franzls Hofzug war auf die Minute pünktlich gewesen.

„Endlich", meinte Miß Hamey erleichtert, „dann wird ja hier wohl bald alles vorüber sein!"

220

7. Die wunderschöne Kaiserin

Nur wer einen guten Platz ganz vorn hinter dem Kordon hatte, konnte sicher sein, alles zu sehen, was sich jetzt ereignen würde: die Anfahrt von Kaiser und Kaiserin und ihrem Gefolge. Es gab einrücksichtsloses Gedränge und Geschiebe, und hätte Miß Hamey nicht glücklicherweise einen Platz für John Collet und sich mit Hilfe des Polizisten gefunden, dann hätte John wohl kaum eine Chance gehabt,die schöne Kaiserin, auf die er nun doch ein wenig neugierig war,zu Gesicht zu bekommen.

Die Garden waren aufmarschiert, die Tore zum Schloßpark weitgeöffnet. Man konnte den roten Teppich auf der Freitreppe sehen und das bereits zur Begrüßung des Kaiserpaars bereitstehende Komitee der Würdenträger. Lauter und lauter wurde das Brausen unzähliger Stimmen. Die Menschenmenge, die die Straßen zum Bahnhof säumte, rief dem Kaiserpaar ein begeistertes „Willkommen" zu. Die Leute wußten nicht, daß Sissy schon vorher in Homburg angekommen war. Von hier aus war sie Franzl entgegengefahren und unterwegs in den Hofzug zugestiegen. Nun hatte es für die wartenden Menschen den Anschein, als kämen sie beide gemeinsam hier an.

Franzl war sein Frankfurter Mißerfolg nicht anzumerken. Er zeigte Beherrschung und Haltung wie stets und grüßte in seiner offenen Kutsche lächelnd nach allen Seiten.

Die Wagenkolonne erreichte den Schloßplatz, und der Jubel der Menge erreichte seinen Höhepunkt. Hüte wurden geschwenkt, Taschentücher flatterten über den Köpfen, und dann hielten die Wagen an. Lakaien sprangen hinzu, rissen die Türen der Kutschen auf und klappten deren Trittbretter hinab. In tief gebückter Haltung verhielten sie, während Franzl und Sissy aus ihrem Wagen stiegen.

John Collet und Miß Hamey sahen Sissy nur aus einiger Entfernung und in einem Kleid, das sich von denen, die sie in Bad Kissingen zutragen pflegte, wesentlich unterschied. Auch in ihrer Haltung kehrte sie nun pflichtgemäß die Monarchin heraus, als sie jetzt an Franzls Seite auf den Bürgermeister von Bad Homburg zutrat, der sich anschickte, eine kurze Ansprache zu halten.

„Sie sieht sehr schön aus", fand Miß Hamey, „nicht wahr, Mister Collet? Ich finde, man hat nicht übertrieben . . . "

Sie strengte ihre vom grellen Sonnenlicht geblendeten Augen an. Sie war irritiert. Die Kaiserin erinnerte sie tatsächlich an die Gräfin aus Wien und doch auch wieder nicht . . .

Aber John erkannte sie.

„O nein", stöhnte er ungläubig, „das gibt es doch gar nicht!"

Er war wie aus allen Wolken gefallen, eine Welt stürzte für ihn zusammen. Unzählige Male hatten seine Blicke ihr Bild förmlich getrunken, jede Geste, jeder Schritt, jede ihrer Bewegungen waren ihm viel zu vertraut, als daß er sich jetzt durch ihr Auftreten hätte täuschen lassen. Ein Irrtum war nicht möglich! Als sie ihm jetzt ihr Profil zuwandte, war er sich seiner Sache gewiß, und er schloß die Augen wie von der Sonne geblendet.

„Bringen Sie mich fort von hier, Miß Hamey", preßte er hervor. „Nur schnell fort!"

„Ist Ihnen übel?" fragte die Pflegerin besorgt. „Oder —"

Nun hatte sie alles begriffen. Sie versuchte, den Rollstuhl zu wenden, aber es war unmöglich.

„Wir stecken hier in der Menge fest, Mister Collet", erklärte sie und blickte sich hilfesuchend um. Aber niemand in der dichten Menge beachtete sie oder wäre gar bereit gewesen zurückzuweichen, um Platz zu machen.

Immerhin herrschte jetzt halbwegs Stille, damit sich der Bürgermeister verständlich machen und seine Rede halten konnte. Franzl erwiderte danach seine Begrüßungsansprache mit freundlichen Worten und wandte sich dann grüßend der Menge zu. Auch Sissy blickte lächelnd in die Menschenmenge, und plötzlich entdeckte sie John und hinter ihm stehend Miß Hamey. Unwillkürlich war ihr Blick auf den Mann im Rollstuhl gefallen, und sie erkannte ihn. Ihr Lächeln, das einen seltsamen Ausdruck annahm, galt nun nur ihm, und es war ein Lächeln, das um Verzeihung bat.

Seine kühnen, hoffnungsvollen Träume, die Traumwelt seiner letzten Tage — alles war dahin, und es tat unsäglich weh. Ich bin ein Narr gewesen, schalt er sich.

„Nun wissen wir ja, wer die Gräfin aus Wien in Wirklichkeit ist, Mister Collet", sagte Miß Hamey bitter. „Und sie hat ein leichtfertiges Spiel mit Ihnen getrieben."

„Das hat sie nicht", widersprach er ihr jedoch. „Ich bin selbst schuld. Ich habe einen schönen Traum geträumt, habe ihn träumen wollen — doch nun ist er zu Ende."

Seine letzten Worte wurden schon übertönt von den Hochrufen für das Kaiserpaar, das nun im Schloß verschwand. Man hatte gesehen, was man hatte sehen wollen, und die Menge zerstreute sich langsam. Nun konnte Miß Hamey ihren Pflegling ins Hotel zurückbringen.

Unter den zahlreichen Journalisten, die im Schloß auf die Gelegenheit warteten, den Kaiser und die Kaiserin sprechen zu können, befand sich auch der Redakteur Sirnbauer, und er hatte Johns Brief bei sich.

„Ich habe eine persönliche Nachricht für Ihre Majestät", bedrängte er einen Beamten, denn er wollte so rasch wie möglich vorgelassen werden.

„Die Majestäten sind jetzt nicht zu sprechen", bekam er zu hören. „Die Majestäten wollen sich frisch machen nach der Fahrt. Sie müssen sich gedulden, Herr Journalist, wie Ihre anderen Kollegen auch!"

„Aber es ist sehr wichtig — Ihre Majestät wäre gewiß höchst ungehalten, wenn diese Nachricht zu spät in ihre Hände käme!"

„Dann geben Sie mir den Brief", verlangte der Beamte, „ich werde ihn an den Ordonnanzoffizier weitergeben."

„Aber ich darf ihn nur persönlich —"

„Dann müssen Sie warten", wurde er kurz angebunden abgefertigt.

In diesem Augenblick eilte eben das Fräulein von Taxis an den beiden vorbei, um für Sissy eine Besorgung zu erledigen. Sirnbauer erkannte sie als seinen rettenden Engel.

„Gnädiges Fräulein! Gnädiges Fräulein", rief er sie an, „ich habe hier ein Schreiben von Mister Collet an Ihre Majestät —"

„Geben Sie schnell her", sagte Helene hastig. „Ich bin in Eile. Ich gebe es ihr."

Sie nahm ihm, ehe er sich's versah, den Brief aus der Hand und flatterte wie ein aufgescheuchter Vogel davon.

„Na also", meinte der Beamte grinsend und entfernte sich.

Sirnbauer mußte sich später mit dem Presseoffizier begnügen, der die wartenden Journalisten mit einem Bericht über die Frankfurter Tagung, Wein und belegten Brötchen versorgte. Zu persönlichen Interviews aber waren Kaiser und Kaiserin nicht geneigt.

Mit einem ein wenig aufgebauschten Bericht kehrte Sirnbauer noch am gleichen Abend nach Bad Kissingen heim, um ihn so rasch wie möglich setzen zu lassen. Vorher aber hinterließ er noch eine Nachricht im Frankfurter Hof, daß er den Brief übergeben habe. Miß Hamey, die er noch sprechen wollte, hatte für ihn keine Zeit. Und das stimmte, denn John wollte sofort abreisen.

Er änderte jedoch seinen Entschluß, als er hörte, daß Sissy sein Schreiben bekommen habe. Eine letzte, ihm selbst wahnwitzig erscheinende Hoffnung auf ein Wunder bemächtigte sich seiner.

„Wir bleiben, Miß Hamey, noch diese eine Nacht", erklärte er. „Ich möchte erst morgen reisen!"

„Das hat ja keinen Zweck, Mister Collet", appellierte Mildred an seine Vernunft. „Was erwarten Sie sich denn? Ziehen Sie einen Schlußstrich und werden Sie endlich Realist! Ihre schöne Gräfin aus Wien ist verheiratet — und mit wem sie das ist, wissen wir nun auch. Und außerdem hat sie Kinder. Es sollte mich nicht wundern, wenn sie sich über Ihren Brief lustig macht — was immer Sie ihr auch geschrieben haben."

„Das wird sie nicht", widersprach John heftig.

„Ihnen ist wohl nicht zu helfen", resignierte Mildred und disponierte wieder um.

Doch John Collet, so schien es, hoffte vergeblich. Es kam keinerlei Reaktion auf seinen Brief aus dem Schloß. Und dies, obwohl Helene von Taxis sein Schreiben Sissy bereits übergeben und diese es gelesen hatte.

Nach dem Tee wollte Miß Hamey ihren Pflegling ins Freie fahren, doch John Collet lehnte ab. Er wollte auf seinem Zimmer bleiben. Mildred begriff, daß er mit allen Fasern seines Herzens sehnlichst auf eine Botschaft wartete, und fragte sich, ob sie nicht besser Sirnbauers Nachricht verschwiegen hätte. Sie sorgte sich ehrlich um John Collet.

Sie war nicht die einzige. Auch Sissy war betroffen. Die Zeilen seines Briefes hatten ihr einen Stich ins Herz versetzt. Mit lächelnder Miene mußte sie einen Empfang über sich ergehen lassen, der ihr bis in die Abendstunden jede Möglichkeit nahm, sich mit Collet in Verbindung zu setzen.

Ich bin ihm diese letzte Aussprache schuldig, sagte sie sich. Und ich muß endgültig Klarheit schaffen. Nun, nachdem er weiß, wer die Gräfin Hohenembs in Wirklichkeit ist, wird es wohl nicht so schwierig sein.

Im Marmorsaal des Schlosses spielte die Kapelle zum Tanz auf, und Sissy und Franzl mußten den Ball mit einem Walzer eröffnen. Sie lag leicht in seinem Arm und schwebte mit ihm über das Parkett. Aber es war ein Zug in ihrem Gesicht, der Franzl erkennen ließ, daß sie in Gedanken woanders war. Auch er war nicht bei der Sache. Die gescheiterten Verhandlungen beim Frankfurter Fürstentag drückten seine Laune. Mit sich selbst und seinen Sorgen beschäftigt, fragte er gar nicht, und sie beendeten vorzeitig ihren Tanz. Franzl sah sich bald darauf von über die Zukunft besorgten hochrangigen Herren umringt, und Sissy nutzte die Gelegenheit, um in einem unbeobachteten Augenblick Helene von Taxis beiseite zu ziehen.

„Schnell", flüsterte sie ihr zu, „kommen Sie mit mir — es wird niemandem auffallen, wenn wir für kurze Zeit von hier verschwinden!"

„Aber wohin denn, Majestät?" fragte Helene überrascht. „Hinüber, in den Frankfurter Hof, zu Mister Collet", antwortete Sissy leise. „Sie haben mir ja selbst seinen Brief überbracht!"

Völlig verwirrt folgte Helene Sissy über Stiegen und Korridore in den Schloßpark hinab. Durch eine Seitenpforte gelangten sie auf den von trübem flackerndem Öllicht kaum erhellten Platz und eilten hinüber in das Hotel, wo sich Helene beim Portier nach Mister Collet erkundigte.

„Er ist hier", antwortete der Portier. „Ich werde einen Burschen nach ihm schicken."

„Und wo kann man ungestört sprechen?" fragte Helene weiter, während Sissy sich im Hintergrund aufhielt.

„Im Schreibsalon, gleich nebenan", antwortete der Portier, winkte den Hotelboy herbei und beauftragte ihn, Herrn Collet zu benachrichtigen, daß ihn zwei Damen erwarteten.

Wenig später erschien Miß Hamey und rollte John schweigend in den Schreibsalon. Sissy und Helene erwarteten ihn bereits dort. Miß Hamey verneigte sich zwar, sagte aber kein Wort, sondern verließ wie auf Verabredung mit Helene den Raum, sodaß John und Sissy ungestört miteinander sprechen konnten.

„Nun sind Sie doch gekommen", stieß er hervor, griff nach ihrer rechten Hand und zog sie an seine Lippen.

„Ich bin nur gekommen, um Abschied zu nehmen", sagte sie ernst. „Sie wissen nun, wer ich bin . . . und auch, daß ich —"

„Nein, sprechen Sie nicht weiter", unterbrach er sie, und ein heftiges Würgen griff nach seiner Kehle. „Was um alles in der Welt kann er Ihnen bieten, was ich nicht bieten könnte? Ich bin reich, unabhängig, und ich kenne Sie zu gut, um nicht zu wissen, daß Sie dieses Leben, das Sie jetzt führen müssen, gar nicht mögen . . . Sie sind ein freier Vogel, der in einem goldenen Käfig gefangen ist. Ich aber biete Ihnen die Freiheit!"

Betroffen errötete sie.

„Sie müssen mich für wahnsinnig halten", fuhr er fort, „und ich bin es wahrscheinlich auch. Ich — ich habe gar keine andere Wahl, als so zu sprechen. Es ist meine letzte Chance!"

„Ich wollte, Sie hätten mir erspart, Sie zu enttäuschen", antwortete sie mit Wärme und schüttelte bedauernd den Kopf, „aber auch wenn wir beide vergessen, was ich bin und bleiben muß — ich liebe meinen Mann und meine Kinder."

Er spürte, wie eisige Kälte nach seinem Herzen griff. Trotzdem trat Schweiß auf seine Stirn.

„Lassen Sie mir zumindest eine einzige Locke von Ihrem Haar", preßte er hervor, „daß mir wenigstens etwas von Ihnen bleibt!"

„Adieu, Mister Collet. Monarchen gehören ihrem Volk mit Haut und Haar . . . Selbst diese Locke ist nicht mein Eigentum."

Sie erhob sich und drückte noch einmal zum Abschied seine Hand. Mit einem wehen Gefühl im Herzen verließ sie den Raum und kehrte schweigsam mit Helene in das Schloß zurück.

8. Die Zeit danach

Beifall brauste auf. Der Dirigent verneigte sich vor seinem Publikum, und Sissy war es, als erwache sie aus einem Traum. Nur schwer fand sie nach dieser Musik, die sie an die Zeit in Bad Kissingen erinnert hatte, wieder in die Gegenwart zurück.

„Mama, ist etwas nicht in Ordnung?" fragte Marie-Valerie, als sie beide das Konzert verließen, denn Sissy wirkte in sich gekehrt und sprach kein Wort.

„Nein, es ist alles bestens. Die Musik hier hat mich an John Collet erinnert, du weißt, an den Mann, dem wir hier in Biarritz begegnet sind."

„Den Mann, den du seinerzeit in Bad Kissingen kennenlerntest?"

„Ja, und der in Bad Homburg erfahren mußte, daß ich verheiratet und Kaiserin von Österreich bin."

„Und seitdem habt ihr euch nicht mehr wiedergesehen?" fragte Marie-Valerie zaghaft.

„Am nächsten Tag, als der Hofzug Bad Homburg verließ, sah ich ihn mit seiner Pflegerin auf dem gedrängt vollen Bahnsteig. Papa stand neben mir am Fenster. Ich sagte zu ihm: ‚Dort drüben, der dort im Rollstuhl sitzt, ist es.' Papa schaute hin und lächelte. ‚Armer Teufel', sagte er nur."

„Damit wird er wohl nicht ganz unrecht gehabt haben", versetzte Marie-Valerie nachdenklich.

„Eines Tages", fuhr Sissy fort, „traf in Wien ein Brief von John Collet ein. Er schickte mir ein Gedicht. Es war eine Art Hymne an mich, die Hymne eines hoffnungslos Liebenden. Ich fand es hübsch und gab es unserem Hofmusik-Kapellmeister, um es in Noten setzen zu lassen. Eine einfache, aber nette Melodie . . . Ich schickte das vertonte Gedicht John Collet an seine Londoner Adresse."

„Ihr habt euch geschrieben?"

„Einige Male. Er wollte wie damals noch immer eine Lokke von meinem Haar . . . Ich habe ihm das immer abgeschlagen. Und es passierte auch, daß er wie zufällig in manchen Kurorten auftauchte, die ich besuchte. Ich habe ihm meine diesbezüglichen Pläne natürlich nie mitgeteilt, wahrscheinlich erfuhr er aus den Klatschspalten der Zeitungen meinen jeweiligen Aufenthalt. Dann kam er, während ich schon zur Abreise rüsten ließ. Diese Begegnungen führten zu nichts außer ein paar höflichen Worten . . ."

„Es muß ihn sehr enttäuscht haben, Mama."

„Natürlich. Aber was hoffte er denn, erwarten zu dürfen? Daß ich mich seinetwegen von Papa scheiden ließe? Ich, die österreichische Kaiserin? Das kann er doch nicht im Ernst erwartet haben. Ich glaube, er machte sich nie eine Vorstellung davon, was so ein Schritt bedeutet und in der Öffentlichkeit für Konsequenzen nach sich gezogen hätte. Er war eben ein armer, dummer Junge, der mein Mitgefühl unbedingt als Liebe deuten wollte."

„Aber er liebte dich doch wirklich ernst und tief?"

„Vielleicht nicht so sehr, wie er selbst glaubte. Er meinte wohl vor allem, daß ihm dieses Gefühl für mich die Kraft zur Heilung brächte. Wie du nun weißt, wurde er nie gesund."

„Und Miß Hamey?"

„Ist offenbar an seiner Seite grau und verbittert geworden . . . Ich weiß nichts Näheres über sie. John Collets Briefe und seine Versuche, mir nochmals zu begegnen, hörten jedenfalls mit den Jahren auf. Daß wir uns hier in Biarritz wieder trafen, halte ich für einen reinen Zufall. Und nun sind wir beide nicht mehr die, die wir einst waren . . . Es ist besser, nicht mehr an der Vergangenheit zu rühren!"

Danach wurde das Thema John Collet nicht mehr erwähnt. Marie-Valerie reiste zu den ihren nach Schloß Wallsee, und die ruhelose Kaiserin verließ gleichfalls Biarritz.

Aber sie sollte noch einmal an John Collet und jenen Abend in Bad Homburg erinnert werden. Doch bis dahin zogen noch einige Monate ins Land, und die Erinnerung an John Collet verwehte wie der Rauch aus dem Schornstein der Lokomotive, als Sissys Hofzug aus dem Bahnhof von Biarritz dampfte.

Der Weg führte über Marseille nach San Remo. Die Zeitungen berichteten darüber wie über das Treffen Franz Josephs mit Zar Nikolaus in Petersburg.

In ihren Schultern spürte Sissy die Nachwirkungen einer Nervenentzündung, die ihr in Biarritz zu schaffen gemacht hatte, bevor sie im März des Jahres 1898 sich in Territet in der Schweiz erholen wollte. Aufgrund ihrer Schmerzen mußte sie ihre täglichen gymnastischen Übungen bleiben lassen. Aber auf die Bergwanderung wollte sie nicht verzichten. Freilich, so weit und so lange laufen wie früher konnte sie nun nicht mehr.

Der Vorleser Barker hatte den Auftrag, den Kaiser laufend über Sissys Befinden zu benachrichtigen, ohne daß diese davon erführe. Und sein Bericht war nicht gerade beruhigend. Doch Sissy selbst schrieb Franzl, daß sie sich nicht besonders gut fühle:

„Es geht mit mir bergab. Ich fühle mich wie achtzig. So

rasch müde wurde ich früher nie. Ich bete, daß mich Gott zu sich nimmt, ohne Siechtum, Mühsal und Häßlichkeit des Alterns, ohne daß ich Dir und den Kindern als alte Frau zur Last fallen muß. Ach, Franzl, es täte gut, dich wenigstens für ein paar Tage bei mir zu wissen. Ich brauche Deine Kraft und Zuversicht."

Es war März. Auf den Schweizer Bergen schimmerte der Schnee, doch auf den Almhängen brachen Krokusse auf und verhießen einen neuen Frühling. Die Stimmung der Kaiserin besserte sich dennoch nicht. Erst als ein Brief von Franzl eintraf, leuchtete wieder ein wenig Hoffnung aus ihrem Blick. Hastig öffnete sie das Schreiben und überflog die Zeilen, die Franzl ihr geschrieben hatte.

„Du und achtzig? Was für eine Übertreibung . . . Aber freilich, wir werden alle nicht jünger mit den Jahren, und die Nerven lassen nach. Auch ich habe Sehnsucht nach Dir, mein Engel, doch die Lage der Monarchie ist nicht so, daß ich mich für längere Zeit aus der Hofburg fortstehlen könnte. Immerhin in Kissingen könnten wir einander wiedersehen, und ich freue mich schon darauf. Unsere Gisela feiert heute die silberne Hochzeit. Die Zeit vergeht so rasch . . . "

Die Erinnerung an dieses Fest war ein Wermutstropfen. Sissy erschrak immer wieder, wenn man sie an solche Daten erinnerte und an die unabänderliche Tatsache, daß sie längst mehrfache Großmama geworden war. Immerhin wollte Franzl nach Bad Kissingen kommen, wo sie sich noch immer so wohl zu fühlen pflegte wie damals, als sie dort John Collet traf.

Franzl nahm sich fest vor, diesmal wirklich zu Sissy zu fahren. Sie hatten ein Recht auf ein solches Beisammensein. Auch ein Kaiser mußte schließlich hin und wieder Privatmann sein.

Rasch gingen einige Briefe zwischen Wien und Territet hin und her. Und dann wurde das Rendezvous für Anfang April vereinbart. Nur noch vier Wochen waren es bis dahin . . . Sissy und Franzl zählten die Tage. Sissys Sehnsucht wuchs mit jedem Kalenderblatt, das sie entfernte. Es war ein seltsam wehes Gefühl, das sie nicht beschreiben und auch nicht deuten konnte.

Wieder stand der Hofzug unter Dampf, und seine Räder rollten über die Geleise. Sissy, die in ihrem Salonwagen am Fenster saß, ahnte nichts von dem Mann namens Luigi Lucheni, der jetzt in der Schweiz auf einem Baugerüst stand und als Hilfsarbeiter sein Brot verdiente. Durch ihn sollte erfüllt werden, worum Sissy betete und was sie in ihrem Brief an Franzl zum Ausdruck gebracht hatte: hinweggenommen zu werden aus dieser Welt ohne das Siechtum des Alterns erleben zu müssen. Und ohne daß sie denen zur Last fallen würde, die sie liebte.

Franzl hielt sein Wort. Ende März klappte er seinen Aktendeckel in der Reichskanzlei zu und sagte entschlossen: „Ich fahre jetzt zu Sissy!"

Es war, als spräche er ein Machtwort. Ketterl, sein altgedienter Kammerdiener und Vertrauter, nickte zustimmend.

„So ist es recht, Majestät", sagte er. „Majestät hätten das viel öfter tun sollen!"

Das sollte sich auch Franzl später noch öfter sagen. Er traf am ersten April in Bad Kissingen ein, und er und Sissy fielen einander am Bahnsteig in die Arme.

„Es ist kein Aprilscherz, mein Engel", lachte er und drückte seine Lippen auf die ihren, „ich bin es wirklich!"

„Ich kann es tatsächlich kaum glauben, mein Löwe", ging sie glücklich auf seinen Scherz ein. „Bis zum letzten Augenblick habe ich gefürchtet, es könnte wieder irgendetwas dazwischen kommen durch eure leidige Politik und deine ganzen schrecklichen Regierungsgeschäfte."

„Die Erinnerung an diesen verflixten Kram habe ich in Wien in meiner Kanzlei gelassen, Sissy", versicherte er. „Diese paar Tage sollen uns gehören — uns ganz allein. Das habe ich mir ausbedungen."

„So ist es recht. Wir wollen diese Tage nutzen", meinte sie und blickte ihn zärtlich an. „Du bist sehr grau geworden, mein Löwe . . . Dein Bart ist schneeweiß. Aber deine Augen sind jung und lebendig geblieben. Schau mich nicht so an, sonst verstecke ich mich gleich hinter meinem Fächer. Deine Sissy ist auch nicht mehr so jung und schön wie damals in Ischl, als wir einander kennenlernten."

„Und dennoch bist du für mich die Schönste", versicherte er mit Wärme. „Und für mich wirst du es immer und ewig sein!"

Seite an Seite fuhren sie im offenen Wagen in das Hotel, in dem Sissy abgestiegen war — es war wieder die Bayrische Krone, wie einst.

Der Redakteur Sirnbauer — er war inzwischen auch nicht mehr der Jüngste — hatte nach dem Tod Edelbaums dessen Druckerei und das Fremdenblatt übernommen. Im allgemeinen pflegte er nun die Berichterstattung für seine Zeitung den jungen Journalisten zu überlassen, aber in diesem speziellen Fall fand er es angebracht, persönlich zur Feder zu greifen. Wollte er doch die Fremden davon unterrichten, daß Graf und Gräfin Hohenembs sich in dem schönen Kurort aufhielten. Denn auch Franzl bediente sich hier, um jedes Aufsehen zu vermeiden, dieses Inkognitos.

Sirnbauer hatte unglaubliches Glück. Er wurde tatsächlich zu einem Interview vorgelassen. Das hatte er der guten Laune zu verdanken, die an diesem Apriltag bei Sissy und Franzl den Ton angab. Doch Franzl machte sich einen Spaß daraus, den Spieß umzudrehen. Nicht Sirnbauer interviewte ihn, es war vielmehr umgekehrt. Als der Gute wieder ging, lachten Sissy und Franzl, denn sie wußten nun alles über Sirnbauers Geschäfte und Daseinsverhältnisse. Der Herr Chefredakteur — so nannte er sich jetzt — hatte seinen Lesern jedoch nicht viel mehr zu berichten, als ohnehin schon jeder wußte — nämlich, daß Graf und Gräfin Hohenembs in der Bayrischen Krone abgestiegen waren.

„Er hat mir und dem armen Herzog von Mecklenburg einst einen schlimmen Streich gespielt", erzählte Sissy ihrem Franzl, die von der Zeitungsverbrennung erst viel später erfahren hatte. „Er hat es verdient, wie du jetzt mit ihm umgesprungen bist!"

Und sie erzählte dem amüsiert lauschenden Franzl die alte Geschichte. Auch John Collet kam darin vor.

„Ich habe ihn", berichtete sie, „in Biarritz flüchtig gesehen. Wir sind einander aus dem Weg gegangen." Und unvermittelt wechselte sie das Thema: „Was aber dieser Sirnbauer über dieses neue Kurbad erzählt hat, das eine Konkurrenz für Kissingen werden will, interessiert mich!"

„Nauheim?"

„Ja", nickte sie. „Das möchte ich kennenlernen."

„Dann fahr doch hin!"

„Nicht jetzt, aber vielleicht nach deinem Geburtstag in

Ischl. Doktor Widerhofer soll darüber entscheiden, ob es für mich von Nutzen ist."

Doch bis dahin war es noch lang. Diese eine Woche in Bad Kissingen dachte sie an nichts und niemand als an Franzl. Sie ging mit ihm all die bekannten Wege, und sie lauschten gemeinsam dem Kurkonzert, bei dem wie einst eine Militärkapelle spielte. Franzl freilich bemerkte mit Sorge, daß Sissys Gesundheitszustand nicht der beste war und sie so die Feierlichkeiten, die anläßlich des fünfzigjährigen Regierungsjubiläums für den Herbst ins Haus standen, kaum durchstehen werde. Er verstand es aber, seine Sorge zu verheimlichen.

9. Abschiedstränen

Sissy reiste von Bad Kissingen zu einer Nachkur nach Brückenau, wo die Ärzte sie gründlich untersuchten. Sie hatte Beschwerden in den Gliedmaßen, und das Gehen fiel ihr sehr schwer. Und das gerade ihr, die doch so sehr auf Fußwanderungen versessen war, besonders seit sie das Reiten aufgegeben hatte.

Der Bericht der Ärzte erreichte Franzl in Wien und stimmte ihn besorgt. Er schrieb an Marie-Valerie nach Wallsee, er sei auch von Barker informiert worden, daß Sissy nach seiner Abreise ganz deprimiert gewesen sei.

„Ich fahre heuer ein wenig früher nach Ischl und werde von dort aus meine Geschäfte erledigen. Ist es Dir möglich, zu Mama zu fahren? Wenn Du sie mir nach Ischl bringen könntest, würde mir ein Stein vom Herzen fallen."

Tatsächlich war Sissy der Abschied von Franzl so schwer gefallen wie nie zuvor. Als nun tatsächlich — durch ein Telegramm angekündigt — ihre Tochter eintraf, zauberte deren Ankunft wieder ein Lächeln auf ihre Lippen, und Irma von Sztaray, die sich über Sissys Gemütszustand nicht weniger sorgte als Barker und die anderen, fühlte sich gleich viel wohler. Denn Marie-Valeries Gegenwart war ein Zaubermittel.

„Mama, wir fahren zusammen nach Ischl, zu Papa!" begrüßte sie ihre Mutter und umarmte Sissy innig.

„Ach ja", meinte Sissy, „das möchte ich gerne! Lieber heute als morgen. Als Franzl fortfuhr, war mir so schwer ums Herz wie nie zuvor . . ."

„Papa ging es ebenso. Er schrieb mir, er wäre durch die leeren Zimmer der Hermesvilla gewandert, und auch in der Hofburg hätten ihn deine Räume ganz traurig gestimmt. Du fehlst ihm so . . ."

„Nun ist Ihre Majestät wieder ein wenig besser gelaunt, seit Marie-Valerie wieder hier ist", fand die Gräfin Sztaray, die sich mit Herrn von Berewicky zu einem Plausch zusammengefunden hatte.

„Sie hat den Wunsch geäußert, München und Schloß Possenhofen aufzusuchen", berichtete Berewicky und fügte kopfschüttelnd hinzu: „Das war ja gar nicht vorgesehen. Ihre Majestät wollte doch wieder gleich in die Schweiz fahren!"

„In Possenhofen ist sie doch schon ewig lang nicht mehr gewesen. Was will sie denn dort? Die Gruft ihrer Eltern besuchen?"

„Ich weiß es nicht", brummte Berewicky mißmutig. „Aber sie hat schließlich zu befehlen."

Vorerst aber ging es nach Ischl, wo Franzl sie bereits erwartete.

„Wie geht es dir, mein Engel? Wie fühlst du dich?" fragte er besorgt. „Du mußt dich von Doktor Widerhofer untersuchen lassen. Wenn du den Feierlichkeiten zum Regierungsjubiläum fernbleiben willst —"

„Darum wollte ich dich herzlich bitten", seufzte Sissy.

„Gut. Dann wird der Doktor ein Bulletin verfassen, das dem Volk erklärt, warum du nicht erscheinen kannst. Du scheinst mir ja tatsächlich noch immer angegriffen. Brückenau hat offenbar auch nicht viel geholfen."

„Ich möchte den neuen Kurort ausprobieren, von dem man mir erzählt hat."

„Bad Nauheim? Widerhofer wird dir alles erzählen, was er über diesen neuen Kurort erfahren hat."

„O ja", nickte Sissy, „darauf bin ich wirklich neugierig!"

„Nun, Majestät, der Kurort ist eigentlich noch im Werden", erklärte der Leibarzt, während er Sissy untersuchte. „Die Quellen sind gut, aber das Drumherum ist noch reichlich entwicklungsbedürftig. Es fehlt sozusagen noch an allem. Majestät werden enttäuscht sein!"

„Oh, im Gegenteil, ich glaube eher, ich werde sehr froh darüber sein, dort nicht die ganze versnobte Gesellschaft anzutreffen, die langweiligen Leute, die alle Kurorte bevölkern, die in Mode sind", widersprach Sissy optimistisch.

Weder Doktor Widerhofer noch Franzl hatten etwas dagegen, daß Sissy über München und Possenhofen nach Bad Nauheim fuhr, um die neuen Quellen auszuprobieren. Und es trieb sie, Ischl so bald wie möglich zu verlassen.

„Wenn ich tatsächlich nach Nauheim möchte, bleibt mir jetzt für Ischl nicht so viel Zeit."

Franzl war ebenso betroffen wie Marie-Valerie, denn am 18. August sollte ja sein Geburtstag gefeiert werden.

„Das kannst du doch Papa nicht antun", meinte sie später unter vier Augen, während sich Franzl schmerzlich gekränkt in sein Arbeitszimmer zurückzog.

„Ich weiß wirklich nicht, was mit mir los ist", bekannte Sissy. „Ich sehnte mich so sehr nach ihm . . . Doch nun zieht es mich mit allen Fasern nach Possenhofen!"

„Aber was willst du bloß in Possenhofen, Mama?"

„Den Ort meiner Kindheit wiedersehen . . . Mein altes Zimmer, das Bett, in dem ich schlief, als ich noch ein Kind war. Ach, ich wollte so sehr, Papa führe mit!" seufzte Sissy bekümmert und ratlos.

Marie-Valerie konnte nicht erkennen, daß es eine unerklärliche Ahnung war, die ihre Mutter dazu trieb, noch einmal die Stätte ihrer Kindheit aufzusuchen, und daß ihr Abschiedsschmerz von Franzl aus demselben Grund sie fast überwältigte.

„Oh, mein lieber Mann", umschlang sie ihn, „ich weiß, du hättest eine bessere Frau verdient. Verzeih mir all den Kummer, den ich dir mache. Ich bin eben, wie ich bin. Glaub mir, ich liebe dich!"

„Sissy", küßte Franzl sie wieder, „warum bleibst du denn nicht? Warum verzichtest du nicht auf dieses ewige Reisen? Es wäre doch Zeit für dich, endlich Ruhe zu finden!"

„Vielleicht finde ich sie bald . . . Sei nicht traurig, mein lieber Löwe", streichelte sie noch einmal seinen weißen Bakkenbart und sah ihm tief in die Augen, die wie die ihren von Feuchtigkeit schimmerten. Dann wandte sie sich an Marie-Valerie.

„Ich danke dir für alles, mein Kind, für die Zeit und Geduld, die du für deine Mutter aufgebracht hast. Ich habe ein schlechtes Gewissen, denn du hast ja selbst einen Mann, der dich liebt, und Kinder. Du solltest bei ihnen sein."

„Sie kommen ja jetzt alle zu Papas Geburtstag, Mama!"

„Ich werde deinen Geburtstag nicht vergessen", lächelte sie Franzl an.

Und dann stieg sie in die Kutsche, die sie zum Bahnhof brachte. Ihre Reisegesellschaft war schon dort. Die ihren aber standen auf der Treppe der Kaiservilla und blickten dem Gefährt nach, während der Staub, den es aufwirbelte, ihren Blicken Sissy — für immer — entzog. Sie wußten nicht, daß es der letzte Abschied gewesen war.

* * *

Das Personal im Palais Wittelsbach in München war von dem Kommen der Kaiserin verständigt. Doch da das Haus die längste Zeit über nicht benutzt wurde, war es in keinem sehr guten Zustand. Nur Sissys Räume hatte man rasch aufgeräumt.

Sissy lud ihre alte Freundin Helene von Paumgarten zum Tee. Helene war ihre Spielgefährtin in ihrer Kindheit gewesen, doch nun hatten sie seit langem nur mehr brieflichen Kontakt, der allerdings nie abgerissen war. Und sie kamen bald auf ihre Kindheit zu sprechen und auf Possenhofen.

„Dort ist auch jetzt alles anders und nichts mehr so wie früher", seufzte Helene. „Deshalb fahre ich jetzt auch gar nicht mehr hin. Du wirst es bereuen, Sissy. Laß es lieber bleiben, du wirst enttäuscht sein so wie ich."

Damit sollte sie recht behalten. Sissy hatte sich nach diesem Ort ihrer frühen, unbeschwerten Lebensjahre, nach ih-

240

rem Vaterhaus gesehnt, sodaß sie sogar den Aufenthalt in Ischl um einige Tage verkürzt hatte. Doch an Possenhofen war, wie Helene richtig bemerkt hatte, die Zeit auch nicht spurlos vorübergegangen.

Von ihren Verwandten war niemand im Haus. Ein Verwalter, den sie nicht kannte, hieß sie willkommen. Und von den alten vertrauten Gesichtern des Personals fand sich nur noch ein alter Pferdeknecht, der die Zugpferde betreute. Reitpferde gab es keine mehr dort.

Sie nahm einen kargen Imbiß zu sich und gab dann der Gräfin Sztaray frei. Ihre übrige Begleitung war in München geblieben und bewohnte noch für ein paar Tage das Palais Wittelsbach.

„Sie waren ja noch nie hier", sagte Sissy zu Irma. „Gehen Sie ein bißchen spazieren. Ich will inzwischen die Gruft meiner Eltern besuchen."

Die Nacht in Possenhofen verbrachte Sissy in ihrem ehemaligen Kinderzimmer. Sie grub den Kopf in die Kissen ihres alten hölzernen Bettes, in dem sie einst als Mädchen vom Glück einer Zukunft träumte, die schließlich ganz anders verlief. Sie hörte den Pendelschlag der alten Wanduhr, die man für Sissys Aufenthalt wieder in Gang gesetzt hatte. Danach würde die Uhr wohl wieder verstummen, für immer wahrscheinlich.

Der Wind strich unruhevoll über die Wipfel der Bäume und das weite Wasser des Starnberger Sees. Er wehte aus der Richtung von König Ludwigs einstiger Roseninsel, auf der nun, wie man sagte, das Unkraut wucherte.

Nur fort von hier, dachte Sissy, fort von diesen Gespenstern der Vergangenheit . . . Nichts von dem, was einst war, vermag mich zu halten, auch Possenhofen nicht!

10. Die Homburger Affäre

Doktor Widerhofer hatte Sissy nicht ohne Grund vor Bad Nauheim gewarnt. Alles traf zu, was er über diesen eben erst im Entstehen begriffenen Kurort erzählt hatte. Nauheim war in keiner Weise gerüstet, einen so prominenten Kurgast wie die Kaiserin von Österreich und deren Gefolge zu beherbergen, auch wenn sie unter dem Inkognito einer Gräfin Hohenembs und nur mit einer beschränkten Anzahl von Begleitpersonen dort wohnen wollte.

Schon der Gasthof, in dem man Sissy einquartierte, wurde von allen als eine katastrophale Herberge empfunden. Es war zwar ein ländlicher, sauberer Gasthof, doch hielt er einem Vergleich mit der Bayrischen Krone nicht stand. Straßen und deren Beleuchtung, Bäder und kurärztliche Ordinationen würden wohl erst in einigen Jahren das halten, was man sich heute schon von ihnen versprach. Nur die Quellen verhießen, was ihre Heilkraft betraf, tatsächlich einiges. Doch sie allein machten noch keinen Kurort aus. Nur in einem Punkt wurde Sissy nicht enttäuscht: Von der versnobten Gesellschaft, die die bekannten und beliebten Kurorte bevölkerte, sah man hier tatsächlich niemanden.

Noch vor nicht allzu langer Zeit hatte Sissy nichts dabei gefunden, in einem Heustadel zu übernachten. Doch nun war sie nicht mehr bereit, die Situation in Bad Nauheim zu akzeptieren.

„Franzl, ich bin verzweifelt, ich habe mit Nauheim einen Fehlgriff getan", schrieb sie schon am ersten Abend nach Ischl. „Die Zustände dieser Unterkunft sind entsetzlich. Immerhin haben sie hier einen bekannten Arzt, Professor Schott. Ich will mich morgen von ihm untersuchen lassen."

Sie schrieb von ihrer Sehnsucht nach ihm, und daß sie es bereue, so früh von Ischl abgereist zu sein.

„Du wirst Dich schon noch an Bad Nauheim gewöhnen", schrieb er ihr zurück. Doch als der Brief in dem Kurort ankam, war sie schon nicht mehr dort.

Denn Professor Schott hatte sie röntgen wollen. Und Sissy hatte das rundweg abgelehnt. Sie konnte doch nicht zulassen, daß ein fremder Mann in das Innere ihres Körpers blickte. Professor Schott, der so stolz darauf war, daß die Nauheimer Kurverwaltung durch ihn dazu bewegt werden konnte, tief in den Geldsack zu greifen und so einen neumodischen Röntgenapparat anzuschaffen, schüttelte über Sissy den Kopf. Ohne Röntgen, meinte er, sei die ganze Untersuchung sinnlos.

Franzls Leibärzte waren aber ohne diesen unheimlichen Kasten ausgekommen. Noch niemand hatte Sissy je durchleuchtet. Was dachte sich dieser Professor eigentlich?! Empört kehrte sie von dieser ergebnislos verlaufenen Unterredung zurück. Sie war so wütend wie schon lange nicht und ärgerte sich ganz besonders über das freche Grinsen von Schotts junger Assistentin. Gerade, daß diese sie nicht offen ausgelacht hatte. Und als sie ihr Zimmer auch noch bei geöffneten Fenstern nach einem Dunghaufen riechend und voller Fliegen vorfand, war ihr Entschluß gefaßt. Augenblicklich wollte sie diese ungastliche Stätte verlassen! Als rettender Ort erschien ihr Bad Homburg und das dortige Schloß. Sie wußte zwar, daß es gegenwärtig der Witwe von König Friedrich Wilhelm als Witwensitz diente, doch sie zweifelte nicht daran, daß diese sie aufnehmen würde. Denn sie kannten ja einander recht gut.

Bad Nauheim und Homburg waren in der Luftlinie nur

243

etwas mehr als zwanzig Kilometer voneinander entfernt. Aber selbst wenn man die Umwege über die dazwischenliegenden Orte, durch die die Straße führte, mitrechnete, war das keine besondere Entfernung.

Noch immer voll Zorn über das Ansinnen des Professor Schott, sie röntgen zu wollen, suchte Sissy nach Herrn von Berewicky. Er war nicht da und auch Irma von Sztaray nicht. Das brachte das Faß zum Überlaufen. Sissy warf hastig ein paar Zeilen auf ein Blatt Papier. Die flüchtige Nachricht enthielt bloß die Mitteilung, daß sie im Homburger Schloß zu finden wäre, wohin sie alle nachzukommen hätten. Dann rannte sie alles stehen und liegen lassend davon.

In dem Hof befand sich außer gackernden Hühnern auch noch ein Landauer, an dessen Deichsel eine ältliche Stute gespannt war. Beides, Pferd und Wagen, gehörte dem Wirt des Gasthofes. Sissy schwang sich kochend vor Wut auf den Kutschbock und griff zur Peitsche.

„Los, nichts wie weg von hier!" rief sie und spannte die Zügel an.

Verwundert setzte sich die braune Stute in Trab. Ein Schankbursche, der eben ein Faß Bier in die Wirtsstube rollen wollte, starrte Sissy nach und riß verwundert Mund und Augen auf.

„Ja, ist denn die Wiener Gräfin narrisch worden?" rief er aus und stürzte das Faß Faß sein lassend in die Gaststube.

„Herr Wirt, die Dame aus Wien ist eben mit dem Gespann fortgefahren! Darf sie denn das?"

„Nein, so was! Haltet sie auf!" rief der Wirt erschrocken. Doch das war unmöglich.

Sissy trieb die arme Stute zur Eile an und war bald darauf aus Bad Nauheim heraus. Und als Herr von Berewicky in den Gasthof zurückkam, konfrontierte ihn der erboste Wirt mit der Behauptung, die Dame aus Wien habe Roß und Wagen gestohlen und sei damit fort — vermutlich auf Nimmerwiedersehen.

Die Botschaft in seinem Zimmer informierte Berewicky darüber, daß Sissy offenbar tatsächlich nicht die Absicht hatte zurückzukehren. Seufzend beglich er den Betrag aus der Reisekasse, den der Wirt für Pferd und Wagen verlangte — es war weit mehr, als das Pferd und der morsche Landauer wert waren, mit dem sich Sissy jetzt über staubige und schlechte holprige Straßen auf Bad Homburg zubewegte.

Ansonsten war von Sissys Reisegesellschaft niemand böse darüber, so bald Bad Nauheim verlassen zu müssen. Auch erschien allen das Homburger Schloß als ein weit angemessenerer Aufenthalt. Und so nahm man nicht zu Unrecht an, daß es von dort dann wohl, wie ursprünglich geplant, endlich nach dem feudalen Caux in der Schweiz ginge.

Herr von Berewicky ließ sich die Rechnung geben und bezahlte für die Reisegesellschaft Kost und Quartier. Danach stieß er auf Barker.

„Hoffentlich schafft sie die Strecke noch vor Einbruch der Dunkelheit", machte sich Barker ernstlich Sorgen und hatte damit wieder ein Thema für einen Brief an den Kaiser.

Seine Besorgnis war nur zu begründet. Die alte Stute kam nur in gemächlichem Tempo voran. Sissy, die sich mit Pferden auskannte, merkte nur zu bald, daß sie das Tier nicht überfordern durfte. Sie hatte keines der feurigen Rassepferde vor sich, die sie in Gödöllö oder gar bei den Jagden in Irland geritten hatte. Dieses arme, schlecht genährte Tier mußte sie schonen. Und als es dunkel wurde, kam sie gar noch vom Weg ab und geriet auf eine falsche Landstraße. Weit und breit war kein Mensch zu sehen, die Gehöfte lagen da wie ausgestorben, und die Nacht brach herein. Mutterseelenallein in dieser fremden Gegend bekam es Sissy jetzt doch mit der Angst zu tun und bereute ihren vorschnellen Entschluß, Hals über Kopf Bad Nauheim verlassen zu haben. Aber schließlich fand sie sich doch noch zurecht und hatte endlich die Häuser von Bad Homburg erreicht. Den Weg zum Schloß fand sie ohne Schwierigkeit. Sie fuhr vor dem Portal des Schloßparks vor, wo ein Posten vor seinem Häuschen Wache hielt.

„Machen Sie auf", rief sie dem Soldaten zu, „ich will passieren!"

„Parole?" kam es zurück.

Zu ihrer Überraschung salutierte und gehorchte der Posten keineswegs, wie sie es gewohnt war.

„Machen Sie auf, ich weiß keine Parole", antwortete Sissy unwillig.

„Wachen!" brüllte daraufhin der Wachposten in Richtung Wachstube. Gleich darauf kam ein bärtiger Feldwebel begleitet von zwei Mann Wache angestelzt.

„Was zum Teufel will die Frau hier?" knurrte er verwundert.

„Ich bin die Kaiserin von Österreich und möchte zu Ihrer Majestät", erklärte Sissy.

Der Mann glotzte sie an, als hätte er nicht ganz richtig gehört.

„Verschwinden Sie, hauen Sie ab, sonst mach' ich Ihnen und Ihrem Klepper Beine!"

„Empörend!" rief Sissy. Dergleichen war ihr noch nie widerfahren. Sie hob die Peitsche, als wolle sie den Mann für

seine Frechheit züchtigen, doch im nächsten Moment hatte
er selbst sie in der Hand.

„Wie — Auflehnung gegen die Obrigkeit?! Herunter mit
dir, du freches Weibsstück! Wache, abführen das Frauen-
zimmer! Wir werden gleich feststellen, wer sie wirklich ist!"

Der Mann ließ sie regelrecht verhaften. Er hielt sie entwe-
der für verrückt oder für eine Hochstaplerin. Natürlich hatte Sissy weder einen Ausweis noch auch nur einen Pfennig
Geld bei sich. Das brauchte sie ja auch normalerweise nicht.
Und in dem Gefährt, mit dem sie vorgefahren war, hatte sie
auch tatsächlich keinen kaiserlichen Eindruck gemacht.
Nun fiel ihr auch noch ein, daß sie sich Pferd und Wagen
wohl nicht gerade rechtmäßig angeeignet hatte.

Franzl, dachte sie voll Verzweiflung, was habe ich bloß
jetzt angestellt?!

„Es muß doch jemanden in dem Schloß geben, der mich
kennt", verteidigte sie sich, als der Feldwebel sie verhören
wollte. „Ihre Majestät kennt mich! Ich bin tatsächlich die
österreichische Kaiserin!"

„Vermutlich aus einer Klapsmühle entsprungen", kam
der Feldwebel zu einem Schluß. „Wir lassen sie hier bis morgen früh dunsten und übergeben sie dann der Polizei. Die
soll sehen, wie sie mit ihr zurechtkommt."

Sissy zitterte vor Erregung und Zorn und beschloß, dem
Feldwebel mit keiner Silbe mehr zu antworten. Mit Tränen
in den Augen schaute sie durch das Fenster der Wachstube,
die an die Mauer des Schloßparks gebaut war, über den
Platz hinüber zum erleuchteten Frankfurter Hof. Ganz
ohne Zusammenhang erinnerte sie sich plötzlich an jene
festliche Nacht hier im Schloß, die sie mit ihrem Franzl und
vielen Honoratioren gefeiert hatte. Und wie sie sich heim-

lich mit Helene von Taxis fortgestohlen hatte, um drüben im Hotel den armen John Collet zu trösten . . .

Doch heute und hier gab es niemanden, der *sie* getröstet hätte. Franzl war ja so weit . . . Und sie dachte an den Skandal, den es nun geben mußte!

Da löste sich drüben vom Frankfurter Hof eine Gestalt. Ein Mann kam über den Platz. Es war der Kammerherr der Königin, Graf Landsegg. Er hatte an diesem Abend drüben im Hotelrestaurant an seinem Stammtisch mit Freunden Wein getrunken. Trotzdem hatte er die Parole im Kopf. Der Wachposten salutierte, und der Graf wäre ahnungslos an der Wachstube vorbeigeschritten, wenn nicht dem Feldwebel eingefallen wäre, in diesem heiklen Fall den Kammerherrn um Rat zu fragen. Der alte Herr von Landsegg konnte sich nur zu gut an Sissy erinnern und fiel aus allen Wolken.

„Majestät!" rief er entsetzt und fuhr gleich darauf den Feldwebel zornig an: „Mann, das kann Sie Kopf und Kragen kosten!"

„Nicht doch", nahm Sissy den Soldaten in Schutz, „der Mann hat doch bloß seine Pflicht getan, und aufgrund meiner etwas sonderbaren Ankunft war es ja wirklich schwer zu glauben, daß ich die Kaiserin von Österreich bin." Und hoch erhobenen Hauptes schritt sie aus der Wachstube, nicht ohne vorher darum ersucht zu haben, daß Pferd und Wagen gut versorgt würden: „Sie gehören mir nämlich nicht!"

In den nächsten Tagen bekam Franzl nach Ischl eine Menge Briefe. Einen von Sissy selbst, in dem sie ihm ihr Abenteuer in allen Details schilderte und um seine Nachsicht bat. Einen von Graf Berewicky, der seine völlige Unschuld beteuerte, einen von Barker und einen von der Königin-Witwe, worin die einsame, alte Dame ihrer Freude über den unverhofften Besuch Ausdruck verlieh, der ihr endlich wieder ein wenig Abwechslung beschert habe.

Franzl wußte nicht, ob er sich ärgern oder lachen sollte. Nach dem Brief der Königin aber entschied er sich für das letztere. War das nicht trotz ihrer Jahre wieder ein echter Sissy-Streich, wie einstmals, als sie sich von Franzls Mutter „Bayrischer Wildfang" nennen lassen mußte?

11. Genf

Als Sissy am 30. August endlich in Caux ankam, waren für sie und ihr Gefolge bereits 15 Zimmer von Graf Berewicky reserviert. Das Wetter war prächtig, und da es ihr gesundheitlich wieder besser ging, unternahm sie einige Ausflüge. Und auch sonst wurde sie aktiver: Die zahlreichen Briefe von Franzl beantwortete sie regelmäßig und drückte in ihnen ihre Sehnsucht nach ihm aus und den Wunsch, er möge sie doch für ein paar Tage in der Schweiz besuchen. Leider könne er nicht kommen, schrieb er zurück, doch er hoffe auf ein baldiges Wiedersehen in der Hermesvilla in Wien.

Am sechsten September besuchte sie Evian und erinnerte sich daran, daß ihre Schwester Marie, die entthronte Königin von Neapel, ihr öfter ans Herz gelegt hatte, doch die berühmte Orchideenzucht der Baronin Rothschild zu besichtigen, falls sie zufällig einmal in der Nähe sei. Nun war sie es!

„Ach, suchen Sie doch im Telefonbuch nach der Nummer der Villa Rothschild", ersuchte Sissy die Gräfin Sztaray. „Und sagen Sie ihr, daß ich den Wunsch hätte, sie zu besuchen."

„Die Baronin wird entzückt sein, Majestät", versicherte Irma.

Und das war sie auch. Der Besuch wurde für den neunten September vereinbart. Die Baronin residierte in Prégny.

„Dann können wir die Rückreise über Genf antreten", meinte Sissy, „und einen Nachmittag zu einem Einkaufsbummel benutzen! Ich möchte ein paar Geschenke besorgen für Marie-Valerie und ihre Kinder!"

Graf Berewicky bestellte daher telefonisch für die Nacht vom neunten zum zehnten September im Genfer Hotel Beau Rivage Zimmer für Sissy und die Gräfin Sztaray. Am darauffolgenden Tag sollte die Rückfahrt nach Caux mit dem Dampfer angetreten werden. Die Zimmer wurden unter dem Namen „Comtesse de Hohenembs" bestellt. Aber wie in manchen anderen Orten war es auch hier. Ein fürwitziger Journalist enttarnte die Kaiserin, und die Genfer Zeitungsleser waren über den angesagten Gast im Bilde.

Zu den Lesern der Nachricht gehörte auch Luigi Lucheni. Der einstige Diener des Herzogs von Aragon war zu Fuß über den St. Bernhard gekommen und hatte sich in der Schweiz als Bauhilfsarbeiter verdingt. Am Abend suchte er billige Wirtshäuser auf und kam mit merkwürdigen Leuten zusammen. Sein Haß wuchs und wuchs — der Haß auf alle jene, mit denen es das Schicksal besser gemeint hatte und die nichts taten, um eine bessere Welt zu schaffen — eine Welt ohne Unterdrückung und Not. Wer weiß, vielleicht war gerade er, der bislang so Unbedeutende, dazu berufen, ein Zeichen zu setzen, daß die ganze Welt aufhorchen ließ? Dann würden noch spätere Generationen Luigi Lucheni als einen Anarchisten der Tat bezeichnen.

Vor dem Schaufenster eines Waffengeschäfts liebäugelte

er mit einem schmalen, langen Dolch. Doch seine Geldmittel reichten bei weitem nicht, um ihn zu erstehen. Sie langten gerade für eine Feile, die auf dem Flohmarkt ganz billig zu haben war. Das Ding ist für sie gut genug, sagte er sich. Die Feile wird ihren Zweck erfüllen . . .

Von den Orchideen der Baronin Rothschild begeistert, kamen Sissy und Irma Sztaray am neunten September um fünf Uhr nachmittags in Genf an und begaben sich von der Dampferanlegestelle gleich in das nahegelegene Hotel. Sie erfrischten sich auf ihren Zimmern und traten danach den geplanten Bummel an. In einem Cafe am Boulevard du Theatre setzten sie sich an einen der Tische und beobachteten belustigt das bunte Treiben. Das Veilcheneis, das Sissy so gern aß, schmeckte so gut, daß sie sich noch eine zweite Portion davon bestellte.

„Heute lasse ich mir's gut gehen", entschuldigte sie sich vor sich selbst. „Wer weiß, wie lang ich das noch kann!"

Irma quittierte es mit einem verständnisvollen Lächeln. Ihrer Meinung nach hätte Sissy schon längst auf ihre spartanische Diät verzichten sollen. Wahrscheinlich wäre ihr dadurch manche Migräne und manches Unwohlsein erspart geblieben.

Nach einer Ruhepause brachen sie wieder auf und mischten sich promenierend unter die Menge.

„Wenn Majestät endlich anfangen, vernünftig zu essen, und sich mehr Ruhe gönnen wollen, werden Majestät bald wieder ganz auf der Höhe sein", meinte Irma ermunternd.

„Ach, dazu wird es wohl kaum mehr kommen", antwortete Sissy zu ihrer Verwunderung. „Weil ich nicht mehr lange zu leben habe."

„Aber Majestät", erschrak Irma, „wie kommen Sie auf

eine solche Idee?! Im Grunde sind Majestät doch kerngesund!"

Sissy lächelte merkwürdig. Erst als sie den beharrlich fra-
genden Blick Irmas auf sich ruhen fühlte, entschloß sie sich
zu einer Antwort.

„Ich bete täglich darum, von dieser Welt genommen zu
werden, bevor das Alter mit all seinen Folgen in Erschei-
nung tritt. Ich möchte meinen Kindern und meinem Mann
so in Erinnerung bleiben, wie ich war und vielleicht noch
bin. Und auch das Volk soll mich so im Gedächtnis behalten!"

„Aber Majestät", schüttelte Irma Sztaray den Kopf,
„Majestät verlangen ein Wunder! Und ist es nicht Frevel,
Gott um so was zu bitten?"

„Es ist ja das einzige, worum ich ihn bitte, Irma", antwortete Sissy. „Ich wünsche sonst nichts mehr, nur einen
Tod ohne Schmerz, ohne Siechtum, ohne ein Leiden, das
mich quält und zur Last für andere wird. Ja, ich glaube, er
hat mir sogar schon ein Zeichen gegeben, daß die Erfüllung
nahe ist."

„Was denn für ein Zeichen?" fragte Irma nun wirklich
beunruhigt.

„Als ich gestern abend mit Herrn Barker in Caux auf der
Hotelterrasse saß und mir einen Pfirsich schälte und schnitt,
schoß plötzlich eine Möwe vom Himmel herab und pickte
mit ihrem scharfen Schnabel die Pfirsichspalte aus meiner
Hand, gerade als ich sie zum Mund führen wollte. Ich wußte im selben Moment, was das zu bedeuten hatte. Barker
versucht es mir auszureden, aber ich bin sicher, es war ein
Signal. Nun, ich bin in meinem Inneren bereit."

„Aber das ist doch Aberglaube, Majestät", meinte Irma

nun wieder beruhigt. „Kein Mensch glaubt heutzutage noch an so was!"

„Das sagte auch Barker . . . Er wollte mich trösten, genau wie Sie! Aber ich bedarf keines Trostes. Der Tod hat ja nichts Schreckliches für mich. Ich ersehne ihn wie einen Geliebten. Er ist der einzige, der sie mir wirklich schenken kann: die Freiheit!"

Der Antiquitätenhändler Dunier wollte sein Geschäft gerade schließen, als Sissy und Irma es betraten. Sissy kaufte einen hübschen Intarsientisch, den Dunier nach Schloß Wallsee schicken sollte.

„Marie-Valerie wird sich freuen", hoffte Sissy selbst glücklich über den Kauf.

Die Hofdame geriet jedoch bald darauf in tausend Ängste. Denn in der Gegend des Place Bel Air hatten sich die beiden Frauen in den dunklen Gassen verirrt, und nur mit Mühe konnten sie schließlich den Kai und das Hotel Beau Rivage wiederfinden.

Sie schenkten den beiden Männern, die am Seegeländer lehnten, keine Beachtung und waren froh, ins Haus zu kommen. Doch einer der beiden Männer war Luigi Lucheni. Wer der andere war, wurde niemals eruiert. Sie blickten gelegentlich zu den Eckfenstern des ersten Stockes hinauf. Es waren Sissys Zimmer.

„Freiheit", zischte Lucheni, „ja, Sie haben recht — für sie lohnt es sich zu kämpfen und notfalls auch zu sterben! Und ich will diese Freiheit hier und jetzt, für mich, für uns alle! Nicht erst im Jenseits, wie einem gepredigt wird."

„Bravo", sagte der andere leise, nickte Lucheni ermunternd zu und verschwand im Dunkel der Nacht.

Lucheni blieb noch eine Weile stehen, dann ging auch er.

Sissy ließ sich das Abendessen aufs Zimmer kommen. Irma war müde und ging gleich zu Bett. Sissy benötigte sie nicht mehr.

Das Fenster zum Balkon war weit offen, und Sissy trat in ihren leichten Morgenmantel gehüllt noch einmal hinaus. Seit Rudis Tod hatte sie keine einzige Verszeile mehr geschrieben. Doch in dieser Stunde zwang es sie förmlich, die Feder in die Hand zu nehmen. Wie eine Traumwandlerin ging sie zu dem kleinen Schreibtisch, der nahe an der Balkontür stand, und tauchte die Feder ins Tintenfaß.

> Ob groß, ob klein erscheint, was wir getan,
> wenn wir beschlossen unsre Erdenbahn,
> wie schnell ist angefüllt die leere Stelle!
> Wie viel macht's Unterschied im Ozean:
> Ein Tropfen weniger — oder eine Welle?

Dann legte sie sich nieder und schlief ruhig und traumlos bis zum folgenden Morgen, dem des zehnten Septembers.

Irma hatte schon in einer nahen Kirche die Frühmesse besucht, als sie sich um Punkt neun bei Sissy zum Dienst meldete.

„Besorgen Sie Fahrkarten für den Dampfer nach Caux", wünschte Sissy. „Ich möchte das Schiff um dreiviertel zwei nehmen, da bleibt uns der Vormittag noch für Genf!"

Irma gehorchte. Der Dampfer wollte um 13 Uhr 40 ablegen. Sie und die Kaiserin würden als ganz gewöhnliche Passagiere auftreten.

Während Sissy gegen elf Uhr bei der weithin bekannten Firma Baecker in der Rue Bonivard ein weiteres Geschenk für Marie-Valerie kaufte — ein Orchestrion mit 24 Musikplatten —, saß Franzl in Wien an seinem Schreibtisch. Seine Gedanken waren bei der fernen so sehr geliebten Frau, an die er jetzt schrieb.

Mein geliebter Engel!

Vor einigen Tagen war ich wieder in Lainz. Voll Wehmut habe ich zu deinen Fenstern hinaufgeblickt und an die Tage zurückgedacht, die wir so glücklich in diesem Haus verbrachten. Die vielen Schwalben, die rund um die Villa zwitschern, sammeln sich schon für ihren großen Flug. Wann, mein Engel, wirst Du heimwärts reisen? Wie glücklich wäre ich, wenn ich Dir entgegenfahren könnte, um Dich nach langer Trennung früher wiederzusehen! Gib acht auf Dich, die Schweiz ist, wie man mir berichtet hat, wieder voll Anarchisten. Komm bald! Es sehnt sich nach Dir

Dein Franzl

Als er seinen Brief beendet hatte, schaute er hinab auf den sonnenbeschienenen Park von Schönbrunn. Eine merkwürdige Unruhe hatte ihn erfaßt, die er nicht zu deuten wußte.

Um dreiviertel eins waren Sissy und die Gräfin Sztaray wieder im Hotel und aßen zu Mittag. Es war kurz vor halb zwei, als Irma dann an Sissys Zimmertür klopfte, um sie an die Abfahrt des Dampfers zu erinnern.

„Es ist bald so weit, Majestät", erinnerte Irma Sztaray. „Das Schiff fährt in zehn Minuten! Majestät müssen sich fertig machen!"

„Bringen Sie mir noch ein Glas Milch, Irma", bat Sissy versonnen.

Verwundert eilte die Gräfin davon, um ihren Wunsch zu erfüllen. Es schien ihr, als ob sich Sissy von dem Hotelzimmer nicht trennen könne. Doch als sie zurückkehrte, fand sie Sissy aufbruchbereit. Auf ihrem Gesicht lag ein Ausdruck von Entschlossenheit.

Irma goß die Milch in Sissys silbernen Reisebecher, der sie, wenn sie unterwegs war, stets begleitete. Oft schon hatte sie sich mit frischem Quellwasser daraus unterwegs gelabt, wenn sie durstig war. Doch diesmal war sie wohl gar nicht so durstig, denn sie nippte nur und sagte dann entschlossen: „Gehen wir also!"

Der Mann, der auf halbem Weg zur Dampferanlegestelle am Kaigeländer lehnte, war Luigi Lucheni. Als er die beiden Damen aus dem Portal des Beau Rivage kommen sah, richtete er sich auf und wandte sich ihnen zu. Er sah, wie der Hotelportier seine beschirmte Mütze zog und grüßte.

Sissy schritt leichtfüßig dahin.

„Was für ein herrlicher Tag ist doch heute", meinte Irma und sog mit tiefen Zügen die würzige Luft ein, die vom Genfer See stadteinwärts wehte. „Und sehen Sie doch nur, Majestät! Die Kastanienbäume blühen wahrhaftig ein zweites Mal!"

Das war gestern noch nicht der Fall gewesen. Doch über Nacht waren sie wirklich erblüht. Die ganze Baumreihe prangte im Schmuck der Kastanienkerzen.

„Es ist, als ob mir Gott heut ein besonderes Fest bereiten wolle", lächelte Sissy dankbar.

„Um diese Jahreszeit", spann Irma ihren Gedanken fort, „ist es wie ein Wunder, Majestät!"

Und das war es wohl auch. Wie alles weitere, was noch in diesen Minuten mit Sissy geschah.

256

Während Lucheni auf sie zuschritt, umfaßte seine Rechte mit festem Griff die Feile. Ein Held wollte er sein, der ein kühnes Zeichen setzte! Und wußte nicht, daß er nur Werkzeug war. Ein Werkzeug, dazu bestimmt zu erfüllen, worum Sissy voll Inbrunst gebetet hatte.

Erzherzog Johann von Österreich

Als Sohn des Herzogs Leopold von Toskana, Neffe der in Frankreich enthaupteten Königin Marie Antoinette und Bruder des österreichischen Kaisers Franz I. kam er nach dem Tod Kaiser Josef II. an den Wiener Hof, wo sich der junge Erzherzog bald als „aus der Art geschlagen" erwies.

Im Feld kämpfte er gegen Napoleon, der Tiroler Aufstand sah ihn an der Seite des Volkshelden Andreas Hofer, und als der allmächtige Staatskanzler Fürst Metternich den aufmüpfigen Johann in die Steiermark abschob, wurde er dort zum Kämpfer für Fortschritt, Freiheit und Gerechtigkeit. Seine Heirat mit der „unebenbürtigen" Postmeistertochter Johanna Plochl aus Alt-Aussee war die Sensation jener Tage.

Eine Fülle von Legenden rankt sich um das Leben des „grünen Prinzen" in der Steiermark, die seinem Wirken die industrielle Erschließung und einen bedeutenden kulturellen und wirtschaftlichen Aufschwung zu verdanken hatte. Auch heute noch trifft man auf Schritt und Tritt Zeugnisse seines Schaffens, und kaum ein Habsburger war und ist noch immer populärer als er.

Der erste Band

Erzherzog Johann — Junge Liebe in Wien

erzählt von der ersten Leidenschaft des heranreifenden
Jünglings zu einem Wiener Mädchen, das nicht erfahren
darf, wer er ist. Diese süße Romanze wird nicht nur die
Leser dieses Buches entzücken. Der mit historischer Treue
geschilderte zeitgeschichtliche Ablauf der Ereignisse vermit-
telt darüber hinaus überraschende Perspektiven in die Welt
jener Tage und in die Persönlichkeiten, die sie prägten. Ein
fesselndes Buch von der ersten bis zur letzten Seite! Lesen
Sie auf den folgenden Seiten eine Leseprobe des ersten Ban-
des.

Leseprobe zu Band I

Erzherzog Johann — Junge Liebe in Wien

Mit schreckgeweiteten Augen starrte Gräfin Schlöndorff auf das Bild, das sich ihr bot. Noch immer krachten wahre Raketenbündel gegen den nächtlichen Himmel über dem Prater. Der Lärm der Detonationen übertönte für Augenblicke die Schreie der Menschen. In wilder Panik suchten sie ihr Heil in der Flucht, stießen und traten alles nieder, was sich ihnen in den Weg stellte.

Eine der Tribünen stand schon in Flammen. Eine andere brach unter dem Toben der Flüchtenden ein, und ein vielstimmiger Schreckensschrei durchgellte die Nacht. Das zukkende Licht zeigte der Gräfin schreckensbleiche Gesichter: Männer, Frauen, Kinder — alles rannte, lief um sein Leben. Doch unter ihnen war nicht das eine, einzige, nach dem sie Ausschau hielt.

„Kaiserliche Hoheit! Erzherzog Johann!" rief sie so laut, wie sie nur konnte, und war sich dabei verzweifelt bewußt, daß ihre Stimme den Hexenkessel kaum durchdringen konnte.

Sie fürchtete nicht um ihr eigenes Leben, aber sie glaubte, dem Kaiser nie wieder unter die Augen treten zu können, wenn seinem jüngeren Bruder an diesem schrecklichen Abend etwas widerführe.

„Johann", rief sie schließlich nur noch verzweiflungsvoll und ließ alle Titel und Würden weg, denn sie liebte ihren Schützling wie eine Mutter.

Doch dieser trug seine leichte Last so schnell, wie er nur konnte, aus dem Gefanrenbereich. Das Mädchen war noch immer bewußtlos. Wie eine große Puppe, doch bleich und mit ein wenig Ruß auf den zarten Wangen und der Stirn, hielt er sie in seinen Armen. Er lief immer tiefer in das Dikkicht hinein, fort vom Schauplatz des Schreckens, dem Brand und der flüchtenden Menge, die nicht weniger gefährlich war als die Flammen des verunglückten Feuerwerks. Für einen Augenblick dachte er an die Gräfin. Aber, so wie er sie kannte, würde sie sich schon zu helfen wissen. Wahrscheinlich würde er sie später beim Lusthaus bei dem Gespann finden.

Allmählich kam er doch außer Atem, und als sich vor ihm eine Lichtung auftat, die an einen Arm der Donau grenzte, trug er das Mädchen noch bis zur sanft abfallenden Böschung und bettete es dort sachte ins Gras. Dann zog er sein Taschentuch, befeuchtete es mit Wasser und entfernte fast zärtlich die Rußflecken vom Antlitz des Mädchens, worauf es unter der Berührung mit dem kühlenden Naß aus seiner Ohnmacht erwachte.

„Wo — wo bin ich?" hauchte das Mädchen verwirrt, „und wer sind Sie?"

„Ich hab' Sie doch zwischen den Balken hervorgezogen, aber zum Glück ist Ihnen nichts passiert. Sie sind völlig unverletzt."

„Oh", meinte sie nur, „und mein Onkel? Wo ist mein Onkel?"

„Keine Ahnung, wo Ihr Onkel ist", schmunzelte Johann

unwillkürlich. „Vielleicht hat er sich aus dem Staub gemacht. Die Tribüne hat schon angefangen zu brennen."

„Das Feuer", erinnerte sie sich plötzlich völlig. „Ja, das schreckliche Feuer — es wird ihm doch nichts zugestoßen sein!"

„Ich hoffe nicht. Ihnen kann jedenfalls nichts mehr passieren", stellte er sachlich fest. „Darf ich fragen, wie Sie heißen?"

„Eibeseder. Hannerl Eibeseder. Uns gehört das Kaffeehaus am Graben. Mein Vater ist Konditor und Kaffeesieder — der bekannte Eibeseder vom Graben", ergänzte das Mädchen nicht ohne Familienstolz. „Und wer sind Sie?"

Sollte er ihr wirklich verraten, daß er ein jüngerer Bruder des Kaisers war? Er hatte das Gefühl, daß es klüger wäre, dies nicht zu tun — aus vielen Gründen. Hauptsächlich aber deswegen, weil er die Tochter des bekannten Konditors nicht verschrecken wollte.

„Ich — ich heiße Johann", antwortete er ein wenig stokkend.

„Sie sind wohl ein Handwerksbursch, wie? Und aus Neugier und Jux zum Feuerwerk in den Prater gegangen?"

Der Widerschein des Brandes, der zuckend den Himmel erhellte, ließ sie sein etwas zerrissenes Gewand erkennen, aber nicht ahnen, daß dieser Zustand eine Folge ihrer Rettung war.

„Ein Handwerksbursch?" schmunzelte er, und seine Laune besserte sich von Sekunde zu Sekunde. „Ja, das stimmt", fügte er bereitwillig hinzu und war froh, daß er nicht zu lügen brauchte. Denn jeder Habsburger, selbst der Kronprinz, mußte ein Handwerk erlernen.

„Und wahrscheinlich haben Sie keinen Heller im Sack.

Ein Bruder Leichtsinn? Wird wohl so sein. Mein Vater sagt immer, die Handwerksburschen sind leichtsinnig."

„Und Ihr Onkel sagt das wahrscheinlich auch?"

„Gewiß tut er das. Waren Sie allein im Prater?"

„O nein, mit — mit meiner Tante", schwindelte er diesmal, denn er konnte doch nicht gut sagen, daß er in gräflicher Gesellschaft zum Feuerwerk gekommen war.

„Und die Tante ist genauso verschwunden wie mein Onkel?"

„Eigenartig, nicht wahr? Aber wenn Sie nun aufstehen könnten, dann bring' ich Sie nach Hause. Da, ich hör' endlich die Feuerwehr. Wenn die mit ihren Spritzen ang'fahren kommt, wird sowieso nichts mehr zu retten sein."

Nun, es wäre gewiß schön gewesen, noch ein Weilchen hier zu bleiben, doch der Kavalier regte sich in ihm. Und ihre Angehörigen würden sich wohl um sie sorgen. Galant reichte er ihr die Hand und half ihr beim Aufstehen. Als sie ihr Kleid abklopfte, merkte sie, daß es leicht beschädigt war.

„O je", klagte sie, „wie seh' ich bloß aus?!"

„Allerliebst", bekannte er aufrichtig. „Darüber brauchen Sie sich keine Sorgen zu machen. Sehen wir nur, daß wir das Lusthaus erreichen. Sind wir erst dort, dann müssen wir nur noch durch die Hauptallee und danach bis zur Brücke an der Jägerzeile . . ."

„Zu Fuß?" erschrak das Mädchen. „Da kommen wir ja nie vor morgen früh heim!"

Das wär' freilich gar zu schön, dachte Johann. Laut aber sagte er: „Beim Lusthaus ist sicher ein Gespann. Vielleicht ist sogar meine Tante dort. Oder Ihr Onkel."

„Ja, das ist wahr", nickte sie.

„Kommen Sie nur, Fräulein", ermunterte er sie und reichte ihr den Arm. „Halten Sie sich an mir an, damit Sie nicht stolpern."

Seite an Seite kämpften sie sich durch das wildverwachsene Unterholz. Johann sandte von Zeit zu Zeit einen Blick zum Himmel. Der noch immer hell flackernde Schein des Brandes diente ihm zur Orientierung.

„Hoffentlich verlaufen wir uns nicht", meinte Hannerl besorgt.

„Nur keine Angst, Fräulein", entgegnete er. „Vertrauen Sie mir nur."

„O ja", hauchte sie verlegen. „Aber so ganz allein mit einem Bruder Leichtsinn in der Nacht im Wald — was wird da mein Vater und meine Mutter dazu sagen?!"

INHALT

Erster Teil

Zweiter Teil

Dritter Teil

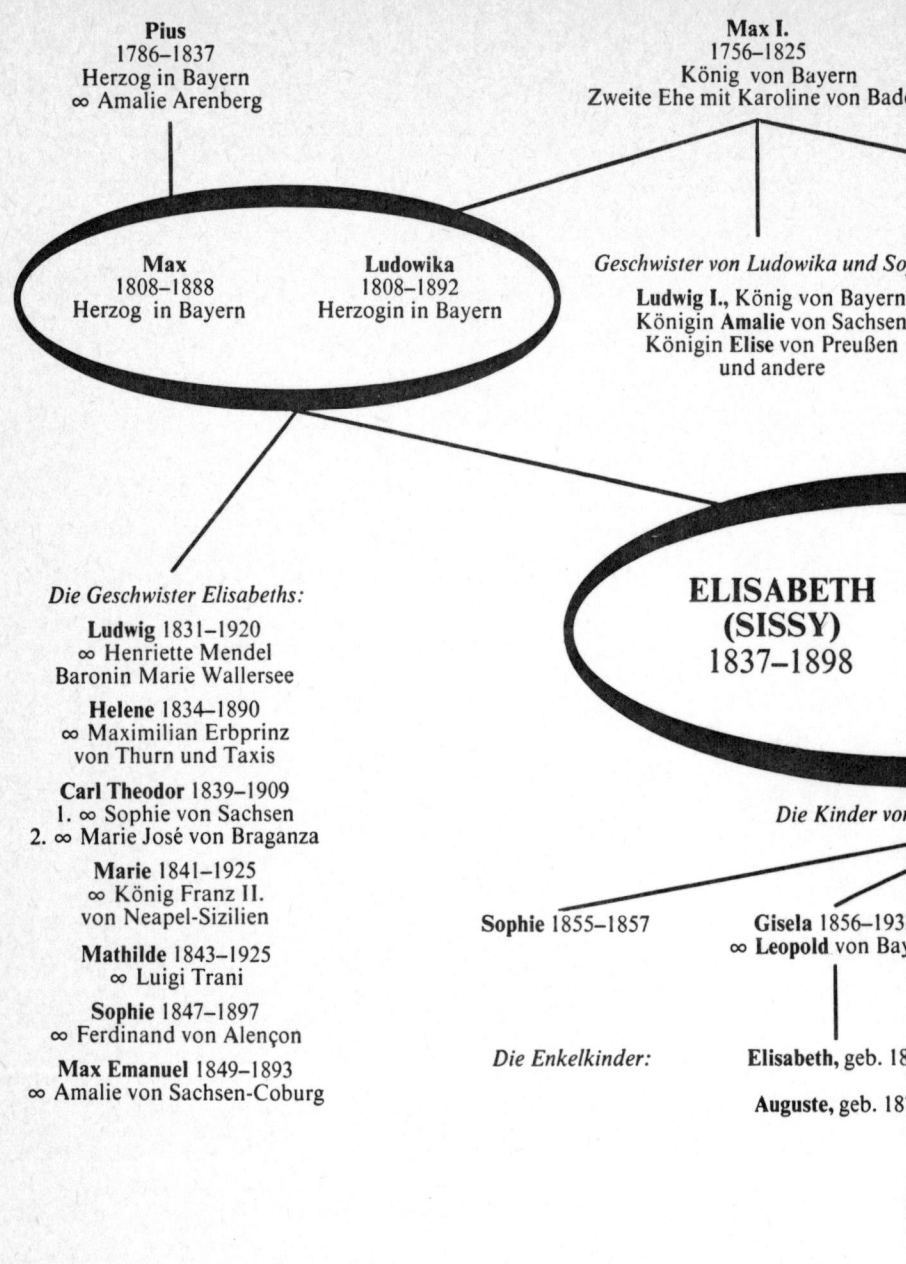

Pius
1786–1837
Herzog in Bayern
∞ Amalie Arenberg

Max I.
1756–1825
König von Bayern
Zweite Ehe mit Karoline von Baden

Max
1808–1888
Herzog in Bayern

Ludowika
1808–1892
Herzogin in Bayern

Geschwister von Ludowika und Sop

Ludwig I., König von Bayern
Königin **Amalie** von Sachsen
Königin **Elise** von Preußen
und andere

Die Geschwister Elisabeths:

Ludwig 1831–1920
∞ Henriette Mendel
Baronin Marie Wallersee

Helene 1834–1890
∞ Maximilian Erbprinz
von Thurn und Taxis

Carl Theodor 1839–1909
1. ∞ Sophie von Sachsen
2. ∞ Marie José von Braganza

Marie 1841–1925
∞ König Franz II.
von Neapel-Sizilien

Mathilde 1843–1925
∞ Luigi Trani

Sophie 1847–1897
∞ Ferdinand von Alençon

Max Emanuel 1849–1893
∞ Amalie von Sachsen-Coburg

**ELISABETH
(SISSY)**
1837–1898

Die Kinder von

Sophie 1855–1857

Gisela 1856–1932
∞ **Leopold** von Bayer

Die Enkelkinder:

Elisabeth, geb. 187

Auguste, geb. 187

Franz II. (I.)
1768–1835
Kaiser von Österreich
Zweite Ehe: M. Therese von Bourbon-Neapel

Sophie	**Franz Karl**	**Ferdinand I.**	**Marie Luise**
1805–1872	1802–1878	1793–1875	1791–1847
Erzherzogin	Erzherzog von Österreich	Kaiser von Österreich	∞ Napoleon I.

FRANZ JOSEPH I.
1830–1916
Kaiser von Österreich

Maximilian
1832–1867
Kaiser von Mexiko

Karl Ludwig
1833–1886
Erzherzog von Österreich
Zweite Ehe: Maria Annunziata
von Bourbon-Neapel

Franz Ferdinand
1863–1914
Thronfolger
∞ Sophie Gräfin Chotek

Franz Joseph:

Rudolf 1858–1889
Stephanie von Belgien

Marie Valerie 1868–1924
∞ Erzherzog Franz Salvator

...abeth (Erzsi), geb. 1883

Elisabeth (Ella), geb. 1892

Franz Carl, geb. 1893

Hubert, geb. 1894

Hedwig, geb. 1896

Theodor, geb. 1899

Gertrud, geb. 1900

Marie, geb. 1901

Klemens, geb. 1904

Mathilde, geb. 1906

MARIELUISE VON INGENHEIM

Sissy
Ein Mädchen
wird Kaiserin

»Ein Roman aus der vergangenen österreichischen Monarchie. Die historische Kulisse und die Personen sind der geschichtlichen Wirklichkeit entnommen und spiegeln eine wundersame Tatsachenwelt wider: den Aufstieg eines Mädchens zur Kaiserin! – Unter dem gleichen Titel wurde auch ein Film gedreht, der diesem Buch vollinhaltlich entspricht. Ein schöner Geschichtsroman, gefühlvoll und seltsam subtil-aufregend. Zwischen den Zeilen liegt das Fluidum einer früheren Welt, voll satter Farben und dem verblaßten Prunk des gewesenen Reiches. Liebe und Glück gaben dem Ganzen einen ergreifenden Inhalt. Sehnsüchte, in Träume verpackt, wurden Wirklichkeit. Das ist der rote Faden des Buches!«

M. VON INGENHEIM

Sissy
Ein Herz und eine Krone

In dem Buch »Sissy – Ein Mädchen wird Kaiserin«
ist nur ein kleiner Teil des bewegten Lebens der
jungen Kaiserin geschildert worden. Aufgrund der
zahlreichen Leserbriefe stellen wir nun der begei-
sterten Leserschaft den neuen Sissy-Band vor:
»SISSY – Ein Herz und eine Krone«, ein Buch voller Dramatik und Spannung, voll Humor und Herz.

Noch immer ist Sissy jugendlich-schön und begeh-
renswert, und Franz Joseph liebt sie über alles.
Doch da brechen schwere Schicksalsschläge über
sie herein. In Bayern kommt ihr Cousin, König
Ludwig II., auf ungeklärte Weise ums Leben, und
der geheimnisvolle Tod ihres Sohnes, des Kronprinzen Rufolf, erschüttert die Monarchie in ihren
Grundfesten. Nur ihre Liebe und ihr Glauben aneinander läßt Sissy und Franz Joseph diese schwere
Prüfung überstehen.

MARIELUISE VON INGENHEIM

Sissy

Im Schloß der Träume

Man schreibt das Frühjahr 1889. Noch immer steht Österreich, steht das Kaiserhaus im Bann der Tragödie von Mayerling. Aufgewühlt und voller Zweifel an der offiziellen Version versucht Sissy, die Wahrheit über den Tod ihres Sohnes, des Kronprinzen Rudolf, herauszufinden. Doch sie stößt gegen eine Mauer der Ablehnung und des Schweigens. Was sie dennoch in Erfahrung bringen kann, ist schockierend genug. Heimlich bringt sie es zu Papier und vertraut es einer Kassette an, die erst lange nach ihrem Tod geöffnet werden soll. Währenddessen entsteht fern, auf der Insel Korfu, das Achilleion, ihre Zufluchtsstätte, wo sie inmitten einer paradiesischen Natur Ruhe und inneren Frieden wiederzugewinnen hofft. Franz Joseph, der sie liebt, fürchtet, sie für lange Zeit zu verlieren.

MARIELUISE
VON INGENHEIM

Sissy
Ein Walzer in Schönbrunn

Wieder erlebt der Leser einen weiteren Lebensab-
schnitt im ereignisreichen Dasein der Kaiserin Elisabeth von Österreich am prunkvollen Wiener Hof,
den sie so gar nicht liebt. Immer wieder versucht
sie zu fliehen, reist in Begleitung ihrer Hofdamen
und des alten, getreuen Barons Nopsca in fremde
Länder. Doch wieder heimgekehrt, erfährt sie, daß
sich der junge, neue Thronfolger Erzherzog Franz
Ferdinand weit unter seinem Stand in eine einfache
Komtesse aus böhmischem Adel verliebt hat. Die
Hausgesetze der Habsburger und der auf die Tradition seines Erzhauses bedachte Kaiser Franz Joseph
scheinen eine Verbindung unmöglich zu machen.
In seiner Not wendet sich Franz Ferdinand an die
einzige, der er vertraut – an seine Tante Sissy. Sie
versteht ihn und will ihm helfen. Doch sie liebt
auch ihren Mann, mit dem sie ein ganzes Leben
hindurch Glück und Unglück geteilt hat.

MARIELUISE VON INGENHEIM

Sissy
Schwarzer Diamant der Krone

Man schreibt das Jahr 1895. Das große Fest der
Heiligen Stephanskrone wirft seine Schatten voraus. Die Tausend-Jahr-Feiern in Budapest bringen
Verpflichtungen mit sich, denen sich Sissy nicht
entziehen kann. Doch sie flieht noch immer den
Hof und die sie bewundernde Menge.
Und Rudolfs Nachfolger als Kronprinz, der junge
Erzherzog Franz Ferdinand, der dessen Pläne ver-
wirklichen will, ringt um seine Liebe. Seiner Heirat
mit der nicht ebenbürtigen Komtesse Chotek stellen
sich noch immer Hindernisse entgegen. Doch Sissy,
seine heimliche Verbündete, hilft ihm und kämpft
wie er gegen das alte Hausgesetz und starre Vorur-
teile...

Sissy

MARIELUISE
VON INGENHEIM

Krone und Rebellen

Im Jahre 1896 feiert man das große Ereignis der österreichisch-ungarischen Monarchie, das prunkvolle Millenniumsfest, das Fest der Tausendjahrfeier der Heiligen Stephanskrone. Unzählige sind nach Budapest gekommen, um die Feierlichkeiten mitzuerleben, doch niemand ahnt, daß der Kaiser und die Kaiserin, Sissy und Franz Joseph, sich in den Händen einer Erpresserin befinden, die droht, das Geheimnis von Mayerling zu veröffentlichen. Angewidert verläßt die ruhelose Sissy die Monarchie, um an der Riviera und in der Schweiz Erholung zu suchen, und unterstützt weiterhin die Heiratspläne Erzherzog Franz Ferdinands, der sich in die Komtesse Chotek verliebt hat und die „nicht Ebenbürtige" entgegen dem Hausgesetz heiraten will. Selbst um den Preis des Verzichts auf den Thronanspruch für seine Nachkommen!
Nur das stille Glück von Sissys Lieblingstochter Marie-Valerie in ihrer Ehe mit Erzherzog Franz Salvator bringt ein wenig Ruhe in ihr unstetes Leben. Doch als die Gräfin Mikes die Nachricht von einem hinterhältigen Gerücht, das in Wien die Runde macht, überbringt, muß Franzl wieder einmal die Hoffnung aufgeben, daß seine Sissy endlich in Wien an seiner Seite Ruhe suchen und finden wird.

MARIELUISE
VON INGENHEIM
Sissy
Und ewig bleibt die Liebe

November 1897. Auf dem Wiener Ring tobt eine Straßen-
schlacht. Von Böhmen bis zur Steiermark erhebt sich das
aufgewiegelte Volk gegen eine Verordnung des Ministerpräsidenten Badeni. Sissy weiß von alldem nichts, sie ist,
wie immer in den letzten Jahren, auf Reisen. Katharina
Schratt, zutiefst verletzt über den gegen sie geäußerten Verdacht, sie unterhalte unerlaubte Beziehungen zum Kaiser,
fordert ihre Entlassung aus dem Verband des Burgtheaters.
Franz Joseph aber unter dem Druck einer drohenden Er-
pressung seitens der Nichte der Kaiserin, Marie Larisch,
stößt auf der Suche nach Material, das Sissy kompromittie-
ren könne, auf eine längst vergessene, bittersüße Romanze
der Kaiserin...

Dezember 1897. Verzweifelt kämpft Franz Joseph
um den Fortbestand der Monarchie. Doch Sissy
hat die Hoffnung längst aufgegeben. Sie zieht sich
nach Biarritz zurück. Und unabwendbar macht
sich die Vergangenheit bemerkbar, die Erinnerung
an eine bessere Zeit, an ihr geliebtes Ungarn und
an Andrássy. Mit ihm gemeinsam hatte sie 1867
den Ausgleich durchgesetzt, die Doppelmonarchie
geschaffen. Doch Andrássy hatte sie nicht nur als
Politiker fasziniert. Seine schillernde Persönlichkeit wirft ihre Schatten noch weit über seinen Tod
hinaus . . .

Sissy — Was bleibt, ist Erinnerung